市民がつくる
社会文化

ドイツの理念・運動・政策

大関雅弘
藤野一夫
吉田正岳
山嵜雅子
畔柳千尋
山田康彦

水曜社

社会文化センター紹介1　モッテ

1-1 センターの中庭側（大関）
ハンブルクだけでなくドイツを代表する社会文化センター。1976年に創設され、アルトナ地区を拠点にして活動を続けている。社会状況の変化に対応して、柔軟に運営してきた50年近い歴史は、ドイツ社会文化運動の歴史そのものといってもよい。本扉は正面から、この写真は裏から撮影。

1-2 シルクスクリーン工房（藤野）

1-3 木工工房（藤野）

1-4 多目的ホール（藤野）

1-5 鶏舎（大関）

建物の床面積2300㎡には、各種の工房、多目的ホールなどの施設がそろっている（1-2・1-3・1-4）。
敷地には、児童館や鶏舎などあり、緑に囲まれている（1-5）。

社会文化センター紹介2　ファブリーク

2-1 センターの外観（山崎）
屋上に置かれたクレーン車のインパクトが強烈。1971年に設立された、名実ともに老舗の社会文化センターである。モッテもここから独立した。元の木工工場の跡を利用して、さまざまな活動を行っている。

2-2 建物の内部（大関）
元の工場スペースを巧みに生かした空間に魅力がある。

2-3 外壁のアート（大関）
外壁のあちこちに子どもたちの作品が埋め込まれている。

社会文化センター紹介3　シュラハトホフ

3-1 センターの正面（山嵜）
建物の正面に描かれた絵が魅力的である。ブレーメン駅から旧市街と反対の方向に20分ほど歩いたところにセンターがある。食肉解体場の跡地と建物の一部を利用している。重厚な建物の内部は、とても機能的に使われており、明るい雰囲気がある。

3-2 施設の内部（山嵜）
木組みが美しいスペース。

3-3 建物内のオフィース（大関）
建物の構造を活かしながら、オフィースとして利用している。

社会文化センター紹介4　パビリオン

4-1 センターの正面入口（大関）
ハノーファー駅から徒歩10分で、細長い建物に着く。元はデパート。1977年創設された、ドイツで最も古い社会文化センターの1つである。大ホールをはじめとして、施設はかなり充実している。多くの団体を結びつける活動を行っている。

4-2 掲示されたポスター（大関）
廊下の壁を埋め尽くすポスターの数々。

4-3 会議室の様子（大関）
館内の施設を一通り案内していただいた後、会議室で質疑応答。

社会文化センター紹介5　ベルリン創造館

5-1 センターの外観（大関）
旧東ベルリンの中心駅アレクサンダープラッツから歩いて20分、旧幼稚園の施設を使ったベルリン創造館がある。ここでは、「演劇教育センター」「多世代館」「家族センター」が、それぞれのプロジェクトを行い、連邦政府から助成金を受けて活動している。

5-2 創造館の案内板（大関）
看板で創造館のもとに3つの組織が活動していることがわかる。

5-3 屋外広場（大関）
公園のような遊びスペース。

社会文化センター紹介6　ガイザー・ハウス

6-1 センターの裏から見た建物（山田）
美術家ガイザーの荒れ果てた屋敷と野外劇場を改修する運動によって、1991年にライプツィヒで設立された社会文化センター。古い施設を活用して、音楽と美術を通した市民の交流や、青少年のための活動を行っている。

6-2 建物の内部（山田）
歴史の重みが感じられるスペースが遊戯室に。

6-3 野外劇場（山田）
過去を現在につなげる劇場という貴重な空間が
ここには存在する。

社会文化センター紹介7　ナクソス

7-1・7-2　ナクソスの外観と入口（大関）
半年間だけ借りた建物をその後も占拠し続け、
市民の支援を得て合法的使用を認められること
になった。2000年に設立。元の紙ヤスリ工場
の長い建物の内部をそのまま生かした舞台を
使って、意欲的な劇に取り組んでいる。

7-3　建物内部の劇場（大関）
細長い空間を生かした舞台。舞台の奥は映像のよう
に見えるが、実は元工場の内部である。上演される
作品のハイウエーが設けられている。

7-4　展示スペース（大関）
独特の雰囲気を持つ展示物。強いアピール力が漂う。

まえがき

本書の成り立ち

　本書は、ドイツにおける「社会文化（Soziokultur）」を紹介し、その意義について明らかにする。この言葉の知名度はまだ低いが、今後さまざまな領域で注目されていくことが予想される。包括的な紹介という点では日本で初めての試みになろう。

　当初、ドイツの社会文化を理解するうえで基本となる文献をリストアップし、それらを紹介することによって、ドイツの社会文化運動・活動を広く知ってもらうことを意図して、刊行の企画がなされた。ところが、その作業の途中で新型コロナの感染が社会に深刻な影響を与えるという事態に見舞われることになった。感染が拡大するなかで次第に明らかになってきたことは、新型コロナへの政府の対応のみならず、ドイツと日本の市民社会のあり方の違いであった。日本においては、新型コロナの猛威に対して収束するのを受動的に待つ姿勢が目立ち、その間に市民の分断が一層進んだ。これらに対してドイツでは、成熟した市民社会を背景にして市民の力で新型コロナに立ち向かう姿勢が見られた。そこには、市民の分断を食い止めようとする強い意思が感じられる。

　こうしたことから、コロナ禍のなかで明らかになってきた日本社会の脆さを克服するためには、ドイツの社会文化について知り、それを検討することが今必要なのではないのか。こうした趣旨から本書の刊行を急ぐことにした。本書の意義はこれにとどまらない。パンデミックの時代に生きていることを自覚した私たちは、資本主義社会そのものについてのあり方を本格的に問わなくてはならない地点に達したといえる。では具体的にどのようなあり方が実際に可能なのであろうか。ドイツの社会文化は、そのための1つの重要な手がかりを提供していると考えられる。

社会をつくる

　ドイツの社会文化センターには、文字どおり多様な目的をもって市民たちが集まってくる。市民たちは、地域社会にある集団（「登録団体（eingetragener Verein）」）に所属し、さまざまな非営利活動を通して社会とのかかわりをもつ。自らの表現活動を社会に発信する、市民生活のなかで生じている課題に取り組む、あるいはその両方の側面をもって活動する。地域社会を基盤にしているとはいえ、日本の町内会とも違うし、各種の文化・教養講座とも違う。大きく違っているのは、主体的に集団をつくるという点である。集団を維持するために人がいるのではない。自らの目的を遂行するために集団をつくって活動し、人々のそうした活動を通して集団が維持されていく。これによって、1人ひとりの市民の主体的な生き方が可能になるのである。

　日本社会で生きることの息苦しさがどこからくるのか。その理由の1つが、私たちが受動的な生き方を強いられていることにある。生まれてから死ぬまでひたすら一方的に社会に適応せざるをえないとしたら、1歩先を考えて行動することができない。今直面している困難を切り抜けるだけの生活に追われてしまう。これではとても生き生きとした生活を送ることを望むことはできない。もちろん日本だけでなくドイツにおいても、人々が資本主義的な経済・政治システムに適応せざるをえない点は同じである。しかし、そうした「大きな社会」を背景にしながらも、ドイツにおいては、社会文化センターの取り組みに見られるように、自分たちの集団を組織し、それらのネットワークによって、市民の側から社会をつくる点が日本とは大きく異なっている。しかも、こうした市民の側から社会をつくるということが、大きな社会のあり方に影響を与えうるほどにまで成長を遂げているのである。

　市民の側から社会をつくるということは、自分たちの生活を自分たちがつくるということにほかならない。したがって、一方的に大きな社会に適応するだけではなく、ここには、市民が主体的な生き方をすることのできる余地が存在する。ここで何よりも重要なことは、人と人とが結びつかなくてはならないということで

ある。つまり、市民が連帯することによって初めて、主体的な生き方が可能になるのである。

　市民の側から社会をつくるという経験が浅い日本では、この人と人との結びつき方に大きな弱点がある。人と人との結びつきにおいて、日本では全人格的な関係（人間丸ごとの関係）がこれまで求められてきた。それは、いわば共感によって結びつくような親密な人間関係ではあるが、裏を返せば、その人間関係に一方的に同調しなくてはならない。つまり、"みんな同じ"であることが求められるのである。この同調に対する圧力がどれほど強いものなのか、学校、職場、地域での人間関係を思い浮かべれば、私たちにはすぐに見当がつく。しかしながら、この独特な人間関係に身を置いた経験がないドイツの人々に、この人間関係を理解してもらうのは、おそらく容易なことではないであろう。

　こうしたことから今日、若い人に限らず、親密な人間関係を疎ましく感じ避ける傾向がみられる。高齢者に対して人間関係の「断捨離」が勧められたりさえもする。そうした親密な人間関係から自由になることは、日本の現状では、人々の孤立化を促すことになる。孤立化した人々は、結局、大きな社会への適応を一層強いられることにならざるをえない。お金で手に入れることのできる商品に頼るしかなくなるからである。では、親密な人間関係ではなく、SNS上の匿名的な抽象的他者との結びつきを求めるのはどうであろうか。自己の表現を他者に認めてもらいたいというのは、それ自体としては当然の欲求である。しかしながら、閉じられた私的な空間において抽象的他者に向けられた一方的な自己表現でしかない以上、他者とは共感で結びつくしかない。そうなると、親密な人間関係のなかで求めているものと変わらなくなる。しかも、共感が得られなければ、誹謗中傷の嵐が吹き荒れることになる。ここに生じていることは、たんなるモラルやルールだけの問題ではない。親密な他者と匿名的な抽象的他者の間に他者を持てないことの限界があらわになっているのである。そのために、自由が自己と集団（社会）との間でのゼロサムゲームになってしまうのである。

「社会的」な人間関係

　この点をもう少し説明しよう。1990年代以降の先進国において「個人化（individualization）」の傾向が見られるようになった。欧米では、これを「第2の個人化」と呼ぶ。欧米では18世紀から19世紀に個人主義が一旦確立したので、その個人主義に続く個人化という意味である。新自由主義によって人間の個別化（バラバラ化）が進んだことに対応して、個々人が情緒的な結びつきに基づいた親密な人間関係を確保しようとする傾向が出てきたと考えられる。したがって、欧米でも個人化によって、「私的（private）」な人間関係が強まってきたといえよう。これに対して、日本では、個人主義が確立したという歴史を持たないので、初めての個人化である。とはいっても、もともと私的な人間関係を基本としていたので、さらにこの人間関係が強まったに過ぎない。むしろ先ほど見たように、親密な人間関係からの自由を求める傾向さえ見られるのである。

　このように、個人化というのは個人主義化のことではない。したがって、個人主義に基づいた人間関係が日本では極めて弱いままである。そのため、自己と他者とが相互に人格を持った存在として認め合うことを前提にして、ヨコ（対等）のつながりで人間関係を取り結ぶこと、つまり「社会的（social）」な人間関係をつくることが難しい状況に置かれているのである。この社会的な人間関係をつくる際の他者は、親密な人間関係のなかの他者ではなく、また匿名的な抽象的他者でもない。この他者は、特定の目的を達成するためにお互いに結びつくのである。とはいっても、個々人は、それぞれの理念を持っているし、考え方も違う。だから、お互いに議論をして目的を達成するために協同して活動することになる。そのためには、私的な人間関係におけるのとは違い、基本的に誰もが認めうるような、より普遍的な原則（民主主義的なルール）に従って行動しなくてはならないのである。

　この社会的な人間関係に基づいて、「公的（public）」な社会的領域が形成される。日本の場合には「公」というと国や自治体のことを意味してしまうが、それは社会的な人間関係が未熟だからである。本来的に公共性とは、「お上」（国・

自治体)によるものではなく、社会的なものである。この公的な社会的領域がしっかり形成されていないと、あの自粛警察のように、「お上」の意向を背景にして権威主義的かつ私的な善悪判断による行動がなされてしまうことになる。

　ドイツの社会文化センターでは、この社会的な人間関係によって市民が活動する。社会政策、教育政策、文化政策をクロスオーバーしながら、さまざまな社会問題を市民の手で解決しようとしているのである。そうした活動が、個々人の生活スタイルとして地域社会に根づいており、個々人の生き方として定着している。大きな社会を背景にしつつも、こうした市民の側から社会をつくることの意義は大きい。ドイツにおいては、社会は、「ある」ものではなく、「つくる」ものなのである。こうした認識が定着することが、今後の日本社会の成熟にとって不可欠であろう。

本書の構成

　本書の副題に「理念・運動・政策」とあるように、本書の構成においては、基本的に理念、運動、政策の順に各章が配置されている。とはいえ、執筆者の専門分野の違いや論稿の初出時の経緯などから、各章の独自色が強く、全体としての統一がとれているとは言い難い。そこで本論に先立って、まず各章の概要を示し、本書のなかでの位置づけを示しておきたい。

　第1章「社会文化の成立と理念」(藤野一夫)では、まず、ドイツにおいて「社会文化(Soziokultur)」という概念がどのようなファクターによって歴史的に生成されたのかについて述べている。また、その実践的な運動の展開を通じて、社会文化が社会に定着する過程で、その理念が社会的な意義を獲得するとともに、原則もまた確立していくことが描かれる。次に、それを踏まえて、現在の社会文化センターについての概要が説明される。その実態がどのようなものであるのか具体的に説明するために、ハンブルクの「モッテ」の活動を詳細に紹介し、またその課題を提示することによって、今後の社会文化のあり方を展望している。

　第2章「ドイツ社会文化運動の特徴」(吉田正岳)では、ハンブルク市全体の

社会文化センターを見渡して、社会文化運動という活動の特徴を捉える。ここで主に紹介されるのは、ザンクト・パウリ地区の地域文化センターと「ゴルドベク・ハウス」である。社会文化センターというと何か日本の公民館のような画一的な施設を思い浮かべるかもしれないが、そうではない。その地域の特性に応じて現実が突きつける課題に取り組む結果、個々の社会文化センターの特徴が現れてくる点に注目したい。

　また、第2章のコラム「工房の思想」(吉田正岳)は、ドイツ社会文化センターを訪問した際の感想である。社会文化センターが、工房というのにふさわしい充実した設備を持っていること、またその活動が地域に根ざし、また地域に開放されていることの意義を伝えている。

　第3章の「社会文化センター見聞記」(山嵜雅子)では、ドイツ各地にあるさまざまな社会文化センターを訪問した際の印象を、社会教育の視点を交えながら、学びと交流の場をつくり、地域と人々の文化を育む様子を通じて描いている。また、センターの運営費用についての言及もある。ここで紹介されている社会文化センターは、ハンブルクの「ファブリーク」、「パラスト」、「ラーデン」、ブレーメンの「シュラハトホフ」、ツィッタウの「ヒラーシェ・ヴィラ」、フランクフルトの「ガリウス」、「ナクソス」、ハノーファーの「パビリオン」、ベルリンの「クリエーティブハウス」である。社会文化センターの多様な形態と活動がわかりやすく説明されているので、社会文化センターのイメージを大まかにつかむのに最適である。

　第4章の「ドイツ各州における『社会文化活動協会』の役割」(畔柳千尋)では、日本の特に芸術・文化系のNPOとの対比で、ドイツの社会文化センターの活動がもつ優れた点について論じている。その優位性は、団体数にではなく、中間支援組織のあり方にある。ドイツといえども、個々の社会文化センター自体の組織基盤がそれほど強いわけではない。各州に設けられた社会文化活動協会が「人的資源・情報・資金を循環させる潤滑油」としての中間支援組織の役割を果たすことにより、個々の社会文化センターはネットワークを形成し連携しているのである。さらにそれらをまとめるのが、連邦社会文化協会である。そうした

市民社会のセクターが社会文化に対してどのような機能を果たしているのかが説明されている。新型コロナウィルスの感染下において、具体的な政策提言と支援活動を行うことができたのは、その機能があったからにほかならない。

　第5章の「日本における『社会文化』概念の現在」(大関雅弘)では、ドイツで誕生した「社会文化」概念が日本でどのように導入されていったのかを論じる。1998年に日本において社会文化学会が設立されるとともに「社会文化」概念の検討が始まった。とはいえ、特定非営利活動促進法(NPO法)が制定されて間もない時期でもあり、市民社会的な成熟度の違いが両国の間であまりに大きく、そのままこの概念を日本に当てはめるのは困難な状況であった。今世紀になりNPO法人が次第に増加し始めたが、他方で新自由主義による社会的分断が顕在化してきた。こうした事態に対応する形で「社会文化」概念も展開することになった。今後の日本における社会文化のあり方を展望する1つの素材を提供する。

　第6章の「芸術文化の視点から見たドイツ社会文化運動」(山田康彦)では、芸術文化の視点からイギリスのコミュニティ・アート運動との比較を通じてドイツの社会文化運動の特質を論じる。まずイギリスのコミュニティ・アート運動の衰退を文化民主主義の質に即して把握したうえで、日本語に翻訳し難い"authorship"(原作者)と"ownership"(所有者)という文化を担う主体が誰なのかを論じる。その主体は、専門家ではない地域社会等の一般の人々でなくてはならない。なぜならば、すべての人々が主体になる文化民主主義においては、たんに参加するだけでなく、人々による"authorship"と"ownership"が不可欠であるからである。この決定的に重要な点において、「万人のための文化」「万人による文化」というドイツの社会文化運動の芸術文化活動としての特質があることが述べられている。こうした地域に根差した生活世界に密接にかかわる芸術文化活動のあり方には、私たちがめざすべき社会文化の方向と陥ってはならない社会文化の方向が明確に示されているといえよう。

　第7章の「ドイツの文化政策における社会文化の位置と刷新」(藤野一夫)では、

まずドイツの文化と文化政策のなかで社会文化がどのような位置づけにあるのかを「社会（構造）政策」と文化政策との関係から考察したうえで、この概念が今日のグローバル化における社会状況下で、どのような変化を遂げているのか、またその課題がどこにあるのかについて検討している。その変化というのは、1970年代に成立した社会文化が一部の教養市民層が享受する「高級文化」を批判するオルタナティブとして提起されたのに対して、今日においてはその対置には意味がなくなってきたことである。「万人のための文化」「万人による文化」そして「市民権としての文化」を実現するために、文化民主主義のもとで社会文化運動・活動を展開するのであれば、社会文化は、時代の要請に応えて変化しうるし、むしろそこに意義を見出しうる。しかしながら、それに応えうる主体性は、ある種の共犯関係によって新自由主義にからめとられる危険性もはらむ。これをどのようにして乗り越えるのか、これが今日の課題である。

　第8章の「パンデミック時代のドイツの文化政策」（藤野一夫）では、ドイツ文化政策協会がコロナ禍の2020年3月31日に発表した「コロナ-パンデミック後の文化政策のための10項目」に基づいて、ドイツの文化政策の基本的な考え方、および国家による芸術（家）・文化支援施策の背景について明らかにしている。ドイツ文化評議会とドイツ文化政策協会という非営利活動組織の市民社会セクターが国家の政策を動かすほどの影響力を持ち、成果を勝ち取り、それを未来構想につなげるということに、文化が不要不急なものとみなされる国家の住民としては、正直なところ驚きを隠すことができない。ドイツの社会文化運動が市民権を獲得し、市民社会のなかに文化民主主義が根づいているからこそ可能なのである。芸術と文化が持っている力が市民社会のあり方それ自体を変えうるからこそ、芸術と文化に対する政策が社会政策であることを、明快に理解していただけるのではないだろうか。

（大関雅弘）

いくつかの補足

　本書の執筆者はすべて社会文化学会の会員である。社会文化学会では、ドイツ社会文化センターの視察・調査を3回ほど行った。執筆者のほとんどが参加しており、本書の論稿の多くがそれを基礎にしている。ここでは簡単に日程と訪問地を示す。

・第1回 (1998.9.12-27) 訪問地:フランクフルト、ボン、ケルン、ハンブルク、ライプツィヒ
・第2回 (2012.8.21-31) 訪問地:ハンブルク、ブレーメン、ドレスデン、ゲルリッツ、ツィッタウ、バウツェン、ベルリン
・第3回 (2017.9.3-10) 訪問地:フランクフルト、ヒルデスハイム、ベルリン、ハノーファー

　なお、本書で紹介された社会文化センターの一覧を以下に掲載する。紹介1〜7は、口絵にある社会文化センターの紹介を示す。

フランクフルト

1 芸術家の家・モウソントゥルム（Künstlerhaus Mousonturm）
　https://www.mousonturm.de

2 ガリウス（Gallus Theater）
　https://www.gallustheater.de

3 ナクソス（Theater in der Naxos-Halle）→ **紹介7**
　https://www.theaterwillypraml.de/naxoshalle

ボン

4 文化の家（文化政策協会）（Kulturpolitische Gesellschaft e. V.）
　https://de.wikipedia.org/wiki/Kulturpolitische_Gesellschaft

ケルン

5 アルテ・フォイエルヴァッヘ（Alte Feuerwache Köln）
　https://www.altefeuerwachekoeln.de

6 ケルンの教師協同組合
　https://www.lehrerkooperative.de

7 オープン・ジャズ・ハウス（OFFENE JAZZ HAUS SCHULE）
　https://jazzhausschule.de

ハンブルク

8 ザンクト・パウリ社会文化センター（Gemeinwesenarbeit St.Pauli-Süed e.V.）
　https://unilocal.de/.../gemeinwesenarbeit-gwa-st-pauli-sud

9 ゴルドベク・ハウス（Stadtteilkulturzentrums Goldbekhaus ）
　https://www.goldbekhaus.de

⑩ ファブリーク（Kultur-und Kommunikationszentrum FABRIK）→ **紹介2**
https://fabrik.de

⑪ モッテ（MOTTE Stadtteil&Kulturzentrum）→ **紹介1**
https://www.diemotte.de

⑫ パラスト（Kultur Palast Hamburg）
https://www.kph-hamburg.de

⑬ ラーデン（Kulturladen St. Georg e.V.）
https://kulturladen.com

⑭ ベリコム（verikom）
https://www.verikom.de

ブレーメン

⑮ シュラハトホフ（KULTURZENTRUM SCHLACHTHOF）→ **紹介3**
https://www.schlachthof-bremen.de

ハノーファー

⑯ パビリオン（Kulturzentrum Pavillon）→ **紹介4**
https://pavillon-hannover.de

ライプツィヒ

⑰ ガイザー・ハウス（GeyserHaus）→ **紹介6**
https://geyserhaus.de

ツィッタウ

⑱ ヒラーシェ・ヴィラ（Hillersche Villa）
https://www.hillerschevilla.de

バウツェン

⑲ シュタインハウス・バウツェン（STEINHAUS BAUTZEN）
https://www.steinhaus-bautzen.de

ベルリン

⑳ クリエーティブハウス・ベルリン（KREATIVHAUS Berlin）→ **紹介5**
https://www.kreativhaus-berlin.de

*掲載写真は特記なき場合、各担当執筆者の撮影によります。

「市民がつくる社会文化 ──ドイツの理念・運動・政策」目次

第1章

社会文化の成立と理念

ハンブルクのモッテを事例に

藤野一夫

① 社会文化と文化的民主主義

　ドイツの社会文化（Soziokultur）は、草の根民主主義に基づく市民社会づくりを実践してきた。芸術文化の振興や普及というよりも、むしろ文化活動を通じた民主主義の実現に社会文化の重点がある。社会文化の理念を「文化的民主主義（kulturelle Demokratie）」という概念で把握してもよい。第7章で論じるように、社会文化が切り拓いた文化的民主主義の理念は、現代ドイツの文化政策の基本原則全般にまで浸透してきている。

　ドイツの文化政策が、第1にデモクラシーを志向するのはなぜだろうか。戦後ドイツが、国家主導による文化統制政策の負の遺産を重ねて背負い込んできたからだ。ナチスの独裁政権だけではない。東ドイツも中央集権型文化政策によって芸術の自由を抑圧してきた。これらの過去を克服する道筋は平坦なものではなかった。どのようにして芸術文化が、民主主義のための社会インフラとして合意されてきたのだろうか。簡単に振り返ってみよう。

　第1次大戦後のドイツに誕生したヴァイマル共和国では、その民主的憲法によって「芸術の自由」の保証のみならず、国家による「芸術の振興」にも法的根拠が与えられた。これによって劇場、ミュージアム、オーケストラなどの大型文化施設と芸術機関が公的に制度化された。公共政策としての手厚い文化振興は、ハイカルチャーの民主的普及に寄与した反面、1933年のナチス政権以降、皮肉にも排外主義的な文化政策が跋扈する温床ともなった。

　ゲッベルスらは、文化施設や芸術機関からユダヤ系芸術家や共産主義者を排除し、その幹部をナチス党員に据え変えていった。こうして、ヴァイマル時代に推進された公共文化制度を通じて、文化統制とプロパガンダが貫徹されたのである。しかも、このとき知識人や芸術家は全体主義の侵食に対して、おおむね無力だった。なぜだろうか。

　もとより近代のドイツでは、フランスの物質的な「文明」に対抗する精神的な「文化」が強調され、教養形成の中核を担う芸術が重視されてきた。特にドイツ・

ロマン主義においては、形骸化したキリスト教に代わり、自律した芸術が聖なるものを独占する。こうした「芸術宗教」の頂点に立つのがワーグナーの『パルジファル』である。一般に、目的と手段の関係で組み立てられた実利の世界を超えた「目的なき合目的性」（カント）が、芸術作品そのものの絶対的価値を規定した。ただし「美的自律性」と「芸術至上主義」は別物である。

② 文化の現状是認的性格

ところが、美的なものの価値を共有できたのは一握りの教養市民層にとどまった。芸術の価値を内面化しえたエリートは、ほどなく世俗的な政治や経済の世界を見下すようになる。非政治的知識人の多くが、ナチスの蛮行に直面しながらも、それと闘うことなく芸術と観念の世界に蟄居した。こうした「文化の現状是認的性格」（マルクーゼ）[1] が、後に厳しく批判されることとなる。ここには、「美的なもの」と「アフィルマティブなもの」をめぐる複雑な関係がある。

美的理念の普遍性を具現した芸術作品は、「目的なき合目的性」に基づく自己完結性によって、現世を超えた調和的世界として輝く。それは不完全な現実のはるか遠くに垣間見えるユートピアであり、絶対的に肯定すべき価値を開示する。美的理念は、私たちの芸術経験の中で歪んだ現実を認識させ、それをあるべき姿へと導く社会批判的機能を果たしうる。

つまり、芸術自体の肯定的性格が現状是認的なのではない。美感的経験における肯定的なものの直観は、現状批判のよりどころとなる。しかしここで、芸術におけるアフィルマティブなものの意味が、社会との関係において分裂する。社会と隔絶した芸術至上主義的態度が現実逃避を招き、逆説的に、歪んだ現状を肯定してしまうメカニズムが生まれる。理想と現実を媒介できないパラレルワールドが生んだ悲劇である。

③ 新しい文化政策への転換

　ナチス時代の苦い経験から、戦後の西ドイツ憲法では、芸術振興についての条文は削除され、代わって芸術と教育に関する事項は、州および市町村の権限が連邦政府の権限に優越するとした「州の文化高権」が謳われた。この「文化分権主義」に基づいて、1950〜60年代には戦前の文化施設や芸術機関の再建が、州および市町村の主導で推進された。

　芸術文化領域での戦後復興は、奇跡的な経済成長を原動力に可能となった。その際に、経済成長を支えた世代のメンタリティに注目する必要がある。50年代と60年代には、演劇、ダンス、文学、音楽などの古典的形式が文化的生活を支配していた。非日常的な芸術世界は、現実社会と隔絶した非政治性ゆえに意味を持った。というのも、ドイツ経済の奇跡を担った世代の多くは、青春期にナチスの文化政策を経験しており、芸術の政治利用への根深い懐疑を共有していたからである。

　この懐疑的世代にとって、芸術の非日常空間は、熾烈な競争社会からの現実逃避の場となった。経済戦士は、束の間の感動によって生気を取り戻したが、芸術体験が開示する美感的構想力に基づいて経済や社会の改革をめざす「文化の政治化」には関与しなかった[2]。こうした保守的文化観と復古主義的文化政策は、結果的にナチスが犯した過去と正面から向き合う機会をも国民から奪った。「文化の現状是認的性格」が戦後にも再現されたのだ。

　戦後生まれの若者たちは、親の世代の集団的な現実逃避に反逆を始める。1968年以後の学生運動とブラント社民党政権の政治改革によって、西ドイツの社会全体に民主主義の徹底を求めるうねりが高まり、保守的文化観と復古主義的文化政策に揺さぶりをかけた。70年代初頭に状況は大きく変わり、多くの政治家も文化と社会の関係について再考を迫られた。こうして市民社会セクターの中から文化政策協会（Kulturpolitische Gesellschaft）が自発的に誕生し、ボトムアップによる新しい文化政策が生成したのである。当時の外務大臣ワルター・

シェールは、以下のように発言している。

　　公認の美学的でアカデミックな枠組みを粉砕し、国際的かつ社会的協働の全
　領域に文化活動を拡大しなければならない。文化はもはや少数者の特権で
　はなく、誰にも手の届くものである。われわれはバッハ、デューラー、ベートー
　ヴェンへの畏敬のうちに安住していてはならない。現代の焦眉の課題である
　成人教育、教育改革、環境問題などへの関心を喚起しなければならない。[3]

④ 社会文化の生成

　新しい文化政策のキーワードとなった「社会文化」という概念は、「さまざまな
ファクターの連携プレーの産物」である[4]。一方のファクターは、ユネスコの文化
政策宣言、ドイツ都市会議とドイツ都市・市町村連盟の声明であったが、これら
のなかで、文化の力によって都市問題を創造的に解決し、社会全体の活性化
に取り組むことが合意された。

　他方のファクターは、新しい社会運動のなかから生まれてきた。主に中・大都
市における市民運動、青年センター、フリーの芸術家グループ、女性グループ、
平和グループなどが社会文化運動の担い手となった。活動家たちは、評価が定
まり制度化された高級文化施設へのオルタナティブとして、その文化的実践を自
己理解した。芸術と文化は自分の生活世界の一部であり、アマチュアとしての
文化活動にも、プロによる芸術創造と同等の価値を認めようとしたのである。

　こうした草の根グループによる社会文化の展開は、改革志向の文化政治家に
よって「新しい文化政策」の柱として取り上げられた。彼らは、都市発展上の問
題と新しい社会運動の要求をテーマ化し、両者を融合させて文化的機会均等と
文化の民主化をプログラム化した。「万人のための文化、万人による文化」（ヒル
マー・ホフマン）や「市民権としての文化」（ヘルマン・グラーザー）が、この時代の
スローガンとなる。改革の努力は、一方では劇場やミュージアムといった既成の

文化制度の民主化に向けられた。他方では、フリーの市民運動や協会活動に向けられ、文化的空間と公共空間との分離の克服、芸術家と公衆、専門化した芸術と市民文化活動との垣根の突破が目標となった。1973年のドイツ都市会議では、社会文化運動を推進する2つの声明が出された[5]。

文化とその施設を用いて活気のある都市生活を創造すること

　これは今日の「創造的都市論」につながるテーゼである。社会文化は、都市の地域住民に密着した文化活動であり、その共同の活動を通じて出会いの機会を拡大し、コミュニケーションと創造性の場をつくる。こうした文化概念は「文化エコロジー的ニッチ」と呼ばれる。70年代から80年代に開館した各地域の社会文化センターでは、サブカルチャー的グループが練習や上演を行い、独自の観客を増やしていった。社会文化の活動が、ポップカルチャーの商業主義化や消費社会から「生活世界」を護る防衛線として機能したのである。

芸術と日常生活とを橋渡しする美的教育の新たな形態を発展させること

　これは「文化マネジメント」の課題を先取りするテーゼである。社会文化はハイカルチャーに反対するモデルではなく、これまで芸術に疎遠だった人たちにも芸術へのアクセスを容易する活動である。新たな美的教育は、芸術と日常生活との関係の強化をめざしている。社会文化のプログラムは、現状是認的な文化の克服、つまり現実社会から美の要塞へと逃れ、その美的経験と日常生活とを媒介することなく現状を是認してしまう文化状況を乗り越えようとする。この試みのなかで、芸術作品を対話の契機とするコミュニケーション的文化の理念が成立した。

　もとより社会文化のコンセプトは、遊戯衝動を人間形成の根拠とするシラーの美的教育論に由来している。最近のミュージアム教育や劇場教育は、この思想を再び採用し、青少年は「遊び」を通して知覚・表現・創造の可能性を広げて

いる。

　社会文化運動は、商業主義的に歪曲された文化産業の拡大が、人間を受動的な文化の消費者へと格下げしつつある状況に対抗し、文化産業の誘惑に負けない主体性の確立をめざしてきた。だが、テクノロジーに敵対するのではない。社会文化はメディア権力への建設的批判を通して、コミュニケーションの促進のために、いかにしてメディア技術の応用が可能かを常に自問している。2010年代にはデジタル化と文化の関係をめぐる議論が白熱している。

⑤ 社会文化の意義と原則

　1970年代にオルタナティブな草の根の運動として成立した社会文化は、行政や企業との百戦錬磨ともいうべきコンフリクトのなかで、その社会的意義を公的に認めさせていった。州および市町村からの助成金の獲得にも成功し、1994年には連邦政府に、フリーランスの文化事業のモデルプロジェクトを助成する「社会文化基金」が創設された。さらに95年には、分権的構造に基づくドイツの文教政策の調整機関「全州文部大臣会議」において、「社会文化──各州による振興上の原則ならびに問題」という文化委員会勧告が出された[6]。

　勧告によれば、社会文化の目標は以下のように了解されている。①「万人による文化」ということを真剣に受けとめ、可能な限り多数の人々の創造的な自立性を促進すること。②「万人のための文化」を促進し実現する、すなわち芸術や文化へのアクセスを容易にすること。③社会的現実と日常生活の経験のなかに文化を取り戻すこと。

　各州の社会文化センター連盟（協会）を取りまとめる連邦レベルでの中間支援組織（NPO）が「連邦社会文化センター協会」である。その活動原則から、上記の目標を補足する観点を拾ってみよう。①多様な年齢層の統合、②社会的、民族的少数者を含めること、③非商業主義的な傾向、④民主主義的な組織形態と決定構造の保証、⑤部門横断的な事業提供、などに社会文化の特徴が現

れている。

　特に大都市部での活動は、社会文化センターを拠点とする自主管理運営を通じて、個人の孤立化と方向喪失に対抗する「草の根公共圏」の創出に貢献している。見渡しのきく生活世界に根を張ることで、地域住民が協同と連帯の意識を培い、活動を通じて相互主体的にアイデンティティを形成できる仕組みが定着しつつある。

　社会文化センターとその活動は、現代社会が抱えるさまざまな課題に取り組んでいる。とりわけ①エコロジー的責任感のある生活実践の指導、②社会の周辺グループの統合、③多文化社会における生活様式と組織形態、などの分野で社会文化の本領を発揮してきた。

　社会文化センターは、その文化事業の提供においても、目標を定めた成果や効率性を優先するのではなく、異なったものどうしの粘り強い対話と、開放的なワークショップを重視する。それは、将来の多文化的な文化発展のための実験場となっている。自然環境、異文化、発展途上の人々、社会的弱者、次世代といった多元的な社会文化的レベルでの「共生」への実験が、多様なグループによって試みられている。しかも、それぞれの当事者公共圏は相互に開かれ、社会的連帯と共生への価値に基づいて、分野横断的な交流を生み出しているのである。

⑥　社会文化センターの運営と活動

　2000年前後のドイツ国内には、連邦社会文化センター協会に加入しているものだけで435の社会文化センターがあったが[7]、2019年には566施設までに増えている[8]。社会文化センターという呼び名は、社会文化活動の拠点施設の総称であり、「地域文化センター」「コミュニケーションセンター」「文化の店」などと呼ばれることもある。2001年の協会の統計では年間2,400万人が利用し、職員数は約1万6,000人。このうちボランティア・スタッフが約半数、社会保険被

加入の無期限職員15％、社会保険被加入の期限付職員9％、非常勤職員27％
であった。1館あたりのスタッフは平均で36名、うち常勤は8名弱。しかも常勤、
非常勤、ボランティアの区分を越えた「共同形成、共同決定、自主管理」を原
則とした運営に特徴がある。貸館業務は少なく、自主企画の枠内で多種多様な
催しを行っている。

　ドイツの社会教育施設として有名な「市民大学（Volkshochschule）」は、その
大半が行政もしくは教育委員会による直営形態であるが、これに対し社会文化
センターは、あくまで市民主導の非営利法人（e.V.）の運営である。①国家、公
的制度からの自由（法的には民営形態）、②市場原理に支配された商業主義か
らの自由（自律）、③センター構成員（法的所有者・職員・ボランティア・利用者）の
すべてが対等かつ主体的に運営に参加できること、この3条件を基本にして、
センターを拠点とした社会文化活動が全国で展開されている。

　さて催し物は、1館平均で年180件。頻度は、映画、音楽、演劇、ディスコ、
討論会、展覧会、朗読会、フェスティバル、ダンスといった順である。この他に、
恒常的に各種の講座やワークショップを開催しているが、その半数が芸術・創
作分野である。財政面では、1館平均の予算は約5,000万円、うち人件費が
44％を占める。自治体からの制度的助成33％、目的（プロジェクト）助成14％、
施設維持関係の目的助成7％、飲食事業以外の事業収入29％、飲食事業収入
（多くのセンターにはカフェなどが併設）15％、スポンサーシップ1％となっており、
民間からの寄付をいかに拡大するかが今後の課題となってきた。

　社会文化のコンセプトとして「自主管理」と並んで重要なのが「社会関係の
エコロジー」という思想である。産業構造の変化と技術革新によって役目を終え
た各種の産業施設を、いかに文化創造の空間として再生させるか、つまり「死
せる建造物の元来の目的を異化して再利用可能にする」ことが「社会関係のエ
コロジー」の思想戦略である。はじめにハコありき、の開発主義の対極にある発
想だ。

　社会文化センターの名称を見ると、「はちみつ工場」「洗濯館」「穀物館」「沼

地の花」「すべてが美しくなる」「カール鉱山」…といったように実にユニークである。多くの場合、その由来がわかるような名称になっており、元来は煉瓦造りの工場や倉庫、鉱山施設、風車、駅舎などとして、近代化を支えてきた施設であった。こうした産業遺産を画一的な再開発のための解体から守り、またそれをスラム化させずにいかに文化的に再生するか。これが地域アイデンティティの形成

図1　職員の内訳

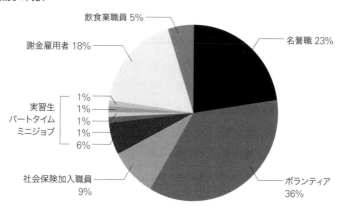

飲食業職員 5%
謝金雇用者 18%
名誉職 23%
実習生 1%
パートタイム 1%
ミニジョブ 1%
1%
6%
社会保険加入職員 9%
ボランティア 36%

Soziokulturelle Zentren in Zahlen 2019 より

図2　収入の内訳

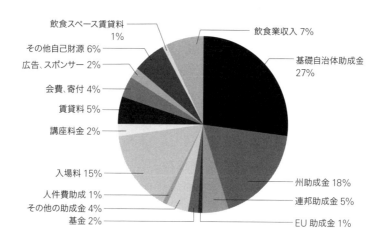

飲食スペース賃貸料 1%
飲食業収入 7%
その他自己財源 6%
広告、スポンサー 2%
会費、寄付 4%
賃貸料 5%
講座料金 2%
入場料 15%
人件費助成 1%
その他の助成金 4%
基金 2%
基礎自治体助成金 27%
州助成金 18%
連邦助成金 5%
EU 助成金 1%

をめざす社会文化運動の焦点である。市民社会における「主体」形成の実験場といってもよいだろう。

⑦ 成熟と課題

連邦社会文化センター協会は、1992年より定期的に諸活動のデータを集積して公表してきた。上記のファクトは2001年のものであるが、2019年に公表された最新のデータとの比較を通じて、今世紀に入って20年間の社会文化運動の経年変化と、その経験の蓄積を概観することができる。以下の引用は、『数字から見た社会文化センター2019年版』の要点[9]を抄訳したものである。図1と図2を参照しながら読んでみたい。

世界とヨーロッパ、そしてドイツ連邦共和国もまた、どんどんエスカレートする諸々の紛争状態に瀕している。こうした紛争は、とりわけ境界を引いて排除しようとする文化的態度によって攪拌されている。社会の葛藤とデモクラシーの能力のための統合と包摂は、日常的にその手本を示し、正常な状態で実現されなければならない。社会文化はそのような活動を日々行っているのである。

最新のデータが示すところでは、連邦社会文化センター協会に加入している施設は、そのアクティビティを力強く高めてきた。566のセンターが加入する、いっそう大きな連合体となり、新たに1,000人が名誉職やボランティアとして積極的に参加し、さらに53の専門職養成のポストを新設した。

社会文化センターの自主事業への参加者数は1,250万人に達し、前回の調査時よりも150万人増加した。顕著な増加を示しているのは継続的な催し物であり、450万人の参加者が各自の活動力と創造性を注いだ。その催し物の数は4万5,000回増えて26万回となった。とりわけ、構造上脆弱な地域や問題の多い都市地区において、そうした環境に対して社会文化センターとそ

の催し物が持つ意義が増大してきたのである。

　このことは、基礎自治体、諸州、連邦における政策決定者によって、言葉の上でお墨つきを得たことを意味するだけではない。アンケート調査の期間に明らかとなったのは、助成金の増加であった。制度助成の総額は900万ユーロ増えて7,000万ユーロ（約90億円）となった。プロジェクト助成が2倍以上増えて3,750億円（約49億円）になったことと比較すれば、もちろん制度助成の増加が不十分であることは明白である。建設費助成と設備投資助成は2,200万ユーロで5倍増となった。

　連邦社会文化センター協会に加入しているセンターの自己収入は、約15%増えて9,700万ユーロ（約126億円）となった。講座（コース）受講料が570万ユーロとなり、今回の増加分の3分の1を占めている。社会文化センターの継続的な教育プログラムやクリエイティブな催し物への需要の高さを物語っている。また、スポンサーシップの収入が50%増えて250万ユーロとなったことは、努力の成果として高く評価されよう。

　私たちの仕事への顕著な評価は、残念なことに同僚たちの個人的な経済状況を依然として好転させるものにはなっていない。今回の調査においても、人件費支出は8,800万ユーロとなっており、歳出総額2億500万ユーロのうち最大の部分を占めている。しかしながら、賃金上昇分への割当ては微々たるもので、新設ポストへの支出も2.8%に過ぎない。1番大きな部分は、4分の1上昇した謝金雇用とフリーランスの数である。450ユーロ・ジョブ（週15時間以内のミニジョブ）も28%増加している。同時に、フルタイムのポストが3.5%減少してしまった一方で、正規雇用の半数以下であったパートタイム雇用者数は13%増加したのである。

　社会保険加入義務のある正規職員によって遂行される仕事の全体が、労働協約による賃金以下の支払い、もしくは未払いになっている。芸術文化分野の多くの活動者と同様に、正規職員には老後の貧困が差し迫っているのだ。

以上の要点から、過去20年間の推移を把握することができる。社会文化セ
ンターの数とその社会的必要性が拡大してきたことは確かであり、公的助成金
も増加してきた。それは社会文化と市民社会の成熟過程を物語っている。しか
しながら、正規職員の雇用条件は依然として改善されていない。使命感に燃え
る第1世代の活動家の多くは、2000年ごろにはまだ壮年期であったが、この間
にリタイアを迎えてきた。ところが、かつての闘士たちは、現役時代の賃金水準
の低さを甘受してきたがゆえに年金の受給額も十分ではない。このような実態
が、現在の正規職員の将来にも影を投げかけている。このため、人件費への
補助金をはじめ、恒常的な助成の増強を連邦、州、自治体に求める声が、連邦
社会文化センター協会に集約され、センター相互の結束をも強めている。

　一般に社会文化運動は、市民社会のボランティア活動を主体とする点で、劇
場、ミュージアム、オーケストラなどの専門職機関とは異なる文化マネジメントの
新類型とされる。ボランティアの積極的な関与は、確かに美談として語られる
ことが多い。しかしながら、その背後にある悲話に目を閉ざしてはならない。社会
文化は、時間とお金に余裕のある特権階級の趣味や道楽ではない。組織の中
心にはプロフェッショナルが不可欠なのだ。社会文化センターの公共性、すなわ
ち社会的必要性を、経営基盤の持続可能な強化の観点から省察するならば、
正規職員の待遇改善は喫緊の課題である。社会文化のミッションを高く評価す
るあまり、社会文化センター正規職員の労働条件の問題を見逃してはならない
のである。

⑧　社会文化センターの事例
ハンブルクの「モッテ」

　ベルリンに次ぐ第2の都市ハンブルク（人口180万）は、ドイツ国内でも社会文
化運動の先進地域である。ハンブルク市は1978年に、地域文化の振興を文化
政策の重点に掲げ、翌年には文化局に地域文化課が設置された。現在、市内

25か所で地域文化センターを拠点とした社会文化活動が展開されている。

ハンブルクの地域文化センターの事例として「モッテ（Motte）」の活動を紹介したい[10]。このセンターも、19世紀後半の産業拡大期に建てられたタバコ工場やチョコレート工場を改修して再利用した施設である。モッテとは「蛾」と同時に、俗語で「結核」をも意味する。下層労働者の貧困と不衛生を表す地区の蔑称「モッテブルク」から、このセンターの名称が取られているが、そうしたネガティブなイメージを「異化」する戦略が、そこには隠されている。社会的弱者の抑圧のうえに成り立つ現代の生産システムを「衣蛾（いが）」のように食い破り、自己実現のための自由を文化によって切り開く、ゲリラ的戦術の象徴だ。モッテの立地するオッテンゼン地区の住民は3万2,000人だが、施設利用者数は年間7万人に上る。

モッテの事業は、児童部門、青少年部門、文化イベント部門、ワークショップ（工房）部門、プロジェクト部門などに分かれている。床面積2,300㎡に11室の工房、3室の青少年活動スペース、3つの多目的ホール（集会場）、それにレストランがある。隣接の児童館300㎡、鶏舎100㎡、エルベ河畔のヨット小屋100㎡などもモッテが運営する。職員は13名の常勤、7名の短期プロジェクト職員、これに110名の定期的ボランティアが、各部門での企画・運営・技術指導などに当たっている。

年間予算約1億円のうち市からの制度的な助成額は4,500万円で、これにプロジェクト助成が加わる。文化局からの助成だけでは不十分なので、労働局からの助成も得て木工、金工、印刷、コンピュータなどの工房を用いた、青少年向けの職業訓練に積極的に取り組んでいる。これらは社会的にドロップアウトした若者や、公立の職業学校に通う資格のない難民にとって貴重な職業訓練の場となる。

モッテの職員は、こうした活動の公共性について、地域の企業や財団に説明して理解を求めている。寄付金の獲得だけでなく、近年では1765年創設のハンブルク祖国協会などと連携して、生産実践と一般教育とを結びつけた新しいタイプの「協同生産学校」を運営している。ここでは現在、無資格の失業青年

を対象に4コースが開設され、40名が学んでいる。

　社会文化センターの活動は、文化と社会の関係の再構築をめざしているが、あえて文化事業と社会事業とを区分すると、モッテの活動の重点は後者にある。金属・機械・自転車工房、オートバイ工房、木工工房、陶芸工房、ビデオ工房、シルクスクリーン工房、写真工房、印刷工房、パソコン工房などがあり、工房部門を取りまとめる専任職員1名のほかは、それぞれの工房が経験豊富なボランティアによって運営されている。

　工房でのワークショップは、趣味的なもの、職業訓練的なもの、高度な技術もしくは芸術性を追求するものなどに分かれて実施される。活版印刷や木工など地域の産業を担ってきた匠の技を若者に伝承することで、「地域の記憶」の再発見とアイデンティティ形成に寄与している。またオートバイ工房やパソコン工房では、ハイテク商品の受動的な消費者とは異なる、技術文化との持続的で主体的な関わり方を体得できる。

　工房実習で重要なのは、「社会教育」と「多文化共生」の側面である。ハンブルク市は、学校教育の枠組に一切を抱え込む方針であるが、モッテのあるアルトナ区の教育方針は、歴史的に学校教育と社会教育との有機的連携を追求してきた。社会との接点を欠いた学校教育の内部だけでは、生徒が自らの能力を発見し開発するには不十分であるとの考えから、地域文化センターのワークショップやプロジェクトに生徒を積極的に参加させている。

　また「地域の記憶」の掘り起こしは、社会文化運動の主要課題の1つである。特に大都市圏の匿名化・画一化した空間において、各地区の歴史と個性に根ざした市民自治・都市内分権を推進するために、地域アイデンティティの回復が求められている。ただしナショナリズムの復権に利用されかねない回顧的なパトリオティズムではない。多文化的特性を生かした新たな地域アイデンティティの形成が重要である。交易都市ハンブルクの場合、歴史的に多くの地域が多文化共生によって成り立ってきた事実を再発見できる。地域の記憶の発掘は、外国人問題への保守的市民の意識を変える機縁ともなるだろう。

モッテが活動するアルトナ区は、19世紀後半までデンマークの飛び地で、ナチス時代の1937年にハンブルクに併合された。もともとハンブルクへの対抗意識が強く、また宗教的にも寛容で、多くの移民を受け入れてきた地域、つまり先駆的な多文化共生地域であったが、現在でも外国人住民比率は20％を超える。こうした多文化共生の取り組みとして、モッテでは難民の子どもたちにドイツ語やドイツの生活習慣について教え、さらには職業的自立のための訓練を実施している。

　また性的差別が大きいイスラム系の女子のために「女の子のたまり場」という部屋を開設し、月曜日には女子だけの講座やワークショップを開講している。ホスト社会であるドイツ側の文化を一方的に教え込ませて、異文化をドイツ文化に統合しようとするのではない。異文化の自律的な営みを損なうことなく、ドイツ文化と異文化との対話を粘り強く進めていくことでドイツ文化も豊かになり、文化の境界を超えた第3の文化が生まれる。こうした多文化共生の思想が、社会文化の根本にはある。

　多文化都市ハンブルクにおける、こうした地域に密着した市民活動の実態は、日本の多文化社会の実現にとって貴重な先行事例となろう。モッテの近年の取り組みには、ハンブルクの生徒たちとポーランドの生徒たちが相互に訪問し合い、それぞれの地の強制収容所などで共同して芸術パフォーマンスをする「歴史の記憶プロジェクト」や、地域の顔役的人物のインタビューを映像化して住民に公開する「地域記録プロジェクト」がある。

　また、長年にわたり日本各地の市民活動との交流事業を続けてきた。ハンブルクと姉妹都市である大阪の平野区や、東京の墨田区向島との人的交流から、映像作品、コミュニティアート、まちづくりなどのさまざまなプロジェクトが生まれてきた。さらに東日本大震災の発生時には、モッテの側からの素早い支援活動が起こり、その後も3月11日を中心に、復興事業の諸問題をめぐる報告・討論会やアートプロジェクトが企画されてきた。

　先に触れた「社会関係のエコロジー」という思想は、さまざまな自然との共生

プログラムにも反映している。モッテを囲むオッテンゼン地区は19世紀から町工場が多く、緑が著しく失われてきたため、都市環境のエコロジーの回復は住民の悲願である。モッテは住民とともに「オッテンゼン緑地帯」プロジェクトを推進し、センターに隣接する土地を駐車場から児童公園に変更させることに成功した。公園内では鶏の飼育（鶏舎は市から無償貸与）も行われ、小動物と共生できる安全な環境が確保されている。

　またモッテの屋上にも多くの養蜂ケースが設置され、これらは地域の環境運動のシンボルとなっている。さらにエルベ河畔のヨット小屋（市から無償貸与）を利用した青少年ヨットグループの活動があり、冬場に工房で共同製作したヨットを用いて自然との共生を体験している。

⑨ 社会文化の課題と展望

　このように「社会文化」というカテゴリーは、オルタナティブな市民運動として確立され、行政側との粘り強い交渉によって、社会文化的環境改善のための条件が1つひとつ勝ち取られてきた。したがって社会文化の活動への市側の助成基準も生易しいものではない。

① センターの設置もしくは推進に際しては、その地域にあらかじめ積極的な市民運動体が存在していなければならない（下からの要求がないところにセンターをつくっても無意味）
② その運動体は総合的なコンセプトを持ち、多様な社会階層と世代を対象にし、事業形態も多種多様であること
③ 活動は地域密着型で、地域住民の利害関心に対応していること
④ 開かれたコンセプトのもとに、地域内の他の施設や団体との連携に努めること
⑤ 事業に必要な財源・手段の一定部分を自力で（ボランティア、寄付、会費など）で賄える状態にあることを証明すること

これらの基準をクリアーすることが助成の条件となる。

　モッテの半世紀の歴史は、そのままドイツの社会文化運動の歴史を物語っている。オッテンゼン地区では、60年代に工場移転に伴って産業が空洞化し、市当局による大規模再開発の計画が進められていた。しかし新しい社会運動の流れのなかで、この死にゆく工業地域に、ライフスタイルの革命を求めるアーティスト、学生、市民活動家が（不法占拠も含む）移住を始める。

　そのシンボルとなったのは「ファブリーク（工場の意）」と呼ばれるコミュニケーションセンターである[11]。1971年、まさしくクレーンむき出しの工場を拠点に、新しい文化の創造と生活世界の共同表現をめざす活動が開始され、都市再開発計画への市民文化的対案に、市当局も譲歩を余儀なくされた。産業遺産を文化的に再生し、少額の投資でまちの活気を取り戻した社会文化の活動に、次第に市の側も注目するようになる。コンフリクトからパートナーシップへと流れが変わったのである。

　しかしこの間に、「ファブリーク」の活動は商業主義的イベントへの傾斜を強めていた。これに反発するメンバーは1976年、同地域で活動する6つのグループ（青少年学外活動支援協会、障害者の社会的自助グループ、学童保育グループなど）とともに「モッテ─地区に密着した文化と社会の活動のための協会」を創設する。当初は500㎡の工場空間を再利用して、参加型演劇、子ども映画、ダンスなどの文化事業を企画した。

　ところが創設3年後には、モッテの運営方針をめぐる対立が起きる。社会事業や教育事業の拡大に伴って、専門職員の採用と公的助成を求める意見が強まり、79年には5つの専門職ポストを確保したにもかかわらず、何人かのメンバーがモッテを去っていった。行政の援助と専門職員による組織制度化によって、草の根民主主義に基づく自主管理運営が損なわれるとの懸念からである。

　しかしモッテは、地域社会のさまざまな課題を解決するために、専門職員と公的助成の増強を必要とした。これにより活動内容の質的向上を実現し、また常に新たな地域の課題と取り組むことが可能となった。モッテは、各セクターとの

パートナーシップを促進しながら自らの柔軟な主体性を貫き、「地域マネジメント」の新分野を切り拓いてきた。行政や市民団体とだけでなく、民間財団や企業との連携によって、地域の社会文化的潜在能力を大きく向上させてきたのである。

　一般に80年代に創設された社会文化センターは、専門職と商業的観点を重視する傾向が強く、効率的運営の優先によって、市民参加型の草の根民主主義を制限してしまうディレンマを抱えていた。他方、商業的文化産業からの誘惑と専門職的安定への性向を断ち切ろうとして過度の禁欲主義に走り、社会文化運動そのものが、かえって外部社会との柔軟な関係を損なって硬直化し、弱体化したケースも少なくない。

　こうしたアポリアをいかに克服するかが、新たな市民社会づくりの焦点となるだろう。「主体（市民自治・自主管理）」が、「客体（市場経済・行政管理）」に取り込まれぬ限りで、「客体」に関わることのできる第3の道が模索されている。ここでの成否の1つは、社会文化センターの「手触りの公共圏」が、どのようにメディア公共圏と関係するかであろう。

　ハーバーマスは、市場と行政のシステムに対抗する「自由の制度」の形成を社会文化に期待したが、社会文化センターの専門職業化と準公的制度化、もしくは商業主義化の傾向によって、社会文化の理念そのものが骨抜きにされる危険は常に潜んでいる。しかし、90年代の景気後退と自治体財政難によって、専門職的制度化と商業主義の流れも後退を余儀なくされた。ここにはチャンスも潜んでいた。社会文化は、経済的に困難な環境にあってこそ、真に社会にとって必要な文化を発見して耕すという、本来のミッションを実現しやすいのである。

　限られた資金による循環型運営という点では、社会文化センターは次世代型文化政策のモデルケースとなろう。もとより社会文化活動へのハンブルク市の助成額は、文化予算全体のわずか2.4％、6.5億円に過ぎず、これを市内25の地域文化センターが分け合っている。しかし助成額が多ければ多いほど、それだけ文化政策上の効果が上がる、というものではない。限られた資金のなかで、どれだけの効果を生み出せるか、言葉を換えれば地域社会をどのように変え、

また当事者である市民自身がどのように変わったか。

　ここに「社会関係のエコロジー」に基づく社会文化のポリシーがある。資金が限られているからこそ、地域に潜在しているヒト・モノ・ワザなどを掘り起こし、それらをネットワークすることで新たな文化を生み出そうとするチエもまた生まれる。そのネットワークする営みそのものが、コミュニケーションの「場」を開き、この新たな出会いの場での「対話」こそが「文化」なのだ、ということに改めて気づかせてくれる。

おわりに

　完成された芸術作品とその享受だけが文化なのではない。ネットワークによって新たな文化を生み出そうとするチエも、そしてその過程で生まれるコミュニケーションそのものも、人間本位の社会をつくるプロセスとしての文化なのである。ここに市場経済に直接は依存しない、人間社会のためのエコノミーが生まれる。それは持続可能な社会のための循環型経済システムであり、その意味で「文化と社会のエコロジー」と呼んでいいだろう。

　人類の歴史を持続不可能に追い込んだアメリカ＝日本型の大量生産→大量消費→大量廃棄社会の悪循環から抜け出す展望が、ここには確かにある。プロセス→コミュニケーション→ネットワークの循環的総体として、文化の意味をとらえ直すならば、文化政策と文化経済のパラダイム転換の展望もまた開けてくるように思われる。

　ただし、日本のNPO運営とも共通する課題だが、「労働としての非営利活動」に改めて目を向ける必要がある。社会文化センターの公共性を、経営上のガバナンス強化の観点から省察するならば、正規職員の待遇改善は喫緊の課題である。ボランティアセクターのミッションを高く評価するあまり、非営利組織における正規職員の労働問題を見逃してはならない。国家と個人の間に強靭に根を張るべき多様なコモンズと、それを支える中間支援組織のガバナンス強化は、

民主主義にとって不可欠である。市民社会の自由で人間的な主体的活動領域が、暴走する資本主義によって植民地化されてはならない。現代ドイツの文化政策は、いかなる分野においても「文化的民主主義の強化」という1点で合意されているのである。

追記:「モッテ」についての記述は、現地での聞き取り調査（2003年2〜4月）に基づくが、重本・谷 [2000] の詳細な先行研究、Wendt [2001]、および拙稿「ハンブルクの文化環境からみた『文化エコロジー』の可能性」（『文化経済学』第3巻第4号）に大きく依存している。本稿は『市民活動論』（後藤・福原編、有斐閣、2005）に収録された拙稿の一部をもとに、その後の活動について大幅に加筆したものである。

注

1　Marcuse, Herbert: Über den affirmativen Charakter der Kultur, in: Kultur und Gesellschaft I, Suhrkamp Verlag, 1965.

2　ナチスを経験した人々が戦後の「闇市世代」と呼ばれる点は日独で共通している。この世代は、敗戦と廃墟の中で政治体制の激変を体験し、ドイツ人としても個人としてもアイデンティティの危機に陥った。彼らの多くにとって、過去のドイツの「偉大な国民文化」に触れることは、実存的な危機を乗り越える「語り直し」にとって心のよりどころとなった。内面的な危機に直面し、その自己克服のために芸術に没頭する傾向を安易に「現実逃避」とみなし、「文化の現状是認的性格」として批判することはできるだろうか？　当事者ではない戦後世代とのジェネレーションギャップの問題も含め、稿を改めて考えてみたい。

3　Glaser, Ulrich und Röbke, Thomas "Zwischen jugendlichem Aufbruch und vorzeitiger Vergreisung?", in Sievers und Wagner（Hrsg.), Blick zurück nach vorn, Kulturpolitische Gesellschaft e.V., Hagen, Klartext Verlag, Essen,1994. S.259.

4　Bundesvereinigung Soziokultureller Zentren e.V. Potsdam, 2001.

5　Glaser/Röbke [1994], S.260.

6　重本直利・谷和明「ドイツにおける社会文化および社会文化センターに関する総合研究序説」、『龍谷大学　国際社会文化研究所紀要』第3号、2000年。

7　Bundesvereinigung Soziokultureller Zentren e.V.,Potsdam. 2001. 以下の本文中の統計データは本文献に基づく。

8　https://www.soziokultur.de/wp-content/uploads/2019/08/Bundesverband-Statistik-2019-Ansicht.pdf. S.6

9　Ibid. S.5-S.9.

10　口絵の写真を参照のこと。以下の記述は関係者へのインタビューと次の文献に基づく。Wendt, Michael, MOTTE Neue Dialoge, VSA-Verlag, Hamburg, 2001.

11　口絵を参照のこと。

第2章

ドイツ社会文化運動の特徴

ハンブルク市の事例から

吉田正岳

はじめに

　筆者は1998年の9月に2週間にわたり「ドイツ社会文化運動」を調査する機会を得た。まわった都市はフランクフルト、ボン、ケルン、ハンブルク、ライプツィヒである。ライプツィヒでは市内だけでなく、ザクセン州の農村部の社会文化センターも見学した。これらの社会文化運動の活動のなかからその特徴をなすと思われるものをピックアップして考えてみたい。ただし、本稿ではハンブルクの事例を主たる素材にしたい。なぜなら、調査をした都市のすべてを事例として取り上げるにはあまりにも膨大になり過ぎるからである。また、ハンブルクはドイツ第2の都市でありまたドイツで最大の港湾都市であり、ベニス以上に橋の多い水の都である。そこで展開されている活動は、日本の都市に住む私たちが社会文化について考える際に、参考にできる部分が大きいと思われる。

　ちなみに、ハンブルク市と日本第3の都市であり、港湾都市でもあり、「水の都」でもある大阪市とは1999年度には文化的交流事業が行われている。またハンブルク市文化局の担当者、および文化アクティビストが大阪に来訪もしたことがある。

① 社会文化とは何か

　まず社会文化とは何かということについて概略的な説明をしておく必要があろう。実は、社会文化（socio-culture, Sozio-kultur）という言葉は、いまだ日本語のなかに十分定着していないと言っていいかもしれない。日本における概念的な明確化は社会文化学会においても、かなり議論されてきた事柄であり、本書では大関論文（第5章）が言及しているところである。さらにこれからも議論の課題とすべき事柄であろう。ただし、ドイツにおいては社会文化運動（Sozio-kulturelle Bewegung）の名のもとに実体的な運動が半世紀にわたり展開されてきたし、また現に展開されている。この運動の経験から私たちが考えており、ま

た考えるべき社会文化概念のすべてを引き出すことはできないだろう。しかし、私たちが社会文化概念を彫琢していく際の参考には大いになるとドイツの社会文化活動・施設を訪問したときに感じたことであるし、また参考になるのではないだろうか。

　最初にこのように述べておかねばならないのは、日本においては社会文化という用語に関してまだ十分な共通理解がないからである。筆者は社会文化研究会の活動の蓄積とそれを通じての社会文化学会の設立（1998年11月27・28日、於・桃山学院大学）に関わったが、そこでも社会文化概念を直ちに実体的概念として定立することは困難であった。設立大会報告集に掲載してある社会文化学会設立にあたっての「趣意書」では社会文化概念を方法概念として設定している（「社会文化学会設立大会報告集」26頁）。また他方で、設立大会での米山俊直氏の報告では社会文化概念を社会文化現象の分析のための単位概念 socio-cultural unit（SCU）としてとらえる観点が提出されている。そして米山氏は社会文化学という新しい学問形成の可能性を示唆している。この点に関して詳しくは米山俊直、福井有編『社会文化の諸相』（大手前女子大学、1998年9月20日）を参照していただきたい。

　ドイツの社会文化運動に関しては、社会文化学会設立以前の段階では谷和明（東京外国語大学）が精力的に調査・研究してきた。1998年の調査も谷氏に世話になり、また学ぶこと多大であった。谷が書いている論文は数多いが、とりあえず谷和明「社会文化—ドイツの場合—」（『場—トポス』第4号、こうち書房、1994年）、「ドイツ社会文化の旅（連載一）ボンからソウルへ」（『共同探求通信』第11号、共同探求通信編集委員会、1998年）、「ドイツ社会文化の旅（連載二）」（『共同探求通信』第12号、共同探求通信編集委員会、1998年）を参照文献として挙げておく。社会文化運動に関する文献は、上記の谷「社会文化—ドイツの場合—」（1994）の末尾に掲載されている。

　また、三島憲一『戦後ドイツ』（岩波新書、1991年）においては、オルタナティブ運動として社会文化運動と同様のものが叙述されている。あとがきでヘルマン・

グラーザー（ニュルンベルク市文化局長）に触れられているので、社会文化運動的なものが登場するのも当たり前のことであろう。三島の著作は戦後ドイツの政治的・思想的流れの大局を追ったものでオルタナティブ運動が出てきた背景を知るには最適である。そして、坪郷実『統一ドイツのゆくえ』（岩波新書、1991年）、同『新しい社会運動と緑の党』（九州大学出版会、1989年）には、「新しい社会運動」のなかの「社会的自助グループ運動」に社会文化センターという名前が見える。坪郷の著作は福祉国家の揺らぎと緑の運動との関連を見るには最適である。しかしながら、三島と坪郷の著作のどちらにしても社会文化運動そのものについては、それだけでは充分には知ることはできない。1998年の訪問の調査では、ドイツの社会文化運動はまだまだ発展・変化の途上にあるという印象を受けたが、運動の来し方、行く末も含めての詳細な分析と受容はこれからの日本の社会文化運動にとっての課題として残されているように思われる。

　ドイツ社会文化運動に関しては、いろいろな見方が成り立つであろうが、ここでは谷氏の暫定的定義を借用させていただく。それは〈1970年代前半に旧西ドイツにおいて社会民主党系の都市文化問題理論家により「新しい文化政策」の理念として提起された「社会文化」をスローガンとして掲げ、68年世代の青年たちによる「抗議・対抗運動」として開始され、具体的には地域に「社会文化センター」を設置・自主管理する形で進められてきた「新しい社会運動」〉という定義である。筆者は簡明な定義だとは思うが、約20年間の運動の経過をも含めて定義されているので、実はこのなかに運動自体の変化、運動の評価の変化が含まれているのである。そこで、何かある一義的な定義、「ナニナニこそが社会文化運動である」というような定義を立てて、それに基づいて考えていくという形を取ると、運動自体の把握を歪めてしまうことにもなりかねない。というのも、社会文化運動には多様な側面があり、ひと言では概括できないような気がするからである。そこを単純化してしまうとわかりやすくはなるが、他面で多様な運動を一面化してしまう恐れがある。まして、ドイツの社会文化運動のあり方をそのまま日本に適用することもできないだろう。筆者は日本におけるこの種

の運動の「遅れ」を痛感し、日本における条件のなさ、困難さを痛感したが、基本的な条件の違いのゆえに、「遅れ」を取り戻すという仕方で運動の前進を図るということには直ちにはならないとも感じた[1]。

② 文化と社会文化

まず「文化」というものの考え方について簡単に触れておきたい。

ドイツ文化圏においては、文化（Kultur）は精神的に高等なものと考えられてきた。それは教養（Bildung）の概念と結びついている。富と教養はかつてドイツの富裕な市民階級（ブルジョワジー）にとって必要なものであり、それがまた市民階級（Bürgertum）の存在を基礎づけるものであった。かくして、文化は相対的に高い社会階層の知識のみならず、生活様式（ふるまいかた）を表していた。この意味では文化は教養の有無でもって社会の階層を分断する機能を持っているのである。この「文化」の持っている階層分断機能に関してはブルデューの『ディスタンクシオン』が詳細に分析しているところである[2]。

このような文化概念に対して、社会文化運動の文化概念は分離よりも「結合」の側面を強調している。文化とは日常生活実践のなかから生まれてくるものである。そしてまた、それは不断のコミュニケーション過程から育ってくるものである。このように考えることは、文化を社会運動のなかでとらえることでもある。社会文化概念は社会民主党系の理論家によって提起された。この脈絡からすれば社会文化は文化政策の意味合いを持つようにもなる。事実、ドイツで見ることができた社会文化センターの活動は、決して高尚な文化だけを対象とするのではなく、ドイツ国内の外国人労働者の異国的・異質的「文化」をも射程に入れた活動を展開していた[3]。

たとえば、筆者はケルンの社会文化センター「アルテ・フォイエルヴァッヘ」（旧消防署）では、クルド人難民問題への取り組み、集会を見学することによって、国家を持たない世界最大の民族であるクルド人の存在について目を開かせら

れた。

　また他方で、ドイツの移民労働者政策の結果、トルコ人の移民がドイツ国内には最も多い。後で述べるようにハンブルクのザンクト・パウリの社会文化センターではトルコ人のイニシアチブを交えて会談した。ここではトルコ人の文化をこの地域でいかに生かしていくかが課題となっていた。

　しかし、ドイツ国内から一旦目を転じてみると、トルコ国家とクルド人は今ではテロ活動、村の焼き打ち、追放などを行い、互いに激烈に争っている。民族的対立を今後どのように考え対処していくかは、文化の問題を考える際に、ドイツ社会文化運動のなかでも難しい課題となってくるのではないだろうか。

　ともあれ、社会文化概念の意味するところは、「文化の香り高い〜」と言われるような文化概念とは違うことがわかるであろう。日本語の「文化」という言葉も多義的な意味を含んでいるので、単に「文化」と言った場合に、相互理解において誤解を生むケースがないとは言えない。これは日本語における「文化」概念の問題であるが（他言語においても「文化」概念は同様の問題をはらむ）、今後の日本語の使用法によって相当その内実が変化しうる概念なのかもしれない[4]。

③　地域文化としての社会文化

　ハンブルクでは社会文化を地域文化（Stadtteilkultur）と呼んでいる。Stadtteilとは都市の地域（独和辞典の訳語では「市区」）のことを意味している。ハンブルクのような大都市になれば、性格の異なったいろいろな地域があるから、その性格に応じた文化が生長すると考えてもよいだろう。事実、ハンブルクで訪ねた地域文化センターの人々は、この地域は「かくかくしかじかの地域」だからこういった活動に力を入れている、という言い方をしていた。たとえば、ザンクト・パウリ地区（St.Pauli）の社会文化センター（Gemeinwesenarbeit St.Pauli-Süed e.V.）を訪れたときのことであるが、そこは港の近くで港湾関係の仕事に携わっている外国人労働者が多数住んでいる地域である、と説明を受けた。特にトルコ人

写真1　ザンクト・パウリ地区（St.Pauli）の社会文化センターの正面（撮影：山田）

が多く見受けられた。案内してくれたセンターの人の話によると、この地域の約60％は非ドイツ人である。その内訳は、トルコ人が一番多く、クルド人も含めて、35〜40％、ユーゴ人が20〜25％、東欧からの人々が20％、あとはその他という割合だそうである。

　なぜここに集まってくるのかというと、この地域には、外国人が多い、家賃が安い、また港に近く、港湾労働者にとっては出身地を思い起こすことができる、というような理由があってのことである。東京で、パキスタン系、台湾系、中国系といったアジア諸国の出身者のコロニーができるのと同じ現象である。

　このような地域では、たとえばドイツ文化とトルコ文化の複合的な文化を形成する。だが複合といっても2つのものを足して2で割るようなもの、たんなる混合ではない。外国人労働者といっても、もう2世3世の時代になってきている。そして同じ外国人労働者といっても1世と2世あるいは3世とではドイツ文化の受容のあり方が違う。第1世代ではドイツ語がほとんどできない。他方、第2、第3世代ではドイツ語で育ち、ドイツ語を使う。しかしそのドイツ語にはトルコ語、トルコ文化のバイアスがかかる。また話すことができるといっても、どのように話すことができるのかという言語文化の問題、発話の階層性の問題も介在しているだろう。ギュンター・ヴァルラフはトルコ人に変装して彼らの労働現場に潜り込んだ。彼の著書『最底辺』（Ganz unten）にはトルコ人労働者がどのような扱い

をうけるかが活写されている[5]。この場合、文化は複合的であり、複合的になってきているとはいえ、それは当該のドイツ社会においては負（マイナス）の複合性という性格を帯びざるをえない。複合性といってもこのような意味での複合性である。この複合文化を抱えた形で地域の文化を考えていこうという姿勢がザンクト・パウリ地区の社会文化センターには見られた[6]。

　Gemeinwesenarbeit St.Pauli-Süde.V. は、GWAと略されることもある。またそこの催事空間をKölibriと呼んでいる。ブンブンとうなりをたてて飛ぶハチドリ（Kolibri）に、ハイン - ケリシュ広場（Hein-Köllisch Platz）に立地しているから言葉をひっかけて命名したものだろうか。Kolibri（ハチドリ。もとカリブの言葉。ハンブルクと南米の間の航路が開けていたからカリブの言葉が入ってきたのも不思議ではない）はドイツ語で表すと、Schwirrvogel である。動詞の schwirren には、ブンブンと音をたてる、（鳥、虫、弾丸などが）音を立てて飛ぶ、飛び交う、乱れ飛ぶ、すっ飛んで行く（来る）、騒然としている、というような意味があるから、ザンクト・パウリ地区のセンターの名前としてはいかにも似つかわしく思われる。

　センターが出している案内パンフレットは、簡明にセンターの特徴と活動内容を記してある。内容は「GWAとは何か?」（センターの性格の叙述）と「何のために私たち（協力者）はいるのか?」（活動内容の説明）に大別されている。センターは1975年から活動していると書いてあるから、恐らく社会文化運動としては最も古い部類に入るだろう。現在は6名の従業員と多数の非常勤の従業員でもって地域のイニシアチブとして活動している。GWA は公益的であると認知された社団（Verein）であり、主に市の文化局によって援助されている。文化のつかまえ方に関しては次のような説明がある。「私たちの仕事の重要な関心事は文化と政治の民主化である。芸術の享受はすべての市民たちにとって手の届くものでなければならない。私たちにとって文化はもはやたんなる"美しき芸術"ではない。文化は社会における生活表現の総体を包括し、いかにして建設され、住まわれるのか、いかにして環境世界が形成されるのか、というような人々の生活スタイルを包括している」。この説明から明らかなように、文化はいわゆる「ドイツ

的な文化」の考え方から離れて、「社会」のただ中に定位している。したがって社会文化活動は政治的テーマを取り上げ、地方政治に介入するだけではない。個人の家の修復プラン、借家人の要望、交通の静穏化、児童館といった事柄にも関与している。つまり「ザンクト・パウリ地区が生活するに値し、愛するに値するように、よき隣人関係と連帯感のある相互関係のために私たちは働いている」とパンフレットに書いてあるように、地域に密着し、地域の向上を願って活動しているのである。

　そのことを端的に示しているのが活動内容の説明である。最初に掲げてあるのが「役所、家主、雇用主とのいざこざは？　私たちは相談にのります」というものである。真先に住民の不安、不快、いざこざに対して助言を与えるという活動が示されているが、裏面からみればいかにこの地区にこの種の問題が多いかを明示している。次に「あなたは差別待遇やラシスムス（人種差別主義的態度）を体験しませんでしたか？　滞在許可証の問題を抱えていませんか？　私たちは支援します」という文章が続く。外国人労働者、滞在者が必ず突き当たる問題である。

　教育分野では「女性のためのドイツ語コース、識字コース、子どもたちのための宿題援助」が提供されている。「女性のための」というのは、外国人女性のための、という意味である。ケルンの教師協同組合（Lehrerkooperative）でも見聞したことであるが、外国人家庭の主婦に対してドイツ語コースが提供されているのである。外国人労働者の主婦は閉じこもりがちで、ドイツにいながらドイツ語が話せない傾向がある。一般の会話学校は授業料が高く、どうしてもドイツ語を習うチャンスが少なくなる。そこで社会文化センターや教師協同組合などが格安で（ケルンの場合）語学教室を開設するのである。ただしドイツ語を学ぶことが、ドイツ文化に同化せよ、というようなことにはならないように配慮されている。

　面白いのは「机がぐらぐらしないか？　椅子の脚が欠けていないか？　私たちの工房では教わりながら家具を修理できるし、新品のデザインだってできる」というキャッチフレーズである。社会文化センターの地下にある工房を案内された

写真2 工房で作業している男の子の様子（撮影：山田）

とき、男の子がノコギリをギコギコやっていた。満足な家具（勉強道具）がないという状況が推測できるが、反面では自分でできるものならつくってしまう自立性を養っているのである。他の社会文化センターでも同様であるが、さまざまな工房を付設していて、そこで体験しながら技術も習得できるようになっている。

　食事については次のような記述がある。「ビストロでは月曜から金曜、7時から15時の間、割安でおいしい朝食と昼食をとることができる」。どの地区のセンターを訪ねても、相当大きなレストランや居酒屋を付設している所が多い。付設飲食店からの収入も社会文化センターにとっては重要な財源となっている。

　あと劇場、ダンス・ホール、会議室、各種の機材、楽器、等の備品を備えてさまざまな活動に対処している。いわば日常生活の全般に対応できるようになっているのが社会文化センターなのである。このような自主的・総合的施設は日本では見たことがない。しかも今までの簡単な紹介からしても、センターは地域の特殊性に根ざした活動を行っていることが推察できるであろう。

　ザンクト・パウリの地域文化センターは、ハンブルク港（ザンクト・パウリ桟橋）と悪名高きレーパーバーンの間に挟まれた所にある。レーパーバーンは「最も罪深い1マイルと世界にその名を轟かす歓楽街」と紹介されている所で、ポルノ・ショップなどが軒を連ねている。レーパーバーン本通りから少し入ったハーバーシュトラーセには周知の「飾り窓」もある売春地域である。私たちが地下鉄を降りたとき、プラットホームで革ジャンの男どもが、さあやってきたぞとばかりに「れーぱぁぁーばぁぁーん」「れーぱぁぁーばぁぁーん」と連呼する大声が地下鉄

構内に響いていた。レーパーバーンはその名前からして船舶用のロープ工場（Reeperbahn）があったものと思われる。しかし、港から近いという立地条件から港町にはつきものの歓楽街になったのであろう。日本人の観光客なら歓楽街のレーパーバーンを訪れ、港めぐりの船に乗るためにザンクト・パウリ桟橋を利用するであろうが、その間に挟まれた地帯を目にとめることは恐らくないだろう。だがそこが社会文化運動の活動拠点になっているのである。

　この歩けばすぐ通り抜けられる狭い一帯では、社会文化運動の典型的な事例を提供しているように思われた。それはできあがった形での運動ではなく、形成されつつある途上の運動という意味での典型例である。

④ 病院占拠、住居占拠

　その典型例とは旧病院の占拠である。住居の不法占拠（スクウォッタリング）というのは「80年代前半に耳目を引いた活動」である[7]。

　住居の不法占拠（スクウォッタリング）は、三島氏の著作では「日常化したアナーキズム」として紹介されている。そして「合法でも、不法でも糞くらえ（legal, illegal, scheißegal）」という態度を占拠する人々はとったと書かれてあるが、ハンブルクのザンクト・パウリ地区の病院を占拠していた人々は、三島氏が紹介しているような言葉から受ける雰囲気の運動よりは、ずっと合法的でまっとうな活動をめざしているように思われた[8]。

　というのは、旧病院を占拠している人々は、自分たちのために占拠しているのではなくて、小児科や老人医療をもった地域の総合病院を開設せよ、と訴えているのである。当初は市当局といざこざが絶えなかったそうだが、今では落ちついてきているとのことである。つまり市当局も占拠している人々の主張の正当性を認めつつある、ということだ。それにしても、占拠している人々がなぜ強制的に排除されないのか不思議であった。日本でならば、おそらく直ちに警察力でもって排除されるであろう。

　そのことは、旧病院の後で行った市営住宅でも同じである。この市営住宅は、病院からさほど離れてはいない所にある。そこはエルベ河畔の、ハンブルク港を目前にした川岸の一等地に立地している。住宅が老朽化したというので、取り壊して再開発し、商業施設を設けるという計画があり、それに反対して市営住宅を占拠したという。市営住宅は日本の旧公団住宅と同じような規模と形式の4、5階の建物である。他の事例の、不法占拠の写真で見るのと同じように、この建物の灰色の壁にもスローガンが書かれ、垂れ幕がかかっていた。

ここでも当初は市と揉めたというが、占拠者の主張（再開発による商業施設建設反対、改修して市民の住居とせよ）は市当局にも認められて、半分ほどの住宅棟は茶色い煉瓦状タイルが貼られてすでに改修工事が済んでいた。そして改修途中の棟も見受けられた。後年、再度この市営住宅の場所を訪れたときは、改修も済んで、エルベ川に沿った落ち着いた住宅のたたずまいを見せていた。また先ほどの旧病院の占拠についても、占拠をしていた人々の主張は認められ、小児病院の開設がなされた。また元の施設は広い緑地に隣接する大規模な建物であったので、さまざまな団体の事務所、オフィスに様変わりしていた。これらはいわゆるジェントリフィケーション（gentrification）の手法によらない再開発の事例である。

⑤ 公園計画

　先ほどの市営住宅から歩いてすぐのエルベ川の河岸段丘の部分を公園にしようとする計画が進行中だという。段丘の斜面の部分がかなりあって、市が所有している土地もある。それも含めて公園にしようとする計画である。やはりここも港を眺めるには恰好の土地である。この計画のためのアピールの看板とそのすぐそばにはコンテナがある。このコンテナは公園化計画の活動拠点である。コンテナのなかには箒や塵取りの掃除道具が入っていて、この計画に賛同している人々が公園予定地を定期的に掃除するのである。ここでも住民の自主性ということに思いを馳せざるをえなかった。このような公園計画は日本では役所の当該部署が計画し、「上から」下りてくるのが通例である。しかもその場合建設会社のプランとタイアップしていることも多い。そのようなものと比べるとここの公園化計画というのは住民自身が関わって、「下から」主張しているのが特徴である。自ら「地域デザイン」をつくり出そうとしている、といってもよいだろう。筆者は先ほどの病院占拠、市営住宅占拠、ケリブリの活動、などと併せて考えると、ザンクト・パウリ地区住民の、この地域をどのような地域としたいのかという全体

構想がなければ決して出てこない発想であると思われた。

⑥ ゴルドベク・ハウス

　しかしまた同じハンブルクといっても、市の北東部にあるヴィンターフーデ南地区においては違った様相を見せている。ゴルドベク運河に沿った一角には、ゴルドベク・ハウスという地域文化センターがある。元は化学工場の施設を改築・利用している。私たちが訪れたときはちょうど改装工事をしていた[9]。

　ここのセンターの責任者の説明によると、センター周辺の住宅環境はあまりよくないとのことであった。しかし私たち同行した日本人の目からすれば、運河沿いにあるその住宅地は中産階級レベルのものに見えた。しかしそれは運河沿いを表面的に見ればということらしく、バスを降りたゴルドベク広場の東側の一帯は説明書を読むといろいろな問題を抱えているようである。住宅にはQuartier（宿泊所、仮兵舎という意味）という単語が使われている。呼称からして劣悪というニュアンスが漂っている。工場労働者家族の住宅がかたまっていたのである。2、3室の小さな住宅がたくさんあって、そもそも遊び場になる自由な空間がなかったことから、ポスモーアヴェクに子どもの遊び場の建物を設立したことからゴルドベク・ハウスへと発展していったという。ゴルドベク・ハウスにはその他のさまざまな運動、運動体、社団が結集して成立している。ゴルドベク・ハウスのマークはとんがり屋根の家に矢印が突き刺さった形をしているが、4つの社団が結集してDachverband（上部団体）を結成したことを表現しているのであろう。

　60〜70年代に裕福さが増すにつれて、若年層の家族は狭い住居を去って郊外の緑のあふれる地域へ引っ越していった。そこではより広い床面積で暮らすことができた。

　しかし他面では、若年層の流出はこの地域の人口構成のうえで老人の、しかも多くは独居老人の構成比率を上げることになったという。ゴルドベク・ハウスの活動の特徴に老人劇場があるが、それもこの地域の歴史的特性に対応して

いるのである。センターのパンフレットには老人文化活動の記述が大きな比重を占めている。

　また、別の一面では、劣悪な住宅には、家賃の安さにひかれて、外国人労働者とその家族が移ってくることになった。そこで異なった文化相互間の活動もセンターの活動の柱になっている。「文化的差異への寛容」「人種差別的傾向に反対する」「接触の不安を取り除く」といった活動提起がされているところから判断すると、外国人の数はザンクト・パウリほどではないようである。ビデオや写真を見ていると、このセンターに集まってくる人々は、ザンクト・パウリ地区と違ってどちらかといえばドイツ人が主であるように見受けられた。そこからして、ザンクト・パウリ地区とは違った活動内容が出てくる。

　このようにハンブルクという大都市においては、一律の文化活動が行われるのではなくして、各地域の特性に合わせた活動が行われているのである。

⑦　失業と社会文化運動

　先ほど、ゴルドベク・ハウスの改装工事について触れた。工事中の内部を見てまわったが、レンガ造りの2階建ての建物の改修が完成すると、元が大きな工場だけあって、かなり大規模の空間を持った社会文化センター（ハンブルクでの用語では「地域文化センター」）になる。ディスコやダンスもできるホールもいくつかでき、また小さい部屋はアーティストに貸し出す予定だという。

　中庭には5つばかりの青いコンテナがあって、そのなかで改装工事に従事している労働者がちょうど休憩していた。コンテナには「労働と職業訓練　社団」（Arbeit und Lernen e.V.）の看板が貼りつけてある。改装工事は「労働と職業訓練」という社団（登録団体）が請け負っているのである。この変わった名前の団体（くだいて言うと「働き学ぶ」ということか。Lernenには学ぶ、学習するという意味のほかに職業訓練、修業という意味がある）は普通の建築工事請負会社ではなくて、ある特定の目的を持っている。

ドイツでも、現在の日本と同じく、いや日本以上に失業者が多い。しかも若者の失業者が多い。この失業問題に対処する団体が「労働と職業訓練」なのである。社会文化センターは「労働と職業訓練」社団に工事を発注する。失業中の若者はここで働くことによって仕事にありつくとともに、現場の作業を通じて仕事を覚えるのである。このようにして社会文化運動は失業問題に対して自ら仕事をつくり出すという側面を持っている。また経済的な側面では社会文化センターの方でもメリットがある。それは工賃が普通の建築会社に頼むより安くあがるということだ。労賃が低いことは、若年層の失業問題という事情に鑑みて公的に認められているという。これは具体的な仕事のなかで技術を修得するという意味では、日本企業で行うOJT（On the Job Training）と同様の面はあるが、その目的を異にしている。ドイツ社会文化運動の場合には、企業の仕事に慣れるという意味よりも、自立のための自己修練の意味が大きい。

　90年代末から2000年代はじめにかけて、日本では非正規雇用の問題、偽装請負の問題、派遣切りの問題、ブラック企業の問題など、労働問題が噴出した。経験のグローバル化、新自由主義的思想の流行などが労働問題の背景にあるが、若年層の失業、就職できない、といった事柄にいかに対処するかが世界中で問われた。その際、イギリスや北欧での職業訓練の意義について盛んに日本でも報道された。しかし不安定就労の根本的問題は解決されないまま、観光立国のかけ声、インバウンド需要の急激な増大で人手不足が喧伝され、若年層の労働問題はないかのごとき状況を呈していた。ところが新型コロナ問題で、一気に流れが逆転し、浮ついたバブルは吹き飛び、働くという基本問題に立ち返ることが重要だという再確認をする時期に至っている。濱口桂一郎は『若者と労働』（中公新書ラクレ、2013年）で、若者雇用問題に対するまともな答えはたった1つしかないとして、「結局若者雇用政策に王道なし、職業教育訓練によって技能を身につけ、採用されやすくする以外にうまいやり方はない」（169頁）と書いている。これは世界各国での雇用政策をいろいろと試みた挙げ句の結論であるということなのだが、ゴルドベクでの「労働と職業訓練 社団（Arbeit und

Lernen e.V.)」の現場はこの結論を先駆けてというより、まともな結論として職業訓練を実施していたことになる。

　仕事、失業と社会文化運動との関連はこれだけにはとどまらない。もう1つの例を挙げよう。それはハンブルクの労働博物館へ行ったときのことである。労働博物館を見学したあと、すぐ近くにある「仕事を探せ-未来を探せ」というパイロット・プロジェクトを訪ねた。そこは以前はアルトナ労働局だった所である。ここの活動はゴルドベク・ハウスとは違った意味で、また違ったやり方で失業問題に対処しようとしている。世界各地の芸術家に呼びかけてメール・アートを送ってもらい展示していた。日本からのメール・アートもあった。このメール・アートの活動はプロジェクト全体の一環である。1997年度のプログラムをみるとずいぶん多彩な労働問題、失業問題に関連する行事を開催している。プロジェクトの話を聞いた部屋には写真が沢山展示してあって、それを見ると写真に写っているほとんどが青少年だった。内容は一見すると青少年向けの普通のクラブ活動、「……教室」といったものと変わらない。しかしこのような活動にはカルチャー教室とは違った位置づけがなされている。それは芸術が持つ力と労働との結びつきをどのように考えるか、という考え方の違いであろう。

　ここで貰ったパンフレットに「芸術は労働をする（Kunst macht Arbeit）」というスローガンが表紙に印刷してあるものがあった。これはプロジェクトの一環として行われた、そういう題名の催し物の記録である。筆者はこの言葉に引きつけられた。筆者なりの理解であるから、本来の考えとは違うのであろうけれども、芸術に関して解釈を少しばかり膨らませてみたい。労働は仕事と訳した方が意味の通りはよい。machen は Arbeit と結びつくときの口語的用法らしいが、そのほかにつくるという意味がある。この意味では、芸術は仕事（労働）をつくるのである。このように訳したとしても、どうも強引な理解でもなさそうである。というのはパンフレットの解説には「芸術は労働過程でもある」とか「労働としての芸術」という見地が述べられている。この見方は芸術創造をいわゆる（経済学的）「労働」概念に固定化して理解するのではなく、労働の社会的な理解を新たに

展開することに貢献するのだ、とされている。そのような新しい理解は、一方での大量の失業状態によって、他方では社会的課題として放置されている現状に鑑みて必要とされているのである。「芸術家たちは労働に関する問題に立ち向かうことによって、社会の生産過程の破壊的な方向づけを暴露する。芸術家の創作の経過そのものが労働に対する最も力強い態度設定を含んでいる」。このようにして観衆は「労働とは何か?」という根本的な問いの前に立たされる。このようにして労働そのものへの問いかけを芸術は引き起こす。かくして芸術は新たな意味での「労働」をつくり出すのである。これは未来の労働を探すことにもつながっているのではないだろうか。

　またKunst（芸術）は技術とも訳すことができる。青少年を対象に実際に行われていることからすると、技芸とでも訳した方がよいのかもしれない。日本のことわざの「芸は身を助ける」というものに実態は近いようでもある。このことわざは「芸が身を助くるほどの不仕合わせ」（錦花翁隆志―江戸時代、京の俳人）と続けて遊びで身につけた芸（遊芸）が口すぎの救いになるほどのみじめな状態を表現しているのであるが、ここドイツでは未来の職探しのために技芸（芸術）を身につけようとするのである。普通の考え方の順序では、仕事があって、つまり食いぶちが確保された後で、芸術でも楽しもうということになるのではないだろうか。こういう考え方は仕事が済んだ後の余剰として芸術をとらえる仕方である。けれどもここでは逆に、芸術が仕事をつくり出す積極的な役割を果たしていると考える。もちろん、青少年が対象である場合、それは芸術教育の過程でもあるから、直接的に職の獲得と結びつくものではないだろう。しかし筆者にはこのような楽しみ、喜びを持った活動の過程を経験することは、後に得られる労働そのものを考えるに際して計り知れない大きな影響を与えるのではないかと思われた。

　それは、ウィリアム・モリスが唱えた労働は喜びでなければならないという哲学を下敷きにして考えると、重要な帰結を得られるように思われるのである。モリスにとって14世紀のゴチック建築・芸術作品はすばらしいものであった。モリ

スはゴチック芸術のすばらしさはそれをつくり出した職人の創造力のすばらしさによると考えた。それではなぜ職人がそのような創造力を発揮したのかというと、職人が自由に、喜びをもって労働することができたからである、と言うのである。労働現場には自由・喜びが伴っていた。いやいやながらの仕事、疎外された労働現場で働いたとして、どうして創造力を発揮しえようか、またどうして働くことに喜びが伴うことがあるだろうか。

　「未来のための職探し」プロジェクトで見たことは単なる職業訓練校とは違う目的を持っているように思われたのである。日本の職業訓練校は技術の修得を第1義に置いている。この技術の修得はある特定の職業に直結するのは確かであろう。失業が蔓延しているこの時代においてその意義を認めるにやぶさかではない。しかしこのような直接的な効果主義とは違う観点が「未来のための職探し」プロジェクトにはあるように思われた。それはモリスの言葉を借りるならば、労働・芸術は喜びでなければならないという原則的観点であろう。芸術活動において大いに楽しむことは、実際に働くときには労働という活動自体を対象化する可能性を与えるのではないだろうか[10]。

⑧　デンクマール

　地域文化センターの人々の案内の言葉のなかにしばしば登場するたいへん印象的な言葉にデンクマール（Denkmal）というのがあった。ドイツ語の辞書を引けば「記念碑」という訳語が載っているが、もっと広範な場面で使われている。訳語の意味ではどうもそぐわないのである。「…碑」という漢字で表現されると、どうしても石碑のようなものを連想させるのに対して、デンクマールという言葉はもっと小さな事柄や、別の状況に埋め込まれた歴史的思い出などを指して使われていた。たとえば旧い工場跡を改造して社会文化センターとして利用する場合、更地にしてまったく新しい建物を建設するのではなく、古い建物を改造してできるだけ生かしていこうと努めている。その有様は大変印象的であった。そし

てそのとき改修される建物が元織物工場であった場合、その歴史がわかるように元の建物の痕跡を残すのである。電気の配線を支えていた架橋物、通風管、屋根を支えていた木の骨組みなど、これらは古い空間が改修されてディスコ・ホールになったとしても、そこが元は「繊維工場であった」「ゴム工場であった」というような歴史的事実を思い起こさせるよすがとなるのである。そしてたとえそれらの工場がいろいろな事情でなくなり操業できなくなってしまったとしても、その地域の成り立ちを思い起こさせるもの、記憶を呼び覚ますものとして、それらデンクマールは作用する。オッテンゼンの近くのキンダーガルテンの前には巨大なショベルカーが街角を占拠していたが、地域文化センターの人によればこれもデンクマールなのであった[11]。

　このようなデンクマールのとらえ方は、何かの歴史的偉業に対して記念碑を建立するやり方とは明らかに異なる。何も偉い人たちの事柄を顕彰することだけが記念碑となるわけではない。自分たちの来し方、行く末を考えさせるものをしっかりと留めておくもの、それがデンクマールなのである。このような考え方はヴァルター・ベンヤミンが文化財に関して述べた「文化のドキュメントであると同時に、野蛮のドキュメントである」（『歴史哲学テーゼ』）という言葉を思い起こさざるをえない。つまり支配者の「戦利品」としての文化財ではなくて、自らの文化財を構想するところに社会文化のデンクマールの意義はある。

　翻って日本の場合を見てみると、基本的には更地文化とでもいうべきものに捕らわれているのではないだろうか。いわばデンクマールの白紙化である。頭のなかが真っ白になる状態を努めてつくり出しているように思われてならない。それは記憶や人々がつくり出した文化に対する鈍感さにも通じている。

　日本で古い建築物が保存することに成功した場合でも、大抵の場合、それは観光資源として有効であったというようなことで商業主義的に評価されている。煉瓦倉庫、工場の保存などでの成功例と言われているものである。そのような場所へ行くこともあるがほとんど死んでしまった感触を得るのである。ドイツでの社会文化センターでは、古いとはいうものの、残すべきほどの建築物でもな

いし、空間でもないし、これぞ売れ筋商品というものが販売されているわけではないが、その空間が生き生きとしている感じを受けたのは確かである。その違いについては十分に考えてみる必要があると思っている。

おわりに

　できるだけハンブルク市の地域文化センターを訪ねたときの印象的なことを書こうとしたが、その全体を覆うまでには至らなかった。訪問した先でも、ツィンシュメルツェン、オッテンゼン、モッテといったセンターのことは触れていない。またここに書いたセンターについても割愛した部分がかなりある。財政状況などは気になるところであろうが触れていない。実は財政状況は訪問の先々でかなりしつこく質問した事柄であった。さらに職員、協力者の待遇などにも言及していない。これも社会文化運動の状況を考える際には重要なことであり、どんな状態にあるか質問したことであるが、本稿では割愛した。これらの状況については同行した人々によってレポートが書かれるであろう。ここでは筆者の印象を主として述べた。その点では偏りがあることも承知している。細部の事柄に関しては、他の人々と協力しつつ補充、修正していくつもりである。

注

1　今回のドイツ社会文化調査の訪問先のリストは「社会文化学会設立大会報告集」p.13 を参照。
2　ピエール・ブルデュー『ディスタンクシオン』、藤原書店、1990 年。ブルデューは「文化資本」という概念を提起している。
3　ドイツでの社会文化概念はまったく新たに提起されたのではなく、それはフランスでの「社会文化アニマシオン」(animation socioculturelle) に由来する言葉である。
4　文化という言葉の問題に関しては柳父章『文化』参照。日本語における「文化」概念の問題点のあらましが叙述してある。戦前のヨーロッパ文化への憧れを根底においた「生活文化」概念についても述べてある。しかし、もちろん、社会文化概念についての叙述はない。社会文化などという概念が登場したのは最近であるから言及がないのは当然である。
5　ギュンター・ヴァルラフ『最底辺　トルコ人に変身して見た祖国西ドイツ』、岩波書店、1987 年。

6　ここで筆者は複合性という言葉を用いたが、別の言葉では「異種混交性」「ハイブリディティ」などと言い換えることもできよう。今までの叙述に見られるように、ハイブリッド性は複数の文化の混交によって成り立つものであるが、それだけでは社会的内実として積極的なものを意味してはいない。ハイブリッド性はある「純粋」文化（たとえば「純粋な」ドイツ文化）のただ中では負のスティグマを帯びることになる。問題はさらにその先に続いている。或る社会システムのなかでは負の性格を帯びるからといって、複合文化（ハイブリッド文化）、あるいは複合以前の本源的文化を放棄すべきなのか、という問題である。筆者は沖縄の方言に関してよく似た言語文化問題があったことを思い出す（柳宗悦とその一行が引き起こした「沖縄方言論争」に関しては、太田好信の論文、小熊英二『日本人の境界』、等をとりあえず参照していただきたい）。また言語の保持に関しては文化の自尊心の問題も絡んでいるだろう。私たち日本人は欧米指向が強く、イスラム系の人々との接触が薄いので、欧米＝先進、イスラム圏＝後進、とみなしがちであるが、文化的自尊心からすれば、イスラム文化圏の方に優位があることに関して、山内昌之『ラディカル・ヒストリー』中公新書、1991年、参照。文化的アイデンティティと局地的な政治問題との興味深い事例が叙述されている。言語の保持は文化的伝統の自覚・保持と深くかかわっており、社会のなかで被支配者の立場に置かれたからといって、支配者側の言語文化に同調することだけでは問題の解決とはならない。

7　三島憲一『戦後ドイツ』岩波新書、1991年、p.209-210。

8　社会文化センターの職員には自分をアナーキズムの出自と語る人がいたから、アナーキズムの思想・運動が強かったことも推測はできる。しかし現在の社会文化運動を見ると、日本での「アナーキズム」の語感から受けるものとはほど遠いものを感じる。ドイツのあちらこちらで目にした “Kein Mensch ist illegal.” というスローガンから考えても、合法でも非合法でもどちらでもよいという態度とは異なる。アナーキズム運動と目されていた内実が変化したのかもしれないし、アナーキズムのとらえ方が違うのかもしれない。三島氏が紹介している事例はアナーキズムといっても、「まっとうな」人々の活動形態が大半である。日本におけるアナーキズムの受容の偏りについては中見真理氏の一連の論文参照のこと。特に中見真理「柳宗悦とその時代」、清泉女子大学紀要が参考になる。

9　センターが元は化学工場であったことは、化学薬品による土壌汚染の問題をセンターの敷地は抱えている。これはまだ解決に至っていないという。

10　Informationsdienst Soziokultur, Nr.36/37, Juli, 1998には、“Kultur schafft Arbeit” と題する文章が掲載されている。

11　イタリアの「人民の家」の研究家でもある松田博（元立命館大学）によると、イタリアでは歴史的風景を改変することを許さない法律まで制定されているそうである。松田は「魂の風景」というような言葉を使ったように思うが、ドイツでのデンクマールの考え方との近似性に大変興味深く感じた。

COLUMN

工房の思想

　差し出された紙コップのリンゴ・ジュースは、それまで味わったことのないおいしいものだった。姫リンゴよりも少し大きめのリンゴを搾り器に入れ、少女が懸命にハンドルを回している。絞り出されたジュースを紙コップで受け、道行く人々に配る。大好評で黒山の人だかりである。これは自動車用高速道路の代わりにリンゴの並木を作ろうと呼びかける団体の催しものであり、ハンブルク市アルトナ地区の祭典「アルトナーレ」のひとこまである。アルトナーレには実にさまざまな市民団体のテントが並んでいる。なかには新しい運動であるタウシュリンク（地域通貨のこと）のテントもある。祭典には市民団体のほかに行政機関もテントを出すし、市場で見かける屋台も出る。人出をあてこんで大道芸人もやってくる。アルトナ駅前に続くメインストリートはすれ違うのも困難になるほどの賑わいである。この祭典を支えている中心的な団体のひとつが「モッテ（Motte）」というアルトナ地区オッテンゼンにある「社会文化センター」である。ハンブルクでは社会文化と同じ意味で、「地域［地区］文化（Stadtteilkultur）」という言葉を使っている。センターの「モッテ」に集う人々は行政が試みて失敗したものを市民の祭典として成功させたのだ。

　ドイツ社会文化センターと言ってもその存在は日本ではほとんど知られていない。逆に最近の日本でよく使われる米国由来のNPOという言葉はヨーロッパではほとんど通じない。NPOは北欧ではまったく通じないと思った方がいい。NPOと言わずとも、すでに別の用語と活動の実態があるからだ。社会文化という用語はそのひとつで、用語はフランスから始まり、ドイツで社会文化運動として定着した。過去に日本でその活動が紹介されたときは、公民館類似施設とか自助活動グループなどと呼ばれたこともあったが、そうした言葉だけではとらえきれないほどの豊かな活動内容を展開している。そのセンターの有様を実際に見たときに、日本の「カルチャーセンター」との違いに驚いた。そして日本はまだまだ文化的には未成熟だという思いにとらわれた。

　文化に関して未成熟という言葉を使うと、日本にも立派な日本文化があるではないか、何が未成熟なものか、という反発がでてくるであろう。ここで言っているのは、市民たちが自力で社会のなかの文化の問題を解決していく、あるいは自前の文化を創っ

ていく、という意味での未成熟である。この点では、ドイツ社会文化センターを見学すると、日本は明らかに遅れをとっていると思われるのである。これについて「工房」という一例をもって見てみよう。

　ドイツ社会文化センターの内部にある工房は大変重要な役割を担っている。ケルン、ハンブルク、ライプツィヒなど行く先々の社会文化センターには工房が設けられていた。これは、日本の公民館では見ることのできないものである。陶芸、木工、機械製作、バイク、自転車、ガラス細工、服飾、等々の多様な工房がセンターの内部に存在する。これらの工房は本格的なもので、大きな旋盤ですら備えているところがある。陶器を焼く窯もある。そこでは専門家（職人）が製作をすると同時に教室も開いている。単一の工房ではなく、いくつもの工房があることによって、社会文化センターは複合的な文化施設の内実を備えている。しかもこれらの工房は他の文化団体、運動団体とセンター内部で有機的な関係を持っている。日本でも職人や芸術家たちがコロニーを形成しているのをみることできるが、ドイツのように地域文化を形成する明確な意志を持っているとは言えない。

　林達夫はかつて「工房の思想」について語ったことがある。林によると、工房はイタリア・ルネサンス時代の特徴であって、ダ・ヴィンチ、ミケランジェロをはじめとする天才たちの活動拠点であった。彼らの多面的な活躍は工房のなかでの実験とその精神から生まれたものである。ルネサンスの工房では職人の集団がさまざまな試みをしたのであろうが、現代の社会文化センターでは、芸術家、職人だけではなく、市民たちが往来する場が工房として開かれているのである。

　いわゆる生業としての工房だけでは、その地域の経済性にのみ、あるいはその地域の固有性にのみとらわれてしまうことになってしまうのではないだろうか。ドイツでは社会文化センターに工房があることによって、工房で「藝」に遊びながら触れることもできる。そうした接触から、子どもは自分が持っている可能性を展開させる場合も生じてくるであろう。またある場合には職業訓練所的な役割をも果たす。社会文化センターの工房を見学したとき、センターがもつ多方面での発展の潜勢力を強く感じさせられた。

　残念ながら日本の文化施設にはこういう場所は極めて少ない。あったとしても、たとえば見学もできるガラス工場のようなもので「藝」を経済的効果と結びつけようとする意図が透けて見えるような所が多い。そのような限界を脱して、地域の自前の文化が

持てるかどうかを考えれば、ドイツの社会文化センターの方向に進んでいかざるをえないであろう。

そしてこのような「手」の文化活動が、麻薬対策運動、反自動車公害運動、フェミニズム運動、といった市民のさまざまな運動と結びつき、さらに演劇、音楽といった文化的活動を通して交流し合える場、表現できる場となっているのがドイツの社会文化センターなのである。行く先々のセンターのほとんどが舞台設備を持っている。舞台を様々な要素が集まってできる表現の場と考えると、表現を実現させる装置、人的関係、空間をセンターは内部に抱えていることになる。日本の出版界を先駆けてきたある編集者が「この大都市東京には自由に使える空間が本当に少ないんだ」と常々こぼしていたのを思い出した。市民の自主管理による施設運営を目の当たりにすると、かの編集者の嘆きもよくわかるような気がした。

そして施設自体もたとえば「環境問題」を意識して太陽光発電を取り入れるなどの工夫をし、後からでも自分たちの手でリフォームしていくのである。このように市民のエコロジー運動と文化活動を結びつけていく、それが社会文化である。以前に見学したハンブルク市エルベ河畔の公園化計画（Park Fiction）は実現し、実現への過程は2002年に開かれたカッセルの「ドクメンタ11」の作品となった。このように国際的なアート・シーンは、実は市民公園化をめざす活動の拠点であるコンテナ小屋の「箒と塵取り」と結びついている。もちろん「箒と塵取り」は公園化をめざす市民たちが自主的に掃除をするための普段の道具である。このような布置は確かにヨーゼフ・ボイスの言う「社会芸術」の道具立てにふさわしいのではないだろうか。

第3章

社会文化センター見聞記

山嵜雅子

はじめに

　「社会文化」という言葉から思い浮かべるのは、高尚な芸術活動やすぐれた伝統芸といった類いではなく、地域社会とそこに暮らす人々の社会生活に結びついた精神のあり方や活動、およびその表現形態といったものではないだろうか。

　この言葉を冠した社会文化センターという施設がドイツに存在し、市民のニーズに応え地域の課題に資する活動を提供しながら、学びと交流の場をつくり、地域と人々の文化を育む役割を担っているという。しかもそれは、1970年代に青年たちが地域の老朽施設を占拠する形で始めた社会文化運動の拠点として出発し、やがて活動が評価され施設の使用や助成金の付与が市当局から認められて、市民が自主管理運営する公共のための文化施設となったものだという。こうした社会的な役割や成立の背景を聞いて、社会文化センターという施設に興味をかき立てられるのは、筆者のみではないだろう。

　筆者は、2012年と2017年の2回にわたってドイツを訪問し、社会文化センターを見聞する機会に恵まれた。最初は2012年8月下旬のハンブルクからブレーメンを経て、ドレスデンやゲルリッツといったザクセン州の都市をまわる行程で、次は2017年9月にフランクフルト、ハノーファー、ヒルデスハイム、ベルリン、カッセルを訪ねた際である。

　本稿では、このとき見聞したなかから印象に残ったものを幾つか紹介し、それぞれの活動とそこに垣間見られた問題に言及したい。日本ではあまり知られていない施設だけに、筆者のささやかな経験も、社会文化センターに関する具体的な情報提供となると考える。

① ハンブルク市の社会文化センター

　ドイツ北部のエルベ川沿いに位置するハンブルク市は、早くから社会文化センターを地域文化の拠点として振興すべく助成等を行い、センターを運営する

写真1 ハンブルク
運河沿いの倉庫街

市民運動体をパートナーとする市民参加型の地域文化振興策を進めてきた。そ
れとともに社会文化センターも数を増やし、独自の活動を発展させ地域づくりに
貢献している。1999年に始まったアルトナーレは、そうした社会文化センターを
はじめとするハンブルク市民のネットワークによって成立し、その力量を示す地域
祭である。

　ハンブルク市の社会文化センターの草分け的存在が、モッテ（Motte）とファブ
リーク（Fabrik）である。両者はハンブルク市の下町にあたるオッテンゼン地区に
あり、モッテはファブリークの商業主義化を批判し離反した者たちによって設立
されたという経緯をもつ。私たちの訪問時、モッテは改修中で、施設内部を詳し
くみることはできなかった。所長と職員の方から話を聞いたが、モッテについて
は本書のほかの章でも紹介されているので、ここではモッテと対照されるファブ
リークの印象を記したい。

　屋上にクレーン車をおいたインパクトのある建物をもつファブリークは、創設者
で画家のディートリッヒの芸術観を継承し、1971年の設立以来「みんなが芸術
家」をめざして斬新な事業を仕掛けている。応対してくれたのは、1975年から
ここで活動し、ディートリッヒの片腕として事務的な仕事を統轄してきた、レギー
ナさんという老婦人であった。建物内には、旧木工工場の枠組みを使った、い
わばむき出しの舞台と観客席があった。通常の劇場設備とはかけ離れたその

写真2 ファブリークの正面（左上）
写真3 ファブリークの内部（右上）
写真4 レギーナさん
撮影：大関雅弘（写真2、4）

大胆な装置から、ここで上演される舞台芸術の熱気と迫力がうかがわれた。劇場のほかに工房があり、そこで制作された子どもたちのアート作品が建物の外壁に埋め込まれ、通りがかりの人の目にも触れられるようになっていた。建物に隣接して、子どもたちの野外活動のための場となる美しい庭があった。

　ファブリークが基盤を置くのが、青少年事業である。労働者が多く住む地域に建つこともあり、ファブリーク創設当初の1番の利用者は、親が日中働いていて家にいない子どもたちであった。以来、「開かれた青少年活動」（義務ではない、いつでも来ていい、無料）をめざし、日本の児童館や学童保育にあたるような学校外活動に力を入れてきた。だが近年、学校の半日制から全日制への移行により、青少年の事業参加は減少している。これはモッテのインタビューでも話題になったことで、青少年向けの活動にかかわる社会文化センターは、青少年の参加を促すためにどう魅力的な事業をつくるかという課題に直面している。ファブリークでは、近隣の学校との協力（例：学校の課程をファブリークで行う、学校へ事業やノウハウを提供する）や、学校ではできない活動の積極的な提供（例：施設

の庭を使った自然に親しむ事業）などを考えているとのことだった。

　ファブリークのもう1つの基幹事業が、主に夜に行われる、音楽、演劇、政治的活動などの興行である。こうした事業は、「自由であるために公的な資金は受けず自分たちでやる」という創設者ディートリッヒの方針に立ち、すぐれた芸術活動を提供して収益をあげ、それを青少年事業のような収益のあがらない社会事業の財源にするという、自前で運営していくための戦略でもあった。このやり方でファブリークは、他の社会文化センターの経営上の見本やモデルになったが、興行の成功で商業主義的な性格を増し、それが批判を呼びモッテの誕生につながったのだった。

　ファブリークについては事前に、「厳密には社会文化センターといえないが社会文化センターとして扱われてきた施設」と聞いていた。そのゆえんはこうした商業主義的な面にあるのだろう。なおファブリークの青少年事業に関しては、1973年に連邦政府から古い建物を文化的活動に使うモデルケースと指定されたのを機に、ハンブルク市が助成を行うようになった。またハンブルク市は1981年から文化事業にも助成するようになり、現在のファブリークは全財源の4分の1が公的支援、4分の3が自前という状況にある。

　ファブリーク創設から半世紀が経つ。その間には、モッテの設立、火災による全焼（1977年2月）など、さまざまな出来事があった。モッテとファブリークの関係も今は良好で、共にアルトナーレを担っている。オッテンゼン地区も労働者街

写真5・6　青少年向けの野外活動設備（ファブリーク）

写真7 パラスト（Kultur Palast Hamburg）　　写真8 ヒップホップ・アカデミーの練習風景

　からシックな街に変化し、若い家族も住むようになり、ファブリークへの要請も変化している。ファブリークも有限会社から財団になった。「ディートリッヒや私は、闘った世代で、『パブリックのため』をめざした。今の若い人たちは、資格を使って働いているという違いがあるが、時代的に仕方がないこと」というレギーナさんの言葉が印象に残っている。

　ファブリークでも力を入れていた青少年事業に関して興味深い活動を行っているのが、文化の宮殿を意味するパラスト（Kultur Palast Hamburg）である。このセンターは、U2沿線のBillstedtという若い人が多く住む多文化地域に位置する。あまりよいイメージがついてこない地域だが、センターはここで1980年の開所以来「文化を提供しポテンシャルを高める」をめざして活動している。

　センターが手がける事業のなかでも「ポテンシャルを高める」を象徴するのが、ヒップホップ・アカデミー（Hip Hop Academy、2007年創設）を通じての音楽教育や職業訓練である。学力に問題のある子どもたちへの音楽を通じた学習支援、そうした音楽教育ができる教員の養成、さらにヒップホップを通した職業訓練からなる。そのためにハンブルク市内には学校や青少年センターを利用した40か所の練習所（養成所）がある。ヒップホップは反社会的と思われがちな音楽領域だが、それを芸術に高め、さらに職業として確立させ、ポテンシャルを発揮する表現活動として広めていく、それによって経済的に恵まれない子どもたちも、職業を得て、社会的に認められる。そうしたポテンシャルを高める文化をつくり出し、

若者文化としてマーケットと結びつけることがねらいとされていた。

　このセンターは、かつては登録協会だったが、経営形態を有限会社に変更した。財政は、公的支援とセンターの事業収入が半々である。職員30人（うち専門分野の有資格者15人、資格取得をめざしている者15人）、有給のヒップホップ指導員50人、ボランティア50人、その他ボランティア制度を利用して働いている者からなる。

　ハンブルク中央駅裏の社会問題の多い地域では、文化の店を名乗るラーデン（Kultur Laden St. George e. V.）が、やりたい人を支援する（開放性）を原則に、あらゆるものを同じように扱う（同等性と並行性）、アンチ・レイシズム、職員が女性という立ち寄りやすさを方針とし、地域のつながりをつくろうと活動していた。多様な人々が交流する機会を創出するため、屋外広場での映画会の開催、近隣の高齢者施設へのカフェの開放、近くの幼稚園とのイベントでの協力、世界の国や文化にまつわる展示や音楽・料理の紹介など、多国籍な地域性にも配慮しながら、さまざまな工夫と挑戦を試みている。また薬物常習者の就労を引き受け、更正と社会復帰を支援するといった、社会問題の多い地域ならではの社会事業も行っている。

　ここは、1982年に若い活動家たちが、文化と政治、人々の交流をめざして始めたところである。やがて国の雇用促進事業として4人の職員が置かれ、実績が認められて市から3人分の職員手当が出るようになり、以後、職員3人体制

写真9　ラーデンの外壁の絵

写真10　ラーデンのカフェ・スペース

写真11　ヴェリコム・アルトナの職員の方たち

が続いている。職員たちは、いずれも
ゾツィアール・ペダゴーゲ（Sozial
Pädagoge、社会教育士）の資格をもつ。
年間の経費は23万ユーロで、このう
ち60％は公費で賄うが、残りの40％
は稼がねばならない。有料の講座や
部屋貸しなど、経営努力は欠かせな
いとのことだった。

　もう1つ、病院跡地にあるヴェリコ
ム・アルトナ（Verikom Altona）に触
れておこう。外国人支援活動・統合
活動を行う公益法人の本部で、外国人のドイツ語教育、社会相談、難民への活
動、コンピューターコースなどを事業とする。統合センターという位置づけもあろ
う、他の社会文化センターとの違いは、外国人の職員が多いことと、反差別と
いう政治性を出していることである。他者を、自分にはもっていないものをもつ
人とみる雰囲気がここにはあるそうだ。財政面では、ドイツの社会局からの助成
があり、難民への活動にはEUからの助成もある。専任職員30人で、ゾツィアー
ル・ペダゴーゲの資格をもつとのことだった。

　ハンブルクで訪ねた社会文化センターでは、助成金はもっと欲しいが、市が
助成金を削減するなかでは、多くもらっても、他のセンターの分を減らすだけと
いう愚痴とも不満ともつかない声を耳にした。市民活動同士で取り分を争って
も不毛であるから、市の助成拡大を待つしかないというところだろう。経営上の
苦労がうかがえる一方で、市民による活動が公的資金に頼らざるをえない実情
をどう考えるべきかという疑問も湧いてきた。活動の公共性・公益性からいえば、
公的支援はあってしかるべきだろう。とはいえ、支援を受けることで活動の自由
や自立性に影響はないのだろうか。また公的支援を自明のごとく期待する姿勢
に、市民活動の矜持を問いたくなるのは筆者だけだろうか。方や、自由のため

に独立採算の道をとり、商業主義と批判されたファブリークのケースは、どう解釈できるのだろう。レギーナさんが「財政はファブリークにとって永遠に闘い続けなければならない問題」と述べていたが、これはどの社会文化センターにも共通する問題であった。

② 市民がつくり、専門家が支える、ブレーメンの社会文化センター

　ハンブルクに次ぐドイツ第2の貿易港をもつ自由ハンザ都市ブレーメンでは、食肉解体場を意味するシュラハトホフ（Schlachthof）という社会文化センターを訪問した。その名のとおり、かつて食肉解体場があった敷地と残った建物を利用した施設である。れんが造りのやや重々しい外観とは異なり、劇場やホールや会議室といった内部の設備は、機能的でオープンな雰囲気を醸し出していた。特にかつての給水塔の内部に、小さなスタジオやレッスン室や事務室がうまく配置されているのが興味深かった。訪問した日は、翌日から始まるフェスティバルの準備作業で、建物内外に活気があふれていた。

　このユニークな施設と設備を市民のさまざまな活動に提供し、市民主体の文化づくりを推進していくのが、当センターの仕事である。そのためここには、市民の活動をサポートする専門家がいる。当日案内をしてくれた女性職員は、学校での専攻は生物だったが、自分で文化マネジメントを修得し、ここで文化プログラムづくりを担当している。もう1人のものづくり担当の男性職員は、造形の歴史の教師資格をもち、10年程

写真12　シュラハトホフの正面

写真13・14・15 シュラハトホフ
の施設内部

このセンターに無給で関わったあと職員になったという。2人とも専門家で職員
だが、市民としては文化的アクティビストであり、狭い意味での政治家ではない
けれども、文化の面で政治的活動をしていると述べていた。

　ハンブルクの社会文化センターでは、職員にゾツィアール・ペダゴーゲの資格
取得者を置くケースが多く、センターに従事するうえでの1つの基準になってい
る感を受けた。当センターではどうか尋ねたところ、「その資格をもっているかは
関係ない。実際にもっている人もいない。どういう経歴（経験）をもっているのか、
ここに適応できるか、そしてその人の哲学（Philosophie）をみて採用したい」と
いう応えが返ってきた。市民による自治的施設として始まったものが、資格とい
う制度（権威）とあたり前のように共存していることにやや違和感をもっていただ
けに、この応えには胸のすくような思いがした。

　ここでの主な収入源は、部屋貸し、食堂経営（業務委託して貸し料を得る）、チ
ケット販売といった、施設と設備を原資にした事業である。センター自体が何か
プロジェクトを行うときはスポンサーを探すという。センターの年間の経費は130
万ユーロ、そのうち40％を公的支援（ブレーメン市から53万ユーロの助成を受け

ている）で、あとの60％をこれらの事業収入で賄っている。

　組織としては、協会(Verein)のままの市民団体で、3人の理事がいる。センター
の原則的なあり方を決めるのは、主に理事会だが、あとは担当者の自主・自律
性（Autonomie）に任されている。正規雇用が13人（うち11人がフルタイム、2人
が3時間の雇用）、失業対策の雇用が3人、デュアル・システムと呼ばれる職業
教育・訓練として働く職業専門学校生が4人（主に、企画、販売に携わる）で、そ
れ以外に時間給で働いているのが約50人、全部で70人ほどが何らかの形で
賃金を得て働いている。

　市民自らが文化をつくり、それをこうした職員たちが専門分野の経験を生かし
て援助する、しかもその専門家たちもまた市民としての自負と自覚をもって活動
していることに、市民が運営する施設ということの本質的な意味をみたような気
がした。

③ 国境地帯で活動するザクセン州 ツィッタウの社会文化センター

　ドイツの東端に位置するザクセン州では、訪問する先々で、移民問題や隣接
する国々との交流というテーマが話題にあがった。

　ドイツ、ポーランド、チェコ3国の境にあるツィッタウ（Zittau）で訪ねたヒラー
シェ・ヴィラ（Hillersche Villa）という社会文化センターは、移民が多い地域に
あって、20年以上にわたり、移入者に対する偏見を防ぐ「頭のなかの国境を乗
り越える活動」をめざしてきた。

　このセンターでは、過去のナチス協力を悔いた輪業経営者から借り受けた建
物と敷地を利用して、幅広い年齢層を対象に、音楽や美術の教室、政治をテー
マにした展示、映画の上映、演劇活動などを行っている。演劇については、3
つの劇団を抱えており、シリア難民の増加や深刻化する失業問題を背景に、失
業者演劇グループも活動している。カフェやバーもある。私たちも中庭に置かれ

写真16・17 ヒラーシェ・ヴィラ

　たテーブルで、日替わりランチのいんげんとジャガイモのスープをいただいた。こうした事業のねらいは、地域のネットワークづくりにある。多様なバックグランドをもつ人々をつなぐことはもちろんだが、そうしたネットワークがさらに政治的な力となってセンターを支えてくれると考えるからである。

　また、1年に1度ドイツ、ポーランド、チェコ3国の学校間で生徒たちの交流を図る事業を開催したり、学校と連携して東西ドイツの歴史に関する教材を作ったり、そのための教師の研修を実施するといった、近隣国との交流や歴史理解促進のための事業にも力を入れている。研修事業では、教師側にあるユダヤ人の歴史を知りたいという気持ちに応えて、ポーランドの強制収容所を訪ね宿泊して学ぶというプログラムを設けている。

　所長はゾツィアール・ペダゴーゲの資格を有するとのことだが、この日会うことはできなかった。代わりに、大学で神学を専門とし、教会活動からこの仕事

に入ったという男性が案内してくれた。彼によれば、センターの活動も、これまで主たる対象としてきた若者の減少に伴い、重点を高齢者に広げていく必要が生じている。設立当初は、地域柄、相互理解を深めようと外国人への支援活動に力を入れたが、次第に主軸を青少年活動へ移し、さらに難民の増加に伴い難民支援の活動へ、そして高齢者の活動へと力点をシフトさせてきている。課題はいつも変化している。しかしそれに挑戦していくことが、このセンターの姿勢であり使命であるという明確な意志が、彼の言葉の端々に感じられた。

④ 社会問題と向き合うフランクフルト、ハノーファー、ベルリンの社会文化センター

　社会文化センターとの初めての出合いから5年後、2度目の訪問旅行で感じたのは、難民の増加や高齢化の進行といった社会問題がこれまで以上にセンターの運営や事業に影響を与えていることであった。

　ドイツ中部ヘッセン州の商工業都市フランクフルトでは、劇場という名の2つの社会文化センターを訪ねた。1つは、昔の自動車工場を建て替えたビルの1階で活動するガリウス（Gallus Theater）である。もともとは学生運動として始まり、GALLUS-ZENTRUMとして1978年にワークショップを開始、やがて「緑の党」の運動が盛んになるなか、現在のような独立した小劇場となった。ここでのキーワードは「統合」である。あらゆる人、あらゆる世代、性的少数者も、難民も、ここへ来るすべての人々を結びつけていくことを課題とし、芸術活動のみならず、社会福祉、政治、教育に携わりながら、地域社会のため、次世代のため、公共のため

写真18 ガリウスの小ホール

写真 19・20　舞台ホールとロビー（ナクソス）

の劇場となることをめざしている。

　もう1つは、元紙ヤスリ工場をリフォームし、120 m の縦長の舞台を擁して実験
的な活動をするナクソス（Theater in der Naxos-Halle）である。建物は当初市か
ら半年の期限で借り受けたが、劇場側は期限後もそこに留まり、退去を迫る警

察や消防署と闘いながら芝居をやり続け、ついに合法的な使用を市に認めさせたのだという。現在は市から年8万ユーロの助成も受けている。演出家で劇作家のウィリーさんと5人の俳優が、運営全般を担い、社会問題や歴史問題を取り込んだ数々の舞台劇を仕掛けている。難民問題も重要なテーマで、50人ほどの難民が参加し、ドイツ語、アラビア語、ペルシャ語の3つの言語による劇を上演した。参加者は、その後もここで活動を続けているそうだ。

　ニーダーザクセン州の州都ハノーファー（Hannover）では、駅裏に位置するパビリオン（Soziokulturelles Zentrum Pavillon）を訪ねた。ドイツで最も大きい社会文化センターだという。この日はボランティア活動の説明会があり、参加する若い人たちで混み合っていた。大ホールやワークショップ向けの会議室、事務室、隣接する公立図書館や造形研究所などを見学した。カフェやロビーも広く、昼時は説明会の参加者で賑わっていた。

　パビリオンは、音楽、社会、政治の3つを有機的に結びつける形で事業を企画している。近いところでは55歳以上の人が社会とどうつながるかをテーマに企画し、社会保障の問題なども扱って人気を集めた。連邦議会選挙を目前に控えて、議会制度がいかに重要かを話し合う企画を立て実施したともいう。難民問題については、企画に取り上げるだけでなく、難民の人たちがセンターを使えるように配慮したり、難民と市民が話し合う場を設けたりしている。

　パビリオンのコアユーザーは約80団体である。パビリオンが行う550ほどの催

写真21 パビリオンのカフェ

写真22 パビリオンの小会議室

事のうち、300くらいはこうした団体の協力によって成り立っている。パビリオンが事業において重視するのは、質の高さである。質の高い事業を協力団体と追求し実施していくことがパビリオンの役割であり、その立ち位置は、いわば灯台であり、司令塔と言ってもよい。それゆえ専門性や経験に乏しいアマチュアとは仕事をしないのだという。もしアマチュアが事業を行いたいと希望してきたら、それにふさわしい場所（市立の余暇センターなど）を紹介することが、灯台としてのパビリオンの役目なのだそうだ。

　私たち一行の1人は、20数年前にパビリオンを訪れたときの印象を、「建物内に間仕切はなく、全体が吹き抜けという雑多なところだったが、エネルギーであふれていた」と語っていた。若者や町の人を集め地域を活性化しようという意気込みが、初期のパビリオンには満ちていたのだろう。それがいまや多くの団体の「センター（中心）」をなし、収益が見込める企画を打ち出し提供する、プロの事業体の顔をみせている。事業によって採算をとることは、社会文化センターが生き残っていくための手段であり、パビリオンはその成功例を示していよう。しかしアマチュアへの対応や自館の役割についての語りのなかに、市民活動のなかの優越意識や階層構造のようなものが感じられ、複雑な思いが残った。

　首都ベルリンで訪ねたのは、かつて幼稚園だった建物を利用したクリエーティブハウス・ベルリン（KREATIVHAUS Berlin）である。ここは、統合後の旧東ベルリン地域に開設された社会文化センター型の施設の1つで、「ベルリン創造館 - 演劇教育センター」と言われていたが、6年程前から「多世代館」として連邦政府から認定され、助成金を受けるようになった。

　訪問当日は、企業で働く人たちのボランティア活動の初日で、センター内はその対応で大忙しだった。合間を縫って、ボランティア・スタッフだという女性が施設を案内してくれた。演劇教育センターというだけあって、小さいながらも整備の行き届いた劇場とレッスン室が設けられていた。各所に貼られている写真には、子どもと高齢者が交流する姿があり、多世代館としての活動がうかがわれた。担当分野ごとに分かれたオフィスでは、スタッフがそれぞれ仕事にいそしんでい

写真23　クリエーティブハウス・ベルリン（左上）
写真24・25　レッスン室と小ホール（クリエーティブハウス・ベルリン）（右上、左下）
写真26　活動風景を伝える展示写真（クリエーティブハウス・ベルリン）（右下）

た。若い人が多いように見受けられた。

　ここでの私たちの質問は、センターで働く人たちの就業形態に集中した。そのなかでわかったのは、ここにはいわゆる正規の職員はおらず、ほとんどのスタッフはボランティアと呼んだ方が正確だということだった。「職員」と名乗っている人も、市から期間つきで派遣されていたり、どこかのプロジェクトから基金を受けその支給期間だけ働いていたりで、センター独自で職員を抱えているわけではない。レストランやカフェの営業、劇の公演などで、ギリギリの運営をしている状態では、働いている人に十分な給与を出すことなどできないのである。案内してくれた女性は、「職員」だった経験もあり、長く当センターに関わっているが、自分の位置については、「好きな仕事だから少ない賃金でも働いているわけで、ボランティアとしか言いようがない」と述べていた。

　助成金は事業にまわるだけで、安定した雇用を生み出すまでには至らない。

多世代館としての活動も、やりがいや使命感に駆り立てられた有志の奉仕的精神に支えられて成り立っていた。

おわりに

　一口に社会文化センターといっても、目的や活動や運営形態はそれぞれ異なり、立地条件や活動年数、社会や地域から寄せられる期待などによっても、それぞれ独自の特徴や持ち味をみせ、また課題も抱えていた。だが市民による市民のための施設という自覚とそれに基づく活動が、社会文化センターと呼ばれるものに共通して存在し、それらが社会文化センターを地域社会に根づかせ公共の場へと成長させてきたことは揺るぎない事実である。

　社会文化センターの真髄は、市民の思いや意志が活動となり、それが社会的な評価を得て文化づくりの場として機能しているところにある。しかもそうした評価を下し社会文化センターの活動を支持するのは、ほかでもない、同じ市民なのである。

　不当占拠を理由に、市当局が社会文化センターから施設を取り上げようとしたが、市民がそれを許さなかったという話を聞いたことがある。市民が社会文化センターの活動を支持し存続を求めれば、行政もその意義を認めざるをえないということだろう。市民の権利意識や行動の確かさを感じさせる逸話だが、同時にそうした市民の意思と判断を尊重し、社会文化センターという施設を生かし育ててきたドイツ社会の懐の深さに感服せずにはいられない。

　社会文化センターが市民の側にある限り、市民は社会文化センターを支持するだろう。社会文化センターの今後の深化や発展も、いかに市民による市民のための施設であるかにかかっている。

第4章

ドイツ各州における「社会文化活動協会」の役割

日本における市民文化活動のあり方についての一考察

畔柳千尋

はじめに

「特定非営利活動促進法（NPO法）」の制定から、はや20年あまりが経過した[1]。NPO法人数は全国で5万団体を超え[2]、市民による活動にはますます期待が高まっている。

脆弱な市民による活動でも社会を変革する力になるということを、私たちは阪神・淡路大震災で身をもって経験した。震災後の1998年春には、自らも被災した作家の故小田実氏、詩人山村雅治氏、弁護士の伊賀興一氏らが「市民発議による市民立法を」と呼びかけた結果、「被災者生活再建支援法」が制定された。初めて被災者への個人補償が認められたのだ。兵庫県内のみならず、コープこうべの協力を経て、東京にも事務局を設け、積極的にロビイング活動をした[3]。詩人山村氏らの活動は、「言葉の力」を信じ、被災者の救済という枠を超えて「政治を市民の手に取り戻そう」という理想を掲げたものであった。

「1番大切なことは、NPOからのアドボカシー活動を実現していくこと」。

阪神・淡路大震災のボランティア活動を記録にとどめる「震災・活動記録室」からスタートし、現在では、市民活動を支援するためのNPO法人となっている、市民活動センター神戸（以下KEC）[4]の理事の言葉が重く響く[5]。多くのNPOは、助成金の申請など日々の雑務に追われ、幅広い視野を持つことが困難になりがちであるが、市民の手で「社会的課題を解決するために社会に働きかける」[6]というアドボカシー活動を行っていく可能性を探りたい。

一方で、ドイツ各州の社会文化センター（Soziokulturelle Zentren）の担い手は、登録協会（eingetragener Verein, 以下e.V.）という、日本でいうところのNPO団体がその多くを占めている[7]。これらの登録協会は、単体ではその基盤は脆弱であるが、州単位では「州社会文化活動協会」としてつながり、さらに全国的な「連邦社会文化協会（Bundesverband Soziokultur e.V.）」というネットワークを形成し、各々の弱点を補いつつ強固なマンパワーへと結びつけている。連携することによって「政策提言（アドボカシー活動）」を行うことを可能にしているドイツの

社会文化活動を検証し、23年目という分岐点を迎えた日本のNPO法人の展望について考察していきたい。

① 日本におけるアートNPOをめぐる課題

　日本における公立文化施設の運営については、市民参画の必要性などをめぐって、行政・市民の双方により、これまでさまざまな議論が繰り広げられてきた。ところが、2003年の地方自治法の改正によって指定管理者制度が導入され、その経済効率性を追求する中で、株式会社などの「営利法人」が全国で9.8％という規模で指定管理者として参入してきた[8]。その後2016年度には、20.5％にまで幅を広げている[9]。今後、経費削減への偏重が著しくなれば、その数はますます増加するであろう。全国一律、民間企業による運営ということとなれば、地域性のある文化・芸術の育成が危惧される。

　このような現状の中で、市民主体の特定非営利活動法人（NPO法人）が、指定管理者として参入している事例もある。地方自治法改正後の3.5％から2016年度には6％にまでその数値を伸ばした[10]。しかしながら営利企業参入の伸び率よりも格段に低い。これらのNPO法人は設立して間もないものも多く、その基盤は弱いが、市民自らが地域のホールや文化を育むという意味では、今後ますますその可能性を拡大していくことが求められる。

　現在、NPO法第6号目的「学術・文化・芸術又はスポーツの振興」を定款に含めるNPO団体は全体の3の1弱とされている。アートNPO団体の中間支援的機能を担っている「アートNPOリンク」の調査によれば、2003年9月には525件であった団体数は、2016年9月には4,272件にまで伸びた[11]。今後、「市民社会の担い手」としてNPOがいかなる一途をたどるべきか。「アートNPO」の活動が多様化してくるにつれ、従来型中間支援組織ともいえる「文化協会」の枠を超えて、個々の活動をつなぐネットワーク形成、つまり新たな「中間支援組織」が求められてくるのではないだろうか。

しかしながら通常、NPOという市民主体の団体は社会的に弱い存在である。ミッション（使命）を掲げて活動を展開するが、資金不足や膨大な事務処理などの壁に突き当たり、結局社会を変革するまでに至らないことが多い。行政や企業との協働の対象として、多大な期待を背負ってきたNPOではあるが、実際は果たして対等な関係にまで育っているのであろうか。

　ドイツにおける社会文化（Soziokultur）活動も、社会を変革させることに尽力している市民主体の活動である。自主管理を原則とした「社会文化センター」が生成し、各々の活動を発展させるための「中間支援的」機能を担う州社会文化活動協会が、各州に設けられた。このようなネットワークにより、個々の弱点を補足し合い、社会文化の存在意義を社会に訴えているのである。ドイツの社会文化活動協会の事例を参考にしていきたい。

② ドイツ各州における社会文化活動協会の 機能に関する比較分析

各州の社会文化活動協会

　社会文化活動の担い手をつなぐために、ドイツの各州は、「州社会文化活動協会（以下、州協会）」を設けている。そのメンバーとなるのは、主に非営利の社会文化センター、市民活動、協会、公的なインスティテューションや個人などである。ただし、ザールラント州は教育・文化・学術省が直接振興しているという理由で州協会は存在しない。

　現在、旧東ドイツ地域の社会文化活動は、管轄省以外の省からも助成される場合が多い。たとえば、ブランデンブルク州ならば「住居・都市・開発・交通省」「労働・社会・健康省」「財務省」などから。ザクセン・アンハルト州は「労働・女性・健康・社会省」からの助成も可能であるとしている。もちろん旧西ドイツ地区でもこのような場合はあるが、比較的旧東ドイツ地域における事例が多いことが特徴的である。これは、第1点目には統一後の文化の家などにおける「社

会文化的」活動が、一旦すべて行政の管轄に組み入れられ、各々割り振られたという経緯。第2点目には、旧東ドイツ地域における「社会文化的」活動が、もともとは社会主義国家における政治・経済・文化的課題の解決に寄与し、すべての国民や勤労者の創造性を高めるという性格を有していたため、さまざまな分野にわたっているとも考えられる。

　ここで、統一後の各州における州協会の活動趣旨を比較していく。その理由は、州協会の活動を通して、社会文化のネットワーク形成の方法を探ることが可能となり、日本における脆弱な市民文化活動の基盤強化に向けて示唆を与えるものであると考えるからである。

　州協会に共通して言えることは、第1に「メンバーのネットワーク化」が挙げられていることだ。どの州においても「メンバーの総会」を開催しており、互いの活動趣旨を確認し合うとともに、情報交換も行っている。バイエルン州のようにメンバー同士の経験の交流に重きを置いて、フォーラムを開催しているところもある。バイエルン州は州協会の活動を、各会員からの会費により賄っている。だが、活動の幅をより拡大するために、今後は、ファンドレイジングやスポンサー探しも積極的に行いたいとしている[12]。

　州協会の機能の第2番目は、「広報活動支援」である。機関誌やホームページにより、単体では困難な情報発信という面でサポートしている。特にハンブルク州は2007年以降、州協会を「ハンブルク都市文化協会（Stadtkultur Hamburg e.V.）」と改め、機関誌の発行はもとより、ホームページの充実を図っている。ウェブ上では、社会文化以外の幅広い分野の文化・芸術の情報を取り扱い、イベントカレンダーなどで非常に見やすく工夫されている[13]。

　第3には、「助言」である。これはほぼすべての州協会において活動内容の中で掲げている。ノルトライン・ヴェストファーレン州のように、メンバー以外の一般市民に対しても、無料で相談を行っていることは注目に値する。助言の内容は、主に団体の設立準備に関する事柄や、会計処理、助成金申請の方法というものが多い。

第4には、「メンバーの質の向上」を図ることに尽力している。たとえばザクセン州社会文化活動協会がドレスデン工科大学との協働によって「社会文化マネジメント」を実施したことは意義深い。また、バーデン・ヴュルテンベルク州におけるセミナーのプログラムには、「広報の方法」「スポンサー論」「文化団体への課税」といった、運営面における実践的なものから、「自己PRの方法」や、「人間関係のマネジメント」など心理学的なサポートをめざすものも含まれている。州協会の会員であるならば、参加費が割引されるという特典もついている。特筆すべきは、ラインラント・プファルツ、バーデン・ヴュルテンベルク、バイエルン、ザールラントの各州が、州を越えて協働で「セミナープログラム2008」を実施したことである。これは基本的に月に1度のペースで11回シリーズの講座である。もともとバイエルンとザールラントの2州は、社会文化専属の常勤職員が存在しないため発展しにくい地域であったが、州という境界線を越えて協働することにより、その課題を解決している。社会文化センターは、市民の手によるものではあるが、マネジメントのプロフェッショナル化は常に求められている。「メンバーのスキルアップのための研修」は、今後とも州協会が果たしていくべき重要な機能である。

　第5に、「政治的組織に対する社会文化全体の利害関係の代表」としての機能が求められている。この役割を主な活動の柱としている州が11州にも上っていることから見れば、その重要性は明らかだ。たとえばハンブルク州では地区文化[14]や社会文化活動について、文化政策的な枠組みにおいて政界に情報を提供する役割を担っている。さらに、たとえば「文化による街の発展」「文化による学校の発展」といったテーマについて議論する際に、知識のある専門的人材を提供することが可能であるとしている[15]。州協会は、このようにシンクタンク的な機能も果たしながら、文化政策における社会文化分野を振興する意義を常に社会に提示していかねばならない。社会文化活動における課題を解決するためには、政策に対する働きかけが必要である。それは、個人あるいは一施設として動くとすれば非常に困難である。したがって、州協会は各々の課題を集約

し、その活動がより円滑に行われるように、アドボカシー活動を常に行っていかねばならない。

　次に、助成金の配分について各州のシステムの違いを検討していく[16]。タイプとしては、①省による助成先の決定、②審議に州協会等が参加し、最終判断を省が下す場合、③州協会を含む審議会が最終判断をする場合、④地区の区役所による決定の4種類に分けられる。

　第1に、省が直轄で助成先を決定する州は、州協会の存在しないザールラント州と、もう1つはバイエルン州である。バイエルン州には「社会文化」という予算枠はないが、「ロック音楽・民族音楽・ふるさと保護・青少年活動・地域の図書館」などの枠組みでは助成が可能である。また、「文化首都バイエルン」のコンセプトのもと、1996年に設置された「バイエルン文化基金」からの助成金も見込むことができる。「社会文化センター」としての登録メンバーも少なく、通常「社会文化」は各自治体から支援されている。

　第2に、省が最終決定をするが、審議に至るプロセスに州協会が関与しているのは、ブランデンブルク、ヘッセン、テューリンゲン、シュレスヴィヒ・ホルシュタインの各州である。たとえばヘッセン州は、助成金の申請を州協会に提出する。その後、州協会が助成金配分案や基礎資料を作成し、審議会にかける。この会は、州内の自治体から各代表者1名と、州協会が推薦する代表者3名で審議し、助成金配分の推薦書を作成する。これをもとに省が最終的な採択を行うというものだ。

　第3に、州協会を含む審議会に最終判断を委ねる地域は、バーデン・ヴュルテンベルク、ニーダーザクセン、ノルトライン・ヴェストファーレン、ブレーメンの各州である。特徴的なのはブレーメン市州で、インスティテューションに対する助成は文化局が決定するが、たとえば異文化交流や移民に関するプロジェクト助成に対しては、「ブレーメン市民文化代表団」という2名の代表者、そして指名からなる外国人の文化協会による選択で決まる。州協会は、助成金配分については関与していないが、年に2回実施される財政プランの作成には参画して

いる。

　第4に、地区区役所にその権限が委譲されているのは、ベルリン、ザクセン・アンハルト州の2つである。ただ、ザクセン・アンハルト州の場合は、助成金申請団体についての情報が不明確なときは、州協会や州青少年文化教育協会に依頼し、調整を図ることがある。

　旧東ドイツ地域のザクセン州は、統一後、他には例を見ない「文化地域法」を施行し、地域的特色のある文化・芸術を守った。これまでは、3つの地域に分かれ、区役所の代表者と同地区の「文化地域（Kulturräume）」の社会文化分野の代表者、州協会による審議を経て、「社会文化ワーキンググループ（地区区役所代表、州協会代表、学術・文化省代表、関連する省の代表）」により、決定を下していたが、より専門性を高めるために、2005年からザクセン文化財団の諮問委員会にプロジェクト助成金についての配分を任せている。

　次に、州協会の原動力となる専門職員について考察する。

　常勤職員を置いていない地域は、バイエルン、メクレンブルク・フォアポンメルン、ブレーメン、ブランデンブルク、ザールラントの各州であり、地区内の社会文化センターに事務所を併設して活動を行っている。比較的センターを多く抱えるメクレンブルク・フォアポンメルン州をはじめ、各担い手をつなぎ、そのモティベーションを上げる役目も果たすべきである州協会。この、言わば「中間支援組織」は、社会文化活動のさらなる活性化のためにも、確固たるポストを確保する必要があろう。ブランデンブルク州など、省に対してその必要性を訴えている地域もある。

連邦社会文化協会（Bundesverband Soziokultur e.V.）[17]の役割

　次に、各州の社会文化活動協会を州レベルでとりまとめている連邦社会文化協会（以下、連邦協会）の役割について取り上げたい。1979年にヴィルヘルムスハーフェンにおいて設立された当初は、ブッパタールのBÖRSE、オスナーブリュックのLAGERHALLE、ニュルンベルクのKOMM、ハノーファーの

PAVILLONといったセンターのみが傘下にあった。現在では14の活動協会が加入しており[18]、ドイツの566の社会文化センターを組織している[19]。その活動の重点は、各州活動協会の間のコーディネートと活動支援ならびに、ドイツ文化評議会（Deutscher Kulturrat）のメンバーとして行政とのネットワークを強固なものとし、その他の文化・教育機関との連携も図っている。たとえば税制改革などについて、政治的な審議会に対し、社会文化の立場から利害関係を代表する責任者としての発言も行っている。各州のメンバーは、連邦協会に、以下の役割を望んでいる。

・中心的な試行としての拠点
・半年に1度のメンバーの総会の開催
・3か月に1度「情報誌 社会文化（Informationsdienst SOZIOKULTUR）」の刊行
・連邦の政治や法的なテーマについての情報に関する、月ごとのメールマガジンの配信サービス
・連邦全域の統計調査と、数値化したデータの処理
・さまざまな枠組みの契約への関与（音楽著作権協会との契約など）
・州の活動協会やその下にあるセンターとの協働のネットワーク化や交流の支援
・政策決定者との交流や、問題が発生した場合のアドバイスや支援
・文化政策的な基本方針をテーマにした会議や集会の実施

　連邦協会は連邦レベルにおいて、他の専門的な連盟や機関と協働する。たとえば、文化政策協会（Kulturpolitische Gesellschaft e.V.）、青少年芸術学校と文化教育学的施設協会（Bundesverband der Jugendkunstschulen und kulturpädagogischen Einrichtungen e.V.）、連邦学生文化活動協会（Bundesverband Studentische Kulturarbeit e.V.）、連邦フリー演劇協会（Bundesverband Freier Theater e.V.）、ドイツ労働組合同盟（Deutscher Gewerkschaftsbund）と連携している。また2003年以来、連邦協会は、市民参加に関する連邦ネットワーク（Bundesnetzwerk

Bürgerschaftliches Engagement）のメンバーでもあり、「基本綱領」「移民」「ボランティア活動」「市民協働（Corporate Citizenship)」に関するプロジェクトグループにおいて、影響を及ぼしている。

またヨーロッパレベルにおいて、「文化センターのヨーロッパネットワーク(European Network of Cultural Centres)」や「文化と文化遺産のヨーロッパフォーラム（European Forum for the Arts and Heritage)」など市民主導の活動団体や組織との交流を図っている。

連邦協会のさまざまなプロジェクトに対しての財政的な支援は、「連邦文化・メディア委員会（Beauftragter der Bundesregierung für Angelegenheiten der Kultur und Medien)」、「全州文化財団（Kulturstiftung der Länder)」から、特に専門書の刊行や社会文化のホームページ作成に対して行われている。ホームページは1995年以来開設され、州協会や各センターや文化政策についての最新情報を得ることが可能であり、いまや広い連邦内をネットワーク化するためにも必須のものとなっている。

2000年には、独自の出版社を設立し、3か月に1度「情報誌　社会文化」上で、州内の情報、意見表明、さまざまな議論などを掲載している。その他には、実践に役立つパンフレット「社会文化活動の手引き（Arbeitshilfen Soziokultur)」を刊行した。また、各施設が問題を抱えていれば、アドバイザーとしてサービスする。たとえば音楽著作権協会（GEMA）、外国人課税、労働権利、会計処理などの相談が多い。

「連邦文化・メディア委員会」によって社会文化についての専門集会が開催され、2004年7月のニュルンベルクにおける連邦大会「未来の要素（elements of future)」に対しても助成がなされた。ここでは、政治、経済、学問、その他社会文化と目的や方法において類似したグループと議論を重ね合い、「社会文化が未来をつくる可能性」について共に確信するに至った。このように連邦協会は、他機関との連携を図り、ドイツの文化政策の中で、社会文化の存在価値をさらに発信していくべきであろう。

③ 日本における非営利文化・芸術関連組織の ネットワーク

非営利組織の概観

　これまで見てきたドイツの「社会文化」活動の多くは、法的には「登録協会」という形態をとっている民間非営利団体である。民法上の規定では、7名以上の社員を有する非営利団体であれば、管轄している地区の裁判所へ申請することにより、法人登録が許可される。

　次に、登録協会と類似した市民組織である、日本の文化・芸術関係の民間非営利団体について検討する。

　まず、日本におけるNPO（Non Profit Organization）は、広義では、利益の再配分を行わない組織・非営利団体を意味する[20]。この場合の対義語は、営利団体、すなわち会社法による企業などである。この意味では、一般社団法人や一般財団法人、医療法人、社会福祉法人、学校法人、宗教法人、生活協同組合、さらに地域の自治会なども広義のNPOである。

　なお、多くの自治体では、文化・芸術系の団体が「文化協会」に加盟している。戦後、各地の文化・芸術を支え、点在する文化・芸術系団体のまとめ役であり「従来型中間支援組織」であると位置づけられよう。これについては別稿で論ずることとしたい[21]。

　狭義では、NPOとは各種のボランティア団体や市民活動団体を意味し、さらに狭く「特定非営利活動法人（通称、NPO法人）」をNPOとする場合もある。ここでは、この意味でのNPOを取り上げることとする。

　日本では、1995年の阪神・淡路大震災を契機に、市民活動団体、ボランティア団体等で法人格の必要性がクローズアップされ、1998年に「特定非営利活動促進法」が可決・制定された。これにより、国、または都道府県に認証を受けた団体をNPO法人という。また最近では、社会企業家の概念が普及してきており、NPOはコミュニティ・ビジネスの主体としても期待されている。近年の日

本では国、地方自治体の財政逼迫等から全国的に行政とNPOとのいわゆる「協働」が盛んに実施されている。

　各地にNPO法人が多数設立されたことを受けて、情報提供などのサービスを行う「NPOサポートセンター」が設けられた。これらの組織は、行政主導、あるいは「NPOを支援するNPO」として法人格を取得した民間非営利団体などのさまざまな形態が存在する。いずれも「中間支援組織」として、情報発信、ネットワーク化などに寄与している。

「中間支援組織」：特定非営利活動法人アートNPOリンクの事例

　次に、芸術・文化系のNPOのネットワークの中でも、特に全国規模の組織について検討する。日本で初めてアートNPOが一堂に会し、アートとNPOの役割を社会にアピールしたのは、2003年の「第1回アートNPOフォーラム」であった。その3年後に主催母体が、「アートNPOによるアートNPOのための中間組織」という目的のもと、正式にNPO法人アートNPOリンクとして活動を開始した。具体的な活動としては、「全国アートNPOフォーラム」を開催している。全国からアートNPOが集い、情報交換の場、課題を共有し、解決方法を議論する場として重要な機会を設けている。とくにアートNPOの波及効果を見込んで、地方で開催するよう心がけているという[22]。実際に、フォーラム開催後、たとえば札幌のアートNPOは教育委員会からのアプローチがあり、群馬県前橋市でも、行政からの予算がつくようになったというような効果が見られた。アートNPOリンクは、各フォーラム後には報告書を出し、全国のアートNPOの活動の経緯や課題を整理している。

　また、2006年より文化庁芸術団体人材育成支援事業として文化庁から助成金を得て、全国で活動しているアートNPOの活動概況をリサーチし「アートNPOデータバンク」を刊行した。本報告書によると、2007年9月末現在、法人格を取得しているアートNPOは、2,006団体である[23]。本調査においては、「学術・芸術・文化・スポーツ」（特定非営利活動促進法　別表第3条関係第4号）を

定款に掲げ、アートを主たる活動の分野とするNPO法人が挙げられている。同年に32,630ある全国のNPO法人のうち、約32％が第4号の目的を掲げ、そのうち、アートを主として活動する団体は19％に該当している。文化は定量評価が難しいと言われるが、アートNPOリンクは、アートNPOの存在意義を社会にアピールしていくためにも、さまざまな形で調査を実施し、前年より向上した点を評価することに重きを置いている。

　調査・研究以外に、「アートNPOリンク井戸端会議」というワークショップやフォーラムなど情報交換・意見交換の場を設ける事業、アートNPOやアートに関する情報を、毎月メールマガジンとして配信する事業、全国のアートNPOを紹介・コーディネートする事業、コミュニティ茶話会として毎月16日に「十六夜会」を開催する事業などを展開している。さらに、理事で、ニッセイ基礎研究所の吉本光宏氏監修のもと、『アート戦略都市〜EU・日本のクリエイティブシティ』[24]が刊行された。これは文化の力で未来を創造するクリエイティブシティの実態と戦略をアーティストの眼と都市政策の観点から探る書籍だが、アートディレクションとしてアートNPOリンクも携わっている。

　特筆すべきは、このNPOが地域のアートNPOの課題を集約し、それを政策提言として、国に対して働きかけを行う、アドボカシー活動を実践している点である。

　たとえば、不定期であるが行われている文化庁との共同学習会はそのよい例である。これまでは単なる文化庁の実務担当者との意見交換の場であったが、今後は、アートNPOリンクから、たとえば助成金申請書など改善の必要性があれば、対案を提示していく予定であるという。その他、企業メセナ協議会などが政党への働きかけを行う際に、NPOの状況について情報提供を行う、という形で協力している。地方のアートNPOは、日々の雑務に追われ、なかなかアドボカシー活動にまで手が届かないのが現状である。アートNPOリンクは、全国レベルのNPOをつなぐ中間支援組織だからこそ、課題を明確にとらえ、政策に反映させる手段をもっている。さらに、どの団体も抱える資金難という課題に対

しても、アートNPOリンクが代表となりその存在意義について発信することで、各自治体・企業などへも働きかけることが可能である。NPOをつなぐNPOという中間支援組織としてのアートNPOリンクの活動の今日的意義は大きい。

　しかしながら、2015年3月の浜松での開催をもって「全国アートNPOフォーラム」は一旦終幕した。理由は、第1にアートNPOリンクの事務局を維持してきた財政的な基盤が失われたこと。第2に開催のための財源不足である[25]。アートNPOリンクのような「中間支援型」のNPOの活動を維持する困難さを改めて考えさせられる。その後、事務局の機能は保たれ、2019年2月、「八戸ポータルミュージアムはっち開館8周年記念事業」として、全国フォーラムが暫定的に復活。今後は事務局自体が調査・研究事業にシフトしていくということだ。継続的に多角的なアプローチでもって、全国のアートNPO活動を支援してくれることを期待したい。

おわりに

　2020年に世界中を震撼させた新型コロナウイルスの感染拡大を、一体誰が的確に予測しただろうか。多分に漏れずドイツの社会文化センターも感染拡大防止のため、自主事業の中止などの危機に追い込まれている。特に、経営難から閉館に追い込まれたセンターもあり、各州の社会文化センターも同様な不安に陥った。筆者は、この混乱の中で、連邦社会文化協会がどのような支援活動を行っていたのかを追った。

　ここで、日本の一般財団法人地域創造が掲げている「文化政策・文化振興に求められる役割・機能」の6つの役割に、ドイツの社会文化センターの具体的な支援策を当てはめながら検討していきたい。地域創造は、①文化政策、文化振興計画の策定、②調査研究（シンクタンク機能）、③文化振興に関する中間支援機能、④公立文化施設の運営管理、事業の企画・実施、⑥文化政策・文化施設の評価と説明責任、という6点を提示している[26]。この中でも、ドイツの

連邦社会文化協会と州協会は、以下の4点の機能を網羅している。

　第1に個々の社会文化センターでは不可能であっても、州協会あるいはその上位団体である連邦協会を通じて、政策提言を行っている点。ドイツの11州の協会が「政治機関に対する社会文化全体の利害関係の代表」であることを主だった使命と謳っている点に注目したい。このように、各々の課題を整理し、アドボカシー活動として政策にまで高める機能を持つ「中間支援組織」が必要となってくる。

　新型コロナウイルスの感染がドイツでも拡大してきた2020年3月頃より、連邦協会は毎日のように、各社会文化センターに対して、連邦政府や各州の具体的支援策などをオンライン上で紹介し、発信してきた[27]。3月25日には国内の約500の社会文化センターを対象にアンケートを実施し、問題解決のための議論を行った。機関誌「社会文化（SOZIOKultur）」においては、「芸術・文化は不要不急ではない」と訴えた。4月にはアーティスト救済のための署名運動を実施。連邦文化メディア委員会による新型コロナウイルス関連の文化機関への緊急支援プログラム「ニュースタート カルチャー（NEUSTART KULTUR）」のスタッフも連邦協会から出している。連邦文化メディア大臣のモニカ・グリュッタースから、このプログラムの立ち上げの際、連邦協会が迅速でパイオニア的な働きをしてくれたと謝辞が述べられた[28]。この連邦協会が窓口となり、社会文化センターは、新型コロナウイルス感染予防対策、オンラインチケットシステムの導入などに関する助成金を申請できる。

　また、連邦協会は、ヨーロッパ文化センターネットワークの理事にも入っており、6月の会議では、所属する5,000以上の施設のネットワーク化やアドボカシー活動を議論した。

　近年、日本においてもますますNPO活動が盛んになっている。このような時代の中で、ドイツの州社会文化活動協会をはじめとするネットワークのように、人的資源・情報・資金を循環させる潤滑油としての「中間支援組織の必要性」を再認識しなくてはならない。

第2点目として、「シンクタンク機能」が重要である。ザクセンやヘッセンにおける州協会が中心となり、社会文化全体の現状分析と課題の整理を行っている。また、連邦協会としては、2018年5月〜2020年9月までの間、ヒルデスハイム大学文化政策研究所と連携して、持続可能な文化の発展を目的としたプログラムを展開している。たとえば2020年6月には4回にわたり、オンライン上で「ポストコロナ──社会文化」というテーマで議論の場を設けている。

　協会の第3の機能としては、各社会文化センターをコーディネートし、地域文化を活性化させている。さらにそこではスタッフのキャリアアップを常に視野に入れている。2020年3月にデュッセルドルフの社会文化センター「ザック（ZAKK）」がコロナ禍において閉館の危機に直面したのを受けて、SNS上で寄付金や生活支援物資を募るなどの支援を迅速に行った。また集会が開けない今日、連邦協会は、オンライン上でパソコンのスキルアップなどの研修を行っている。

　第4に、「政策評価」が挙げられる。たとえばザクセンの州協会の職員が、州の「文化地域法」の制定に関わり、さらにその後、芸術・文化振興施策の評価にも参画していたことは注目に値する。コロナ禍において連邦協会は、随時、連邦政府が制定したコロナ支援法についてメンバーに周知し、多くの議論の機会を持った。たとえば文化・芸術公演のチケットが、行事中止後もバウチャー制度を設けて保障される法案などについてである。どの社会文化センターも不安に陥っている中で、連邦協会は、毎日情報を更新し、物理的な支援のみならず、各州のスタッフに対しても精神的な支えとなっていたことが読み取れる。

　従来型非営利活動の中間支援組織である日本の文化協会は、すでに市民活動が多様化した現代社会においては疲弊化しており、その革新を検討する時期に来ているのではないだろうか。前述した4項目を包括しているドイツの連邦協会は、今後求められる中間支援組織像に近いものである。現在の日本においてはまだまだ脆弱な市民主体の団体が、これらすべての機能を備えるならば、今後公立文化施設の指定管理者となり、地域文化を維持していくことも不可能ではない。

市民主体のNPOは、それが内包する潜在的な3つの資源[29]から、社会を変革するための可能性を十分に有している。第1に自らが公共サービスを享受する「政策客体」であり、社会のニーズを一番よく把握しており、意義のある政策提言を行える点。第2に、近年行政との協働がますます求められているように、幅広いネットワークを有するNPOは政策の円滑な実施に不可欠な「政策実施主体」である点。第3に、専門知識を有する議論の場で、第三者として行政と対等にわたり合い、政策形成過程にも参画しうる点が挙げられる。ドイツにおける社会文化が、自主管理・自主運営を原則とした社会文化センターを拠点に、「人間性豊かな生活」の復権を求めて社会変革の活動を展開したように、日本においてはまだ脆弱なNPOも、3つの資源を生かし、ネットワーク化することで、消費経済社会の波に対抗する、生産的・創造的な社会を取り戻す原動力となりうると期待したい。

注

1　1998年成立。2011年に大改正、2012年4月施行。認証制度における手続きの簡素化・柔軟化、税制優遇が受けられる認定制度の創設、所轄庁の変更が改正された。2016年6月、制度の使いやすさと信頼性向上のための措置等を再改正。

2　2020年4月末時点、認証NPO法人数は51,216団体。認定NPO法人数は1,159団体。
　　内閣府ホームページ　https://www.npo-homepage.go.jp/（最終閲覧日2020年6月25日）

3　『NPOのためのアドボカシー読本』、（特活）市民活動センター神戸、2006年、p.29。

4　2001年NPO法人化、2010年認定NPO法人取得。NPOの設立・運営支援、人材育成、政策提言・調査研究、被災地支援事業など全国に先駆けて中間支援組織として活動。2020年3月より一般NPO法人に戻り、アドボカシー活動に特化。市民活動支援事業の部分は、ひょうごコミュニティ財団が継承。

5　八十庸子氏（KEC理事・当時）へのインタビュー（2008年4月18日）。

6　（特活）市民活動センター神戸、前掲書、p.62

7　ザクセン州社会文化活動協会ホームページ　https://www.soziokultur-sachsen.de/（最終閲覧2020年6月25日）によれば、たとえば、旧東ドイツのザクセン州では、2020年6月現在60団体が州社会文化活動協会に加入しているが、運営形態は、登録協会が53団体、公益的有限責任会社（gGmbH）は2団体、そして非営利法人（gAG, gemeinnützige Aktiengesellschaft）、有限会社（GmbH）、財団（Stiftung）が各々1団体ずつ、個人の賛助会員4名

8　「指定管理者制度における公立文化施設の運営と財団のあり方に関する調査研究—地方公共団体における文化政策のあるべき姿を考える—」、財団法人地域創造、2008年、p.5。

9　「公立文化施設の管理運営状況に関する調査研究報告書」、財団法人地域創造、2018年、p.64。

10　同上書、p.64。

11 「ARTS NPO DATABANK2016-17 アートNPOの基盤整備のためのリサーチ」、アートNPOリンク、2017年、p.8。

12 Kulturpolitische Gesellschaft e.V.:Soziokultur und ihre Förderung durch die Länder, Bonn, S.141

13 「ハンブルク都市文化協会」公式ホームページ　http://www.kultur-hamburg.de/

14 大都市の各地区に密着した文化の意。

15 筆者がハンブルク都市文化協会へ2008年6月に実施したアンケートによる。

16 本来は州レベルと、バイエルン州のような自治体レベルに分かれるが、本稿では州レベルを中心に検討した。
本論はInstitut für Kulturpolitik der Kulturpolitischen Gesellschaft e.V. (IfK) und LAG Hessen e.V. (Hrsg.), ”Soziokultur und Ihre Förderung durch die Länder”, Kulturpolitische Gesellschaft e.V., Bonn, 2004 のデータを参考にした。

17 2020年4月、連邦社会文化センター協会（Bundesvereinigung Soziokultureller Zentren e.V）を改称した。

18 連邦社会文化協会には、現在ドイツ16州のうちの14州が加盟している。ザールラント州はセンターが少ないため、教育・文化・学術省が直轄で担っている。もう1つは、旧東ドイツのザクセン州が2010年に、連邦協会から脱退していることがわかった。2018年7月16日に実施したAnne Pallasザクセン州社会文化協会代表へのアンケート調査によると、その理由は、第1に連邦協会の資金を各州で分担しているが、負担が大きく、それに見合ったメリットが少なかったこと。第2に、社会文化活動へのビジョンが異なってきたことを挙げていた。連邦協会の会員はセンターの数に応じて会費を納めなくてはならない。ザクセン州は、56のセンターを有しているため、負担が大きかったと察することができる。ドイツの社会文化センター間でも、このような資金難の課題を解決していかねばならない。

19 連邦社会文化協会公式ホームページ　http://soziokultur.de/（2020年4月30日閲覧）。

20 田中弥生『「NPO」幻想と現実』、同友館、1999年、p.11。

21 「民間非営利組織間のネットワーク形成に関する研究―ドイツの社会文化活動を事例として―」、2008年12月、神戸大学大学院総合人間科学研究科博士論文、p.84。

22 アートNPOリンク事務局樋口貞幸氏へのインタビュー（2008年5月2日）。

23 『アーツNPOデータバンク2007』、（特活）アートNPOリンク、2007年。

24 監修：吉本光宏（ニッセイ基礎研究所／NPO法人アートNPOリンク理事）編：国際交流基金、アートディレクション：アートNPOリンク、『アート戦略都市～EU／日本のクリエイティブシティ』、鹿島出版会、2006年。

25 「アートNPOのこれまでとこれから―アートNPOリンクの活動を軸に」、吉本光宏、『アートNPOデータバンク2016－2017』、特定非営利活動法人アートNPOリンク、2017年を参照。

26 「指定管理者制度における公立文化施設の運営と財団のあり方に関する調査研究――地方公共団体における文化政策のあるべき姿を考える――」、財団法人地域創造、2008年、p.29。

27 連邦社会文化協会公式ホームページ　http://soziokultur.de/、公式フェイスブックを参照（2020年6月25日最終閲覧）。

28 同ホームページ（2020年12月20日最終閲覧）。

29 浅野昌彦「政策形成過程におけるNPO参加の意義の考察―― 政策実施過程から政策形成過程へ――」『ノンプロフィット・レビュー』、日本NPO学会機関誌、2007年、p.28。

＊本論は、「民間非営利組織間のネットワーク形成に関する研究―ドイツの社会文化活動を事例として―」、神戸大学大学院総合人間科学研究科博士論文、2008年、ならびに「ドイツ各州における社会文化活動協会の役割」、『社会文化研究』第11号、2009年を加筆・修正したものである。

第5章

日本における
「社会文化」概念の現在

大関雅弘

はじめに

　社会文化学会は、1998年11月28日に設立された。今年で23年目を迎えたことになる。学会設立に先立ち、1997年10月に「社会文化研究会」が発足し、12月には本学会の機関誌である『社会文化研究』が刊行された。また1998年9月には2週間にわたるドイツ社会文化運動の現場視察[1]が行われた。こうした準備期間を経て学会設立の日を迎えたのである。『社会文化研究』創刊号の「編集後記」に、その時点での会員数は68名と記されている。現在の会員数は160名ほどであるから、この間に着実に会員数が増加してきたといえる。

　ところで、社会文化学会にとっての綱領的文章にあたるのがその設立時に宣言された「趣意書」である。そこには、「社会文化」概念を提起する理由が次のように述べられている。「システムと文化は、自己展開・自己増殖し、その全体像の把握はますます困難になってきており、その結果、人間自身の手による自律的な文化形成の課題が今日ますます不透明になってきて」いるという認識を踏まえて、「現代における政治、経済、教育などの諸現象と諸問題を文化現象と文化問題として捉えかえす必要があると痛感します。これを方法としての『社会文化』という言葉で表現したく思います」。このように、「人間自身の手による自律的な文化形成の課題」を遂行するという目的をもって、現代の諸現象と諸問題を文化としてとらえ返す方法として「社会文化」概念が提起されたのである。

　ここに示された「社会文化」概念の提起が、その後の『社会文化研究』の諸論稿においてどのように受け止められてきたのかを検討することによって、論者によって多少なりとも意味内容の異なる「社会文化」概念の整理を試み、今日の日本社会が置かれた状況を踏まえて、今後どのようにこの概念を構築していけばよいのかについて考察するのが本稿の目的である。とはいっても、「社会文化」概念の有する重要性が一般的に認められるにしても、その強調点は論者やその学問領域によって多様であることは周知のとおりである。ここでは、筆者が専攻している社会学の領域に依拠して論述していく。その意味で、あくまでも一

試論に過ぎないことをあらかじめ断っておかなくてはならない。とはいえ、そうした限定のもとで、1つの提起として受け止められ、さまざまな意見が活発に交わされる契機になればと願う次第である。

そこで本稿では、まず第1節で「社会」概念および「文化」概念についての簡単な説明を行う。言うまでもなく、「社会文化」概念は、「社会」と「文化」とを単純に結びつけた概念ではない。それどころか、むしろ「社会文化」として一体化してとらえることに意味がある。しかしながら、現在、論者によって多様な意味づけがなされている「社会文化」概念を整理するためには、本稿において前提とする「社会」と「文化」について、最低限の説明が必要であると判断するからである。次にその整理を踏まえて、第2節では、ドイツで提起された「社会文化」概念が『社会文化研究』における諸論稿においてどのように受け止められ研究の方向が示されているのか、2つのタイプの議論を紹介する。また第3節では、これらの考察を踏まえて、「社会文化」概念の論理的な規定を試み、それに基づいて今日的課題に応えうる内容を備えた「社会文化」概念の構築に向けて若干述べていくことにしたい。

①「社会」概念および「文化」概念について

「社会」とは何か

ここではまず、「社会」が特殊歴史的な概念であることをおさえておきたい。日本語の「社会」が〈society〉の翻訳による明治期の造語であることはよく知られている[2]。それ以前に「世の中」「世間」という言葉はあったが、「社会」という言葉がなかったということは、それに対応する"現実"が存在しなかったということである。〈individual（個人）〉相互の関係によって形成される総体が〈society〉であるとしたら、この時期にはまだ、いわゆる「自立した主体」としての〈individual〉は存在していないがゆえに〈society〉もまた存在していなかったといえよう。

これに対して、近代の西欧においては、市民革命と産業革命の進展による資本主義的な経済発展のなかで、「自由」、「平等」の理念に基づく「自立した主体」の基盤がつくり出され、これによって、従来の「共同体」に依拠した人間関係とは異なる、新たな個人と個人との結びつきである〈social〉な関係が一般化してきた。このような〈individual〉相互の〈social〉な関係によって形成されるのが〈society〉である。この意味における「社会」を、ここでは「社会的な関係の総体としての社会」と呼ぶことにしたい。

　ところで、これとは別の用法での「社会」がある。18世紀から19世紀の社会科学のパラダイムが「国家」対「市民社会」の緊張関係としてとらえるとするならば、20世紀から今日に至るパラダイムは、経済領域、政治領域、そして上でみた「社会的な関係の総体としての社会」という社会領域の3つの領域が、相対的に自立しつつも相互の緊張・調整によって統合された全体社会をなしているととらえるのである。この転換の背景には、夜警国家観に基づく自由競争による「古典的自由主義」の資本主義から、社会政策や経済政策にみられるような国家による社会への積極的介入による「社会的自由主義」の資本主義への移行に伴い、「国家」と「市民社会」が互いに融合するにいたったという事態[3]がある。この意味における「社会」を「政治領域・経済領域・社会領域からなる全体社会」（あるいはたんに「全体社会」）と呼ぶことにする。

　このような特殊歴史的な意味内容を持つ2つの「社会」概念を明確に区別したうえで用いないと議論が混乱することになる。社会学における社会的統合というテーマ[4]に即して考察するならば、「経済領域・政治領域・社会領域からなる全体社会」の社会的統合を基本に据えて、その統合において果たす「社会的な関係の総体としての社会」がもつ意義を重視するということになる。たとえば、パーソンズの「社会システム」[5]は、「経済」（A機能）、「政治」（G機能）、「社会」（I機能）、「文化」（L機能）という4つの下位システムからなるが、この場合、「社会システム」が「全体社会」であり、下位システムの1つである「社会」が「社会的な関係の総体としての社会」である。

「文化」とは何か

　次に「文化」という概念についても少し触れておこう。「文化」が多義的な概念であること[6]についてはさておき、ここではよく知られている「文化」についてのドイツ的用法とイギリス的用法の違いを確認しておきたい[7]。ドイツ的用法においては、物質文明に対する精神文化の優位という考え方のもとで、学問、芸術、宗教など自由な精神による固有の産出を「文化」と呼んでいる。これに対して、イギリス的用法においては、ある社会において共有された生活様式、思考・行動様式などを総称して「文化」と呼ぶ。

　ここで問題になるのは、「社会文化」概念の「文化」は、これらの用法とどのような関係にあるのかということである。この点を「社会文化」概念の成立に関する谷和明の所説に即して整理しながら考えてみよう。

　谷によれば[8]、「社会文化」という言葉はもともとドイツ語にはなかった。「フランスの文化・教育事業の分野で『社会文化的アニマシオン』などと形容詞的に使用されていた新語を借用し」、「〈非・現状肯定文化〉という特別な意味付与がなされ」た名詞として概念化されたものだという。すなわち、「経済・政治の上部に屹立する『文化』…はそれを教養として習得した高学歴市民の特権を正当化する原理として、さらにナショナリズムの原理として機能した」のであるが、「この伝統的な文化概念の批判という文脈上で、『社会文化』もまたドイツ的に変容して受容された」。その際に決定的に重要な役割を果たしたのがマルクーゼの「現状肯定文化」批判である。谷によれば、マルクーゼが批判したのは、「現実社会の抑圧・不正・苦悩を告発し、自由・平等・友愛の理想を掲げた市民文化のイデオロギー性」[9]であった。すなわち、「文化が告発を理想世界・内的世界・美的世界へと昇華することにより、かえって現実社会を甘受するための空証文・免罪符と化してきた点が批判された」[10]のである。ところが戦後のドイツにおいては、「多くの都市が文化をステータスシンボルとみなし、戦火で崩壊した歴史的町並みの忠実な再現や、豪壮な劇場や博物館の再建・建造に多額の予算を注ぎ」[11]込むという事態が進行した。こうした「保守的な文化政策、文化観を、

68年世代の青年たちが、マルクーゼの議論を援用しつつ、『現状肯定文化』として告発した」[12]というのである。

　では、68年世代の青年たちは、「現状肯定文化」に対していかなる文化を具体的に対置したのであろうか。そこで提起されたのが「社会文化」である。とはいっても、「社会文化という概念を提起したのは、当時すでに大都市の文化行政責任者や国会議員といった地位にあり、改革に意欲を燃やしていた社会民主党系の少壮気鋭の論客たち」[13]であった。彼らは、「万人のための、万人による文化を標榜し、エリート的な高級文化偏重に抗して、ポップカルチュアやサブカルチュアをふくめた大衆文化を美的水準を失うことなく発展させようとする革新的都市文化政策の試み」や「文化・教育運動と社会・福祉事業を統合する試み」を「社会文化」概念のもとに構想したのである[14]。そうした構想に「新しい社会運動を志向する68年世代の青年達が共鳴して、下からの運動を展開した」[15]ことにより、今日のドイツにおける社会文化運動の基盤が設えられることになったのである。

　さて、以上にみてきた谷の所説に依拠して、「社会文化」概念の用法について考察するとどうなるであろうか。まさしくドイツ的用法としての「市民文化」（「高級文化」）が有する現状肯定的イデオロギーへの批判として対置されたのが「社会文化」（「大衆文化」）であるが、「文化」が自由な精神による固有の産出であるという点まで批判したものではない。むしろ問題の核心は「文化」のあり方にある。では、「社会文化」が標榜する「万人のための、万人による文化」とは、具体的にどのような文化のあり方なのであろうか。それは、ドイツ社会文化運動の現場を視察した経験を踏まえて、次のように述べることができよう。社会文化センターを中心にして自己表現として文化活動をする人たちが集まり、そこにさまざまな人間関係が網の目のようにつくり出されるとともに、センターの運営も可能な限り自主管理をめざす直接民主主義的な決定がめざされる。「大衆文化」といっても受動的な文化の摂取ではなく、個々人の主体的な行為とその相互の関係によって支えられた文化なのである。しかもここで重要な点は、こうした文

化のあり方が個々人自らの生活に密着して創造され、生活スタイルとして定着していることである。この点では、「社会文化」はイギリス的用法での生活様式に近いといえよう。とはいえ、そうした生活様式を自由な精神によって産出していこうとする点においてドイツ的用法での文化概念が生きているともいえる。

② 『社会文化研究』における「社会文化」概念のとらえ方

　谷の所説に依拠して、前節でドイツにおいて「社会文化」概念が形成される経緯をみた。ではこの概念を日本においてどのように受容しようとしているのだろうか、それを『社会文化研究』の諸論稿を通して検討していくことにしよう。

　創刊号（1997年12月）では、「社会文化研究の可能性」をテーマとして特集が組まれ、「資料」として谷による翻訳で「ドイツ文相会議文化委員会勧告（1995年11月）社会文化——各州による振興上の原則ならびに問題」、およびその訳者補論である「同時代現象としての社会文化と生活文化」が掲載されている。谷は、この「資料」によって1970年代初めに成立した「ドイツの社会文化運動の理念や現状」を紹介する[16]とともに、政府的な立場から社会文化運動が「『抗議・対抗運動』という原点を含めてこの勧告で認められたこと」を「画期的なこと」と評価している[17]。そのうえで訳者補論においてドイツの「社会文化」と日本の「生活文化」の比較検討を行っている[18]。それは、両者の相違を確認しつつ同時代現象としてとらえることによって、日本における社会文化運動のあり方を模索するためのものであった。というのも、ドイツの進んだ状況を目の当たりにして、谷をはじめとして社会文化学会の設立に関わったメンバーの念頭には、「社会文化」概念をそのまま日本に適用するのは当面は困難であるという認識があり、そのため日本社会の現状を踏まえて、この概念をどのような仕方で用いたらよいのかが課題となっていたからである。

　こうした問題意識から、谷は、続く第2号で「ハーバーマスの社会文化的生

活世界と社会文化プログラム」を発表し、ハーバーマス理論を手がかりにして、「社会文化研究の方向性を探る糸口」を模索している[19]。この論文において谷は、ハーバーマスが「社会（Gesellshaft）」を「システム的・物質的連関に還元する立場と意識的・文化的な生活世界に還元する立場の双方を批判し、システムと生活世界という二重性において」とらえているとしたうえで、ハーバーマスが「生活世界を単なる文化次元としてではなく、社会の一側面（領域）として、すなわち『社会文化的』な次元として把握」していることを強調する[20]。

　では、「社会の一側面（領域）として」の「『社会文化的』な次元」とはどのようなものであろうか。谷はまず、この「社会文化的」という形容詞は、ハーバーマスによって「社会文化的現象」「社会文化的出来事」「社会文化的変遷」「社会文化的発展」といった表現で使用されているが、「これら『社会文化的事実の総体（die Gesamtheit soziokultureller Tatsachen）』に関わるものとして把握された生活世界が『社会文化的生活世界』である」と述べる[21]。そのうえで、この「社会文化的生活世界」が文化によって可能になる「社会的（sozial）統合」の領域であることを指摘する。すなわち、「各人の意識を超えて貫徹する『システム的統合』」と「行為者が意識的・人格的に関係しあう『社会的統合』」を区別したうえで、「社会的統合とは、行為者が生活世界に蓄積された学問、道徳、芸術、宗教、習慣等々を学びつつ、相互に表現、解釈、了解することを通じて成立する関係である。行為者が利用できるこの『知的ストック』を、ハーバーマスは、『文化』という」のである[22]。これらに基づき、谷は、「生活世界の植民地化」という事態への対応策を「社会文化のプログラム」として述べ、そうしたハーバーマスの理論的企画をドイツにおける具体的な社会文化運動において検討している。その際に谷が強調するのは、「『社会文化的』という形容詞がシステムに対峙する社会的統合と文化との結合という意味を有すること」[23]である。

　以上にみた谷による「社会文化研究の方向性を探る糸口」をハーバーマス理論によって模索する試みは、第1節での「社会」の整理によって示すと次のようになるであろう。「全体社会」としての「社会（Gesellschaft）」は「システム」（経

済領域・政治領域）と「生活世界」（社会領域）からなるが、「全体社会」を構成する1つの領域である「社会領域」を「社会文化的生活世界」としてとらえ、これが「文化」によって「社会的（sozial）統合」がなされた領域であることを示し、社会文化運動をこの「文化」による「社会的統合」に結びつけて提起するのである。

　ところで、以上のように谷の所説を整理することが可能であるとすると、本学会の「趣意書」と多少なりとも論理のうえで食い違いが出てくることになる。というのは、「趣意書」によれば、「社会領域」のみならず「政治領域」と「経済領域」をも含む「全体社会」としての「現代システム」において引き起こされている「諸現象と諸問題を文化現象と文化問題として捉えかえす必要がある」と述べられているからである。そこで次に、「趣意書」により即していると思われる「社会文化」概念を提起している論稿をみていこう。その1つが創刊号の重本直利による「日本における『社会文化』研究の可能性──『企業社会』の成立と『社会文化』の解体」である。

　この論文において重本はまず、「『社会』という全体存在を、企業、地域、学校、家庭などというそれぞれの独自性（＝「異質なものの価値」）をもった具体的な部分存在の相互関係によって構成されているもの」として把握したうえで、ここでいう「独自性（＝「異質なものの価値」）の中身を『文化』としておさえる」と述べ、「『文化』を"個々人の『自発的』な観念の行為を前提にしつつ、その相互の緊張・矛盾・対立関係（＝「異質なものの価値」の共生関係）の総体"として捉える」と定義する[24]。すなわち、重本においては、「全体社会」を構成するさまざまな領域の「独自性」（＝「異質なものの価値」）の相互関係に焦点が当てられ、その「独自性」の中身という観点から「文化」をとらえているのである。

　では、「社会文化」という概念を重本はどう規定するのであろうか。「『社会文化』は、企業（職場）、地域、学校、家庭といったそれぞれにおいて機能している一般的な（支配的な）共同性（コミュニティー性）を前提とし、それらの共同性が互いにもつ『異質なものの価値』の相互の緊張・矛盾・対立の関係の総体と

して捉える」[25]というのである。上にみた「社会」および「文化」を参照するとわかるように、重本が「社会文化」で表現しているものは、「全体社会」を構成する各領域における「一般的な(支配的な)共同性(コミュニティー性)」を前提にして、その「共同性」が相互に緊張・矛盾・対立の関係によって形成されている状態にあることである。そのうえで、「『社会文化』という方法は、あくまでも『自発的』な観念と行為を前提にした方法であり、他からによる『強制的』な観念と行為を前提とした方法ではない。社会、企業、地域、学校、家庭といった具体的な存在を、すべて『文化』として捉えるのは、現代人と現代社会の本質的特徴が、内容はともかくとして『自発的』な観念と行為およびその相互行為のあり様にあるのではないかという認識からきている」[26]と述べて、「社会文化」概念が「『自発的』な観念と行為を前提にした」、その意味であるべき姿を規範として示した概念であることが述べられている。したがって、この規範としての「社会文化」概念を現代日本社会に適用するならば、「企業の論理による『社会文化』の解体」であり、「『企業文化』の解体でさえもある」という診断を下すことができる[27]。なぜならば、「『自発的』な観念と行為を前提にした」、「『社会文化』形成の基盤となる共同性」が「企業の論理」によって解体させられているからである[28]。こうして、「社会文化」研究によって「『社会文化』の解体メカニズムを『企業社会』の拡大・発展との関係で論証することによって、解体された『社会文化』…の今日的な再形成をめざし、同時に『効率中心』の企業活動に対する規制(後退・縮減)を強める『社会文化運動』を具体化せねばならない」[29]と重本は主張するのである。

　以上にみてきたことから、ハーバーマスに依拠した谷の見解においては、「全体社会」を構成する1つの領域である「社会領域」が「文化」によって社会的統合がなされていることに着目し、そこに社会文化運動の意義を見出すのに対して、重本においては、「全体社会」を『『自発的』な観念と行為」という「社会文化」からとらえる「方法」を用いることによって、「社会文化」を規範として措定し、これによって現状批判を行うなかで社会文化運動を展開しようとしている

と整理することができる。なお、規範として「社会文化」をとらえ現状批判を行う
という点で、第3号の山西万三の「労働者の社会文化活動への時間的制約」[30]、
第5号の中村共一の「資本主義の危機と社会文化運動——『ボランタリー経済』
論をめぐって」[31]を重本と同じタイプに位置づけることができよう。

③ 「社会文化」概念の今日的意義

「社会文化」概念の3つの位相

　前節では「社会文化」概念をめぐる2つの試みを考察した。こうした概念規
定を自覚的に行う論稿は、基本的には『社会文化研究』第5号までみられるの
であるが、それ以降は「社会文化」に関わるさまざまな分野における実証的研
究・報告が主となる[32]。その境目の時期にあたる2003年度の第6回社会文化
学会全国大会において、「社会文化概念の豊富化」をテーマとする「課題研究」
の司会を務めた石井伸男が『社会文化研究』第7号に「社会文化概念の豊富
化のための一試論」を寄せている。この論稿は、これまでの社会文化学会の活
動を総括しながら「社会文化」概念を検討するものであったが、その後、「社会
文化」概念を考えるうえでの基本線を形づくる重要な提起となった。そこで、こ
の節ではまず、石井が提起した「方法概念としての社会文化」、「領域概念とし
ての社会文化」、「実体概念としての社会文化」を、前節までの考察を踏まえて
検討していきたい。

　石井はまず、学会設立の「趣意書」を取り上げて、そこでは「社会文化」が「方
法概念」として規定されていることを確認したうえで、「一言でいえば、政治・経
済を中心とした現代のシステムを、それに浸透した社会文化のあり方という視
点から捉え直すこと、それが本学会の研究課題であり研究方向だというのであ
る」[33]と述べる。そのうえで、石井は、「文化は所与のものでありながら、また動
的に変化していくものである。社会に規定されつつ、同時に能動的に社会形成
にかかわりこれを変えていく力として位置づけるとき、『社会文化』概念は有効

な概念装置として生きるであろう」[34]と補足している。「文化」の意味内容が先の重本とは異なってはいるが、「現代のシステム」という「全体社会」を対象にして「社会文化」を論じる点において両者の理解は一致している。石井によれば、「それ（現代のシステム）に浸透した社会文化のあり方という視点から捉え直す」という方法概念が「社会文化」であるというのである。したがって、この意味での「社会文化」は、「何か具体的な実体を指し示す」のではなく、あくまでも「全体社会」に対する認識の方法を指し示している。石井は、これを「方法概念としての社会文化」と呼ぶ。

　次に「領域概念としての社会文化」についてであるが、石井によれば、これは「方法概念としての社会文化」が「機能概念であるから特定の指示対象を持たないのに対して」、「特定地域社会の諸文化を集めた総体を指して、社会文化と呼ぶという用法である」[35]。このように、機能概念に対して指示対象を持つ概念として、「領域概念としての社会文化」を規定するのであるが、ただこの場合、指示対象を地域社会に限定する必要はないであろう。そこで本稿では、「経済領域・政治領域・社会領域」において生起するさまざまな文化を「全体社会」との関わりで「捉え直す」のが「方法概念としての社会文化」であり、それによって指し示された対象を「領域としての社会文化」と呼ぶことを提唱したい。

　最後に「実体概念としての社会文化」についてである。石井は、「社会文化」概念が「実践的にも理論的にも目標として追求すべき文化のあり方」を示すべきであるとして、「もっと特定の実態（ないし哲学用語で実体substanceと言った方が適切かもしれない）をもつ概念」として「実体概念としての社会文化」を主張する[36]。ここでは、「実態」ないしは「実体」ということに注意を払いたい。もしたんに「実態」に強調を置くのであれば「領域概念としての社会文化」で十分であろうから、ここでの眼目は「目標として追求すべき文化のあり方」にあるといえよう。しかし、これを「実体概念」という言い方をすると、そこに内在する「本質」という意味合いがつきまとうことにならないであろうか。そこで、本稿では「規範概念としての社会文化」という言い方をしたい。

石井は、この概念の規範性を「人間的価値を核心にすえたより積極的な社会文化理念」[37]に求めている。そのうえで、「社会文化」を「協同性という意味での社会性を強くもつ文化と規定」し、また「協同性というのは、人びとの自発的で友好的な結合の仕方のことであり、ヨーロッパ諸語に共通のアソシエーション（association）、またドイツ語の社会（Gesellschaft）の1つの含意である人びとの友好的（gesellig）な集まりをも念頭に置き、それらの語との類縁性を意識して考えている」と述べている[38]。これを具体的に説明するために、石井は、谷の次の言葉をその補完として引用している。「社会文化運動は自らを国家、市場に並立する市民社会の領域に位置づけており、この自己了解は、社会文化が、貨幣、権力、連帯という新たな権力分立において、連帯という社会統合的な力の強化を志向するものであることを意味する」[39]。この引用文中の「市民社会」とは、「全体社会」を構成する「経済領域」（「貨幣」）と政治領域（「権力」）に並ぶもう1つの領域である「社会領域」（連帯）のことであるから、石井は、「協同性」すなわち「人びとの自発的で友好的な結合の仕方」を、先に谷のところでみた「文化」による「社会的統合」としての「社会領域」における「連帯」としてとらえ、そこに「社会文化」の「理念」すなわち規範性（あるべき方向性）を考えていると理解することができよう。そうすると、大枠では「趣意書」- 重本のラインを認めつつ、実質的にはハーバーマス - 谷のラインを念頭に置いていると言えるのではないだろうか。

　以上、石井の3つの「社会文化」概念を継承しつつ発展させる観点から論じてきた。以上の考察から明らかなように、「方法概念としての社会文化」「領域概念としての社会文化」「規範概念としての社会文化」が別々にあるのではなく、同一の「社会文化」事象にこの3つの概念は重なりうる。あくまでも位相の相違なのである。

経験科学としての「社会文化」研究

　ここではまず、「社会文化」研究における、ハーバーマス - 谷のラインと「趣意

書」- 重本のラインとの相違が生じてくる論理的な根拠について考察したい。ハーバーマス - 谷のラインにおいては、いうまでもなくドイツの「全体社会」の状況が反映されている。システム（経済領域・政治領域）と生活世界（社会領域）の区分は日本にも当てはめることはできるが、決定的な相違は、文化によって可能になる「社会的統合」の領域である生活世界（社会領域）が「人びとの自発的で友好的な結合の仕方」として、ドイツでは一定程度実際に形成されている点にある。したがって、「生活世界の植民地化」という事態への対応策を「社会文化のプログラム」として打ち出す現実的な根拠が存在しているといえる。

それに対して、「趣意書」- 重本のラインにおいては、「人びとの自発的で友好的な結合の仕方」すなわち〈social〉な関係が未成熟であるという、日本の「社会的な関係の総体としての社会」の現状が反映されている。「趣意書」において、「現代システム」ということで「全体社会」が表象されているにしても、「政治と経済を中心にしたシステム」（政治領域・経済領域）は存在するが、実は「社会領域」はそれ独自の領域として位置づけられてはいない。「全体社会」における「政治、経済、教育などの諸現象と諸問題を文化現象と文化問題として捉えかえす」ときに、「社会領域」が顔を覗かせるだけである。重本は、それを「『自発的』な観念と行為」と表現し、石井は「人びとの自発的で友好的な結合の仕方」と表現している。しかも、ここで重要なことは、この日本における「社会領域」の未熟性ゆえに、「全体社会」を「社会文化」によって「捉えかえす」という方法が、「社会文化」を規範として措定するという仕方で意義を持っているということである。

以上のことから、ハーバーマス - 谷のラインおいては前提とされ、「趣意書」- 重本のラインにおいては規範とされている、「社会的統合」の領域である「社会領域」を「社会文化」運動を通じていかに成熟させていくのかということが、私たちの課題であるとひとまず言うことができよう。とはいえ、この成熟が何をめざしたものであるのか、その「理念」が問われなくてはならない。しかも、この「理念」を経験科学の土俵でどのように取り扱うことができるのか[40]を検討する必要

がある。「社会文化」概念に込められた「理念」によって、たとえば「人びとの自発的で友好的な結合の仕方」をめざすにしても、それを新自由主義的に編成することもできるし、福祉国家的に編成することもできる。あるいはもっと別な原理によって編成することもできるかもしれない。したがって、いかなる「理念」に基づいて社会文化運動を進めるのかが問われた場合、「理念」自体からそれを実現するための方策が論理必然的に導き出されるものではないことは明らかであろう。研究主体自らがそれを根拠づけている「理念」を自覚し、それによって明示化された観点から「社会文化」を検討する必要があるのではないだろうか[41]。その意味で、「価値自由」に「理念」の具体的あり方について活発に議論がなされ、それに基づいて現実の社会文化運動のあり方を検討していくことが必要である。ただし、その議論は、価値観は多元的であるがゆえに、どの「理念」もその優劣をつけることはできないという文化相対主義的な考え方に従うべきではないと考える。現実の社会問題の解決をめざす限り、「社会文化」研究においては、文化の多元性を踏まえつつ、それを克服していく道筋を経験科学的に模索しなくてはならないからである。

　そこで最後に、新自由主義による文化的社会統合が進行する今日の日本の現状[42]を踏まえて、「社会文化」研究の進め方について行為論的な視角[43]から若干述べたい。「社会領域」における個々人の主体的な行為とそれに基づく自覚的な人間関係の形成としての社会文化活動は、伝統的な人間関係を超えた〈social〉な関係の形成として位置づけることができる。それによって、新自由主義による文化的社会統合がいかなる事態をもたらしているのか、その対象化を促すことも可能になるであろう。また、そうした社会文化活動を担う個々人において、既存の「構造」に対して矛盾を感じる意識が生じるとき、それは「全体社会」のあり方に批判が向けられる契機となりうる。この場合、しかるべき矛盾の意識が生じる「構造」上の根拠を論理的に明らかにし、人々を組織化するとき、社会文化活動は社会文化運動として機能することになるであろう。

　このようにみると、ドイツにおいては、社会文化運動が形成されその定着によ

り社会文化活動が一般化し普及していったが、日本においては、社会文化活動を通して社会文化運動の基盤が醸成されていくということになろう。社会文化学会が専門性を超えた学際研究をめざす際に、常に現場の社会文化活動の担い手との交流を欠かすことができない理由はここにある。

おわりに

社会文化学会が10周年を迎えた頃から、次の段階に踏み出す機運が高まってきた。「社会文化」という概念がまだ日本社会では一般化しているわけではないにしても、この概念のもとに多くの会員が集い定着をみせている。その大きな理由の1つとして、この頃にはすでに誰の目から見ても、新自由主義による嵐がもたらす社会への悪影響が明確になってきたことが挙げられる。こうした事態に対して社会文化学会も正面から取り組むことになった。新自由主義による社会編成のあり方に対する批判として、「社会文化」概念の有効性を打ち出そうとしていることが確認できる[44]。

こうした動向のなかで、「社会文化」概念は、方法としてのみならず、実質的な内容を持ち始めた。実質的内容というのは、新自由主義政策がもたらす社会諸階層の分断化を、権威主義的・官僚主義的に「解決」しようとする社会的統合のあり方に対抗するものとして、市民が「下から」問題を解決しようとする取り組みがかつてに比べて広範に現われてきたことに対応している。個々人の主体的行為とそれに基づく自覚的な人間関係がさまざまなアソシエーション（協同体）を形成し活動し始めている。「政治領域・経済領域・社会領域からなる全体社会」を構成する1つの領域である「社会的な関係の総体としての社会」が実際に社会文化活動あるいは社会文化運動として展開されているのである。

こうした状況を踏まえて、社会文化学会は、設立20周年の事業として、『学生と市民のための社会文化ハンドブック』[45]を刊行した。ここでは、「社会文化」概念が端的に「社会をつくる文化」と述べられている[46]。また、この概念の暫定的

な枠組みとして、次の3点を掲げている[47]。

①現在の（日本の）社会構造のあり方と人びとの社会生活の現実とを文化を媒介にして結びつけて捉える。
②社会生活の現実を踏まえて行われる活動や運動を当事者たちによる社会的文化的な人間関係の「形成」から捉える。
③そうした人間関係を「形成」していく文化が既存の社会構造を変革する重要な力になりうると捉える。

いまや日本社会においても、「社会文化」概念を経験的な次元で検討しうる地点に立っているといえよう。その検討は、新自由主義による社会的統合に対抗する「社会文化」による社会的統合の具体的な運動・活動のあり方についてである。しかも、このコロナ危機の状況下にあって、その真価が今まさしく問われているのである[48]。

注

1　「ドイツ社会文化運動」を特集とした『共同探求通信』第15号特別号（2000年）における諸論稿に、この現場視察が生き生きと描きだされている。
2　柳父章『翻訳語成立事情』（岩波新書、1982年）など。
3　現代の資本主義国家は、たんに社会秩序の維持にかかわるのみならず、国民経済の指導・統制や社会保障などを行っている。その体制を維持・再生産するためにさまざまな経済政策や社会政策を通じて、市民生活のすみずみまでその活動の手をのばしている。電気、ガス、上下水道、ごみ処理や交通、通信をはじめ、医療、保健、教育、福祉にいたるまで、網の目のように張りめぐらされた公共のサービスなしには、もはやわれわれは日常生活を営むことができない。また、テレビ、新聞、出版などのメディアや科学、文化、芸術などの活動も国家に依存しており、それゆえ国家の介入を免れるわけにはいかない。さらに、近年急速に発達を遂げているインターネット等の情報機器による管理は、個人のプライバシーの危機を招来しつつも、市民生活の「安全」のために日常化している。こうした市民生活の国家への依存を通して、国家による管理・統制が強化されるが、これによって、さまざまな形で相互に連関する制度（システム）が市民生活に浸透し、より「高度な」社会生活が維持されることになる。
4　社会学は、19世紀前半のヨーロッパ社会において成立したが、それは資本主義の発展とその矛盾の顕在化による「全体社会」を再構築する学問的試みとして捉えることができる。したがって、社会学の基本には社会的統合という課題があるといえよう。

5 　高城和義『パーソンズの理論体系』、日本評論社、1986年。正確に言えば、I機能の「社会」は「社会的共同体」、L機能の「文化」は「制度化された文化的諸パターンの維持」である。

6 　テリー・イーグルトン『文化とは何か』（松柏社、2006年）では、ポストモダニズムをふまえて、それを批判する視点から、今日の「文化」概念の混乱状況について述べている。

7 　柳父章『一語辞典　文化』、三省堂、1995年。日本語の「文化」は、いまなおドイツ語　の〈Kultur〉の影響が大きい。ただし学問の世界では、イギリス的な用法が主であり、文化人類学的な「文化」概念が一般化しているといえよう。

8 　谷和明「ドイツ社会文化の旅」（『共同探求通信』第11号、1998年）、p. 28 - 29。

9 　同上、p.29。

10 　同上。

11 　同上、p.29 - 30。

12 　同上、p.30。

13 　同上。

14 　同上。

15 　同上。

16 　谷和明訳「ドイツ文相会議文化委員会勧告（1995年11月）　社会文化——各州による振興上の原則ならびに問題」（『社会文化研究』創刊号、1997年）。この「資料」には連邦社会文化センター協会による「社会文化活動の原則」についての再定義が挙げられている（66頁）。それは、次のようなものである。「ひとつの新しい文化概念の強調」、「芸術家的／創造的な個性的活動（Eigenbetaetigung）の促進」、「多様な年齢層の統合」、「社会的、民族的少数者を含める」、「非商業主義的な傾向」、「規定と利用者に対する志向性」、「民主主義的な組織形態と決定構造の保証」、「部門横断的な提供事業」である。どの項目も日本社会における「社会文化」の課題にとって重要と思われるものばかりである。

17 　谷和明「同時代現象としての社会文化と生活文化」（『社会文化研究』創刊号、1997年）、p.73 - 74。

18 　同上、p.74 - 76。

19 　谷和明「ハーバーマスの社会文化的生活世界と社会文化プログラム」（『社会文化研究』第2号、1998年）、p.2。

20 　同上、p.3。

21 　同上。

22 　同上、p.4。

23 　同上、p.8。

24 　重田直利「日本における『社会文化』研究の可能性——『企業社会』の成立と『社会文化』の解体」（『社会文化研究』創刊号、1997年）、p.55。

25 　同上、p.57。

26 　同上、p.57 - 58。

27 　同上、p.62。

28 　同上。

29 　同上、p.63。

30 　「文化的多様性を取り戻し発展させる運動、資本のもとで窒息している社会文化的時間を復権させ、文化の多様性を生みだす運動が、求められている。私は、このような運動の成果も含めて、この運動の総体を社会文化と呼ぶ。……現代社会は、いまだ資本の桎梏から解きはたれていない。それゆえに、現代社会文化は、対抗的文化という歴史的性格を必然化させずにおかない。ここに対抗文化は、豊かな社会文化の萌芽を形成するものと位置づけられる」（山西万三「労働者の社会文化活動への時間的制約」、『社会文化研究』第3号、2000年、p.62）。

31 　「『社会文化』は、……成熟した商品経済社会の文化と対抗して生成した文化運動とみなしえよう。

もちろんそれは、ストレートに革命的な体制変革をめざしているわけではない。しかし、長期的な視点に立ってみれば、それは、社会的・文化的危機の深まりのなかで、ポスト資本主義に向けた新しい社会形成を意味するボランタリーな文化活動として把握できるのではないだろうか」(中村共一「資本主義の危機と社会文化運動——「ボランタリー経済」論をめぐって」、『社会文化研究』第5号、2002年、p.59)、「社会文化運動とは、商品経済システムの文化支配から脱却し、諸個人が主体的・協同的に社会形成を実現していくプロセスとして理解されるべきものなのである」(同上)。

32 そうした論稿のなかで、「社会文化」概念の構築に向けて他の諸国との比較という研究が行われている点が注目される。例えば次のような論文がある。『社会文化研究』第3号の馬頭忠治「イギリス市民社会とボランタリー・セクター——市民事業論序説——」、吉田正岳「韓国社会文化運動の現在」。第4号の大庭三枝「在外教育施設と地域社会——フランスにおける社会文化活動報告——」。第6号の金子満「朝鮮植民地における文化支配への抵抗運動に関する歴史的検討——一九二〇年代の朝鮮農民社による『文盲退治運動』(文解教育運動)を中心に——」。第11号の畔柳千尋「ドイツ各州における社会文化活動協会の役割——日本における市民文化運動のあり方についての一考察」。ドイツを中心にイギリス、フランスとの比較研究、あるいは韓国との比較研究は、日本における「社会文化」の具体的なあり方を探るうえで不可欠な作業であろう。また、ここでは紙数の制約上論文名を挙げることはできないが、日本の現状を「社会文化」の視点と関係づける論稿も数多く掲載されている。日本の現状を的確に認識しそこから課題と方向性を模索する試みも、他方で必要であることは言うまでもない。

33 石井伸男「社会文化概念の豊富化のための一試論」(『社会文化研究』第7号、2004年)、p.146。

34 同上。

35 同上、p.147。

36 同上、p.148。

37 同上。

38 同上。

39 同上、p.149。

40 文化相対主義の立場からすると、極端な例で言うと、奴隷制を容認する文化と奴隷制を認めない文化とが価値的に同等であることになってしまう。そこで、A文化とB文化の価値的優劣をつけることは容易ではない(それどころか間違っているといってよい場合もある)ことを前提にしたうえで、いかなる論理によって文化の価値的優劣を論じることが可能になるのかを検討しなくてはならないであろう。例えば、新自由主義的な政策に基づく社会文化形成と社会福祉政策的な社会文化形成との価値的優劣を経験科学としてどのように学問的に論じるのかということである。この論理の一つとして、近現代社会において発展させてきた人権思想を挙げることができよう。その視点から価値的優劣の基準をより普遍的な方に置く。ただし、何がより普遍的なものであるのかは、様々な議論を経るなかで前進していく性質のものであると考える。

41 最近の学問的傾向として、研究上の観点に無自覚な論文や特定の立場に立てば「自然に」論理構成ができると考えているような論文が目立つように思われる。「価値理念」のない研究は論外であるが、自らの「価値理念」を自覚してそれに基づいて研究のための具体的な観点を設定しなければ、少なくとも経験科学のうえで学問的議論ができないであろう。また、その設定された観点のもとにおいてのみ、学問的にA文化とB文化の価値的優劣を論じうると考える。

42 中西新太郎「現代日本の『知的』支配と文化統合・試論」(『社会文化研究』第2号、1998年)には、現在の文化統合のあり方が「全体社会」に対してどのように影響力を行使しているのかが詳細に描かれている。既存体制を維持するための「文化」によって社会領域における社会的統合がなされ、それを通して「政治領域」と「経済領域」を含めた「全体社会」が文化統合される。逆にみれば、かなり容易ではないが、社会領域における社会的統合のあり方を変化させることによって「全体社会」

のあり方を変えうるということにもなる。

43　ここで行為論的な視角をとる理由は、「社会的統合」が個々の行為者によって担われるからであり、またそうした個々の行為者をつなぐ自覚的な相互行為を形成する際に、社会文化活動・運動が果たす役割が重要になるからである。

44　『社会文化研究』の特集テーマを追うと、第10号「脱『格差社会』への課題」、第11号「歴史・文化の市民的継承と社会文化」、第12号「社会文化の構想力」、そして第13号「生存権と社会文化」、第14号「社会権としての社会文化」、第15号「若者と社会文化」、第16号「都市への文化圏」、第17号「協同の社会システムと〈場〉の形成」、第18号「市民運動の記録と記憶」、第19号「地域アイデンティティとまちづくり」、第20号「問いとしての『承認』」、第21号「抵抗の文化は可能か?」、第22号「若者と社会連帯」である。

45　社会文化学会編『学生と市民のための社会文化ハンドブック』晃洋書房、2020年。

46　同上、p.ⅰ。そこには、社会をつくる文化を論じる理由として、「今日の日本社会が抱えている問題の多くが人と人との結びつきによってしか解決できないのではないかと考えるからである」と述べられている。

47　同上、p.99。

48　本稿は、2010年度の社会文化学会全国大会において、課題研究として報告した原稿に基づく『社会文化研究』(第13号)に掲載された「『社会文化』概念の構築に向けて」に加筆・修正したものである。当初の趣旨は、社会文化学会の10数年の歩みを「社会文化」概念の構築という視点から総括することにあった。それからさらに10年ほど経ったので、「おわりに」おいて、この間の研究動向を踏まえて補った。

第6章

芸術文化の視点から見た
ドイツ社会文化運動

英国コミュニティ・アート運動とも対比して

山田康彦

はじめに

　筆者は、1998年、2012年、2017年と計3回にわたって、その創立以前も含めた社会文化学会の取り組みに同行する形で、ドイツの社会文化運動の視察に参加した。本稿で取り上げる社会文化運動ないしは活動の事例は、それらの視察で取材したものである。またここで取り上げる事例は、特に3週間にわたってドイツ各地の社会文化センターを訪問し、詳細なインタビューも含む綿密な調査を行った1998年の視察によるものが多い。その後、東西ドイツ統一後の旧東ドイツ地域の社会的・経済的変化、「難民」等の外国人の増加、そして社会文化センターも補助金による支援だけでなく自前の経済活動がより求められるようになるなどの変化が見られる。しかし筆者が見る限り、社会文化センターを中心とした社会文化運動・活動の基本的性格に大きな変化はないと思われる。したがって1998年の事例もそのまま紹介したい。

　本論は、2部に分かれている。前半では、こうしたドイツの社会文化運動の事例を挙げながら、芸術文化の視点からそれらの性格を考えてみたい。後半では、2003年の筆者の英国コミュニティ・アート運動の視察の経験とその運動をめぐる近年の議論を踏まえて、英国コミュニティ・アート運動と対照させる形でドイツ社会文化運動の特質をより鮮明にしていきたい[1]。

① ドイツ社会文化運動の持つ性格

社会文化運動は芸術運動でもある

　社会文化運動とは何であろうか。私たちは、ボンの文化政策協会を訪ねることによって、その概略を知ることができた。社会文化運動のオピニオン・リーダー[2]といわれる、1998年当時その事務局長であったノルベルト・ジーヴァース（Norbert Sievers）は、「万人のための文化（Kultur für alle）」と「万人による文化（Kultur von allen）」の2点が新しい文化政策の基本戦略であり、社会文化は特

に「万人による文化」の実践領域として重要な位置を占めていると語った。そこには、旧来の高尚な「市民（bourgeois）」文化は、少数者を対象とした、伝統的、保守的、受動的文化だという批判が込められている。つまり社会文化は、教養市民階層を中心とした「市民」文化を批判して、それに代わるものとして進められているのである。

　そしてジーヴァースは、社会文化の基本的な観点として、「文化を社会関係的なものととらえる」そして「つくられたものというより、つくっていくプロセスを文化ととらえる」という2点を指摘した。さらに社会文化の諸特徴として、①さまざまな自己実現されたものを文化ととらえる拡張された文化概念、②自主管理と自己組織化、③これまで文化とは理解されなかった生活スタイルも文化ととらえる多元主義、④芸術作品を志向することへの批判、⑤協同的なアプローチ、などの諸点を挙げた。そこから見えてくるのは、日常生活から遊離した少数者による「市民文化」、すなわち制度化された「芸術」を批判して、万人による社会形成につながる自主的・自治的文化の実現と拡大を通して、新たな形での市民社会（civil society）の創造をめざすという、社会文化運動の姿である。したがって、それは当然に、文化と芸術の概念を拡張し、その転換を求めるものである。

　私たちは、先に述べたように複数回にわたってドイツを訪問し、各地の社会文化センターを訪ね、このような社会文化運動の一端を実際に目にすることができた。それらはジーヴァースによって示された基本的な姿を裏づけるとともに、それ以上に重層的な営みとして展開されていた。

　これら社会文化運動が内包していると筆者なりにとらえた性格について、いくつかに整理してみたい。まず最も印象深かったのは、社会文化運動はそれ自体が実は芸術運動であるという点である。ここでいう芸術とは、たんに人々が自らの思想や感情を表現し、作品にする活動だけを意味するわけではない。いわんやその中で狭義の美的価値をもつ作品の制作や鑑賞を指すわけでは当然ない。私たちの身の回りの政治、労働、社会生活、家庭生活などの人間の諸活動を新鮮な目で見直しつつ[3]、人々の対話と交流を生み出していくことこそ、芸

写真1 「アルテ・フォイエルヴァッヘ」の前景（上）
写真2 社会文化センター・ガラス工房（中左）
写真3 社会文化センター・子どもスペース（中右）
写真4 社会文化センター・児童虐待相談室（下）

術の役割だと考える視点からのとらえ方である。

　確かに社会文化センターでは、子どもから青年さらには高齢者までの、美術・工芸・演劇・ダンスなどのさまざまな芸術文化活動が展開され、多くの工房もその中で営まれている。しかしだから社会文化運動が芸術運動だというのではない。たとえば、中心的なセンターの1つであるケルンの「アルテ・フォイエルヴァッヘ（Alte Feuerwache）」（写真1）という社会文化センターでも、ダンスなどの自主的な芸術文化グループがそこで活動し、ステンドグラス、木材、金属、陶芸、仮面制作、写真、打楽器、縫製、服飾デザイン、自転車の各工房（写真2）が活動していた。そして施設内には、食堂兼カフェ、ホール、映画室、会議室などが設けられていた。しかしそれだけでなく、教育的領域と位置づけられた幼児・青少年・女性の活動スペース（写真3）や、薬物中毒者や児童虐待のための相談室（写真4）、さらにはモータリゼーションやエネルギー問題などを対象とした社会運動団体の事務所も置かれていた。これらがみな自発的な活動として取り組まれている。

　つまり地域社会に関わるさまざまな問題や運動が、コラージュのように自発的に社会文化センターに持ち寄られていく。そしてそれぞれの活動が展開されると同時に、各々の運動や活動が相互に交わり刺激し合う空間が生み出されている。すなわち社会に生起する多様な問題や活動・運動が持ち寄られ、それらが相互の交流や刺激のし合いの中で活性化していく〈場〉が生成されていくのである。このように社会の内部に多層的多重的な対話と交流の〈場〉を創出していくという営みの総体が、芸術運動だといえるのである。

　折しも私たちが訪れた日に、「不法滞在」外国人に対する支援集会が開かれたのだが、この集会はそのことを象徴していたように思われた。「誰も非合法ということはない」というスローガンが記された横断幕が張られ、200名程度の人々が集まるという、規模としてはそれほど大きくはない集会だった。集会が始まる前から、バイオリンや民族楽器などによる音楽が奏でられ（写真5）、トルコの食べ物や飲み物の店が立ち、小さなステージの脇にはヒマワリの花が中に凍結さ

れていたり外に散りばめられた氷のインスタレーションが置かれていた。このイ
ンスタレーションは、差別や抑圧のある冷たい現在のドイツ社会を氷で象徴し、
友愛を示すヒマワリは存在はするのだが、まだ氷の中にあったり外に散らばって
いる、しかし次第に氷は融け、暖かなヒマワリが表に現れてくることを示していた。

　そうこうするうちに政治集会が始まり、人々がステージに立つ。主催者の何人
かは、なんと長い黄色の上着とヒマワリのついた帽子を身につけていた。ドイツ
では、1998年時点で700万人の外国人が生活していたが、当時の政府は政治
難民は認めるが経済難民は認めないという法改正を行い、難民の強制送還に
乗り出していた。集会の最後には、集まった人々の輪の中で、仮面をつけた黒
装束の2人の女性が、音楽をバックに、まったく疎遠だった人間同士が次第に
交わり理解し合い、さらにその関係を広げていくというプロセスを、無言劇で演
じた。そしてその夜のセンターのホールでは、アマチュアの演劇集団による、「明
らかに根拠がない」という題の、官吏に対する風刺の笑いを含んだ、当局に捕
らわれた難民を題材にした演劇が上演された。

　これは政治状況を深刻に告発するだけのたんなる政治集会ではない。政治
集会自体が、音楽、美術、演劇といった芸術のさまざまの要素を組み込んだ一
種のカーニバルでもあった。そこで人々は、たんに政治的言語でのみ難民問題

を考えるのではなく、芸術文化を組み込んで、トルコの人々と文化を知ることも含んで、現状に対する理解と批判と希望を多角的に広げるのである。

　このように社会生活上の諸問題などの社会問題に目を向ける際に、芸術文化の作用を働かせることによって、新鮮な形で、あるいはより明瞭に事柄が認識されていく。そうした働きが組み込まれている運動や活動は、その総体がすなわち芸術運動だと言ってよいだろう。それは、教化のための啓蒙的な芸術ではないことは言うまでもない。

生活世界から安易に離脱しない芸術文化活動

　社会文化運動の視察を通して印象深かったもう1つの点は、そこで営まれている芸術文化活動が、芸術を生活世界から安易には離脱させないという質をもっていたことである。社会文化センターで行われている芸術文化活動を見て、特徴的だと思われたのは、自らの生活経験や社会的経験に基づく素朴で率直な表現が多いということである。子どもたちの美術活動でよく目にしたのは版画や粘土そして立体的な作品である。短い視察の限りでは確かなことはいえないが、予想に反して描画は少なかった。また漫画はしばしば目にし、それが表現として正当に評価されていることがうかがえた。これらのことは、社会文化運動全体に共通することだが、手仕事が大変大切にされていることも示していた。

　1998年当時のライプツィヒの子どもを対象にした社会文化センターでは、材料費を安く抑えるために、床に敷くゴム製のタイルをカットして版画にしていた。このような工夫をしてまで制作活動を行っているということは、それが人間にとって必要不可欠な営みとして重視されていることを示していた。

　よく目にした子どもたちの版画は、人や動物、魚などが線彫りによってシンプルに表されているものが多かった。そこには子どもたちの等身大の屈折のない率直な表現の仕方とその活動を楽しむなかで生まれる物語がよく現れていた（写真6）。多くは見られなかったが、描かれた絵も、子どもたちの素朴で率直な表現の仕方と、明るく豊かでかつ柔らかな色彩が特徴的だった。これらには、想

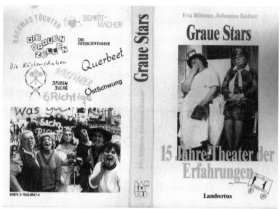

像力が過度に活性化され飛躍させられた痕跡は見えない。あくまで子どもたち
の生活経験から生まれた等身大の表現なのである。

　ここに見られたように、人間の「経験」を尊重するという姿勢も、社会文化運
動全体に共通した思想だと思われた。それを端的に示していたのが、高齢者
演劇運動だった（写真7）。私たちはそれを、ハンブルクの「ゴルドベク・ハウス
（Goldbeckhaus）」という社会文化センターで知った。その高齢者演劇とは、ドイ
ツでは1980年代から続く「経験の演劇」という運動の1つだというのである。こ
こでの高齢者演劇活動は、当時72〜92歳のほとんどが1人暮らしの高齢者が
集まり、2年間かけて、これまでの人生経験を出し合い、批判的な議論も含めて

ディスカッションしながら脚本をつくり上げ、自ら上演していくという。それまでに「婦人」や「笑い」をテーマにした演劇がつくられたが、その時は「未来」というテーマが考えられていると紹介された。週何回か人と出会い、上演の準備をしていくことが、高齢者にとって生きがいになり、この活動を通して孤独を克服していくという。それのみならず、それぞれの高齢者が自らの経験を想起し語り、そして相互の経験を交流し問い直しながら、それらを演劇という共有する経験へと結晶化させていく行為は、自らのアイデンティティを改めて確認していく作業になっているのではないかと思われた[4]。

　このような子どもたちの美術活動や高齢者の演劇活動に見られるように、社会文化運動では、芸術を日常生活を超えた異質な世界として構築していくのではなく、身体に根ざした「経験」から抽出される表現が重視されていた。しかしそれは頑ななリアリズムを意味しているわけではない。想像力の飛躍性を否定したり、逆に浮遊する想像力の自己展開を容認するのでもなく、生活世界や身体を媒介にした強靭な想像力を要求しているように感じられた。

　芸術的活動にとって、イメージを広げそして飛躍させる想像力は、必要不可欠である。その否定は芸術の死を意味する。しかしともすると想像力の飛躍性を契機に、芸術は日常生活から遊離し、より刺激的で新奇な独自の世界の創出へと自己展開していく。このような日常性からの離脱は芸術のよさであると同時、そこには閉鎖的な「芸術のための芸術」へと制度化されたり、あるいは商業主義に席巻されていく陥穽が待ち受けてもいる。

　社会文化運動はそうした想像力の飛躍性を否定することはないだろう。しかしそこで求めようとしているのは、飛躍したイメージを再び生活世界や自己の経験へ引き戻したり組み込んでいくといった、上昇と下降、あるいは飛翔と回帰・着床と形容してもよいような、往還を繰り返す地味ではあるが強靭な想像力であるように思われた。

　それらを基本的特質としながらも、もう1点つけ加えるならば、芸術の新しい様式や技術を積極的に取り入れようとする姿勢である。

ケルンの音楽を専門にする「オープン・ジャズ・ハウス（Offene Jazz Haus Schule）」という名称の社会文化センターは、伝統的なクラッシク音楽を中心とする一般の私立音楽学校に対するオルタナティブとして発足し、幼児から年配者までを対象に、大衆的な音楽を中心的に扱う活動をしていた。そのセンターは、受講料を徴収する音楽教育の講座を設ける一方で、無料の社会文化プロジェクトも進めていた。後者は、主に若者の音楽活動を支援するものだった。そこでは、ラップ、ヒップポップミュージック、ブレイクダンス、DJといった若者文化を否定するのではなく、逆に積極的に進めていたのである。それは、大衆音楽は単純な形なのでだれでもそれを利用し参加でき、音楽を何よりも表現し対話しそして自己実現していくためのメディアととらえるからだと説明されていた。実際の活動としては、自分の生い立ちを記述したり、ダンスをしたり、DJをやったりしながら、最終的にはそれらを総合してその生い立ちを音楽的に表現していったりするという。音楽資本や仮想現実の危険性を危惧する私たちの質問に対して、スタッフは「その危険はあるかもしれないが、だからこそ小さいときから自己表現をして、現実性を獲得していく必要がある」と答えていた。こうした応答に、音楽活動に対する考え方がよく表われていた。

　このように流通する芸術文化の形式や装置を、遠ざけるのではなく、積極的に取り入れながら自らの経験に引きつけて、自己の表現をより効果的にしていくために利用していく姿は、現在の社会文化活動でも引き続き見ることができる。たとえば、2012年にドイツ東部のポーランド国境近くのソルブ人の町であるバウツェン（Bautzen）にある「シュタインハウス・バウツェン（Steinhaus Bautzen）」という社会文化センターを訪問した。そのセンターは全体として、青少年から東ドイツ時代を生きてきた高齢者までの世代間交流と、ドイツ人とソルブ人とポーランド人の交流をテーマにしていた。たとえば後者の例としては、毎年両国の若者が、「愛について」「ドイツにとってポーランドとは」など同じテーマで短編映画を制作しているという。私が訪問した当日夜も、ドイツ人とポーランド人の若者が共同したダンスの上演があった。それは、両国の若者の恋愛をテーマにしたコンテン

ポラリーダンスだった。2人の若者の恋愛感情、他の若者との関わり、それぞれの青年の民族的アイデンティティとの関係など、コンテンポラリーダンスを通して、その喜びや葛藤などを見事に表現していた。

　また2017年には、フランクフルトの「芸術家の家・モウソントゥルム（Künstlerhaus Mousonturm）」という芸術センターで、リグナという劇団（Theater LIGNA）の「Rausch und Zom」という市民参加型演劇に参加した。中心に広いオープンスペースがある劇場ホールに入る際に、各自にイヤホンつき無線機が渡された。この劇は、無線機から聞こえる指示に合わせて、指定された参加者が立ったり、移動したり、争いが起きたり、最後は全員が屋外に出て通りを歩いて行くなどのパフォーマンスからなっていた。それは「権威主義的性格についての研究」と副題にあるように、現代に忍び寄るファシズムを体験することを通して批判する内容を持っていた。こうした個々人が孤独に陥りながら、同時に忍び寄る声に支配されていくというファシズム的状況を参加者全員にイヤホンつき無線機を支給するという技術を使って見事に生み出していた。

　新しく開発された芸術文化の様式や技術は、確かに人々の想像力を刺激する。しかしそれらに身を委ねるのではなく、あくまでもメディアとして利用しつくそうとするのである。芸術文化の新たな様式や技術を通してのイメージの広がりや飛躍と、それらを改めて生活世界や自己の経験に引き戻しながら、芸術文化を現実性のある表現のメディアとして駆使しようとするところに働いているのも、かの強靭な想像力だといってよい。そのようなイメージの活性化や飛躍と現実性への回帰という往還を司る人々の強靭な想像力への信頼が、社会文化運動の芸術的活動を支えているように思えた。

　このように社会文化運動の中で見られる芸術文化活動は、芸術を生活世界から安易には離脱させないという質をもち、自らの生活経験や社会的経験に基づく素朴で率直な表現が多いこと、さらにさまざまな新しい芸術文化の様式や技術を否定的にとらえずに、逆に積極的に受け止め、それらを駆使して表現の新しい広がりや飛躍を生み出しながら、それらを常に生活世界や自己の経験に

引き戻しそして組み込むことによって自らの糧にしていこうとしていることの2点を、その大きな特質として指摘することができる。

　このような2つの特質の意味について考えた時、日本における1920〜30年代の教育学においてテーマになった「自然の理性化」か「文化の個性化」（あるいは「理性の自然化」）かという興味深い論点に改めて注目する必要があると感じられた[5]。前者は大正自由教育の論客であった篠原助市の提出した議論であり、近代教育に対する一般的な理解となった見解である。それは、文化的価値を自律した成長メカニズムをもった子どもの自己活動のなかに導入することによって、自然としての子どもを理性化していこうとする見方である。それに対して同じような立場にありながら城戸幡太郎は後者の議論を提出した。「文化の個性化」を主張する城戸は、「教育の理想は生まれながらに有している個性を尊重しこれを導いて文化の理想に達せしむる者でなく、文化の理想を人格的統一によって個性化する者である」として、それゆえに「教育は過去の歴史を未来の生命に発展せしむる自覚的方法である」と語ったのである[6]。

　篠原が教育を個人の側から発想していることは確かである。城戸が否定した「生まれながらの個性を尊重し導いて文化の理想に達する」という教育の考え方とは、「自然の理性化」にほかならない。城戸はある種の社会実在論をとり、社会や文化さらには子どもに先行する世代は子どもに対して外在的に対峙していると理解するのであろう。そのような文化と子ども（人間）との対峙する関係性の内に教育を見ようとするのだが、文化（理性）をたんに受容するのではなく、人格を通して「個性化」するところに、さらにいえば文化の獲得だけでは及ばない次代の新しい「何物か」が現実化してくるところに、自然の働きを見ようとするのである。それゆえに「理性の自然化」に基づく教育こそが、過去を真に未来へと発展させる契機をつくり出すことができるというのである。

　考えてみれば、「自然の理性化」は文化へ向かう思想であり、それは人間的自然の文化への疎外を生み出し、文化を相対化し批評する契機を見出せない面がある。現代の文明とその中の人間の態様を省みれば、今日にあって、子ど

もという自然を文化化ないしは理性化するのが教育だという議論に単純に与する人は多くはないだろう。それに対して「理性の自然化」の思想は、文化を人間的自然の観点から批判的に吟味し、そうした文化を人間的自然が豊かに保存されるような形で身体に組み込んでいこうとするのである。そのことによって初めて教育は、過去を未来へとつないでいくことができるというのである。その際に、こうした文化と人間的自然の保存との関係を媒介する契機になるのが、芸術文化活動のとりわけ表現という営みであるということに注目する必要がある[7]。

　想像力を安易に生活世界から離脱させない社会文化運動は、この「理性の自然化」を思想化しているとはいえないだろうか。それはこれまで見てきたような芸術文化活動の特質に見て取ることができる。またそれだけでなく次のような全体的な姿勢からも読み取ることができる。たとえば、多くの社会文化センターが、古い建物や施設を修復しながら使用していた。それは、当然ながら財政上の理由ゆえといえるが、それにとどまらずにあえて彼らはそれを使用していた面があった。ライプツィヒの「ガイザー・ハウス（Geyser Haus）」という社会文化センターは、18世紀に建てられたゲーテの師でもある著名な美術家ガイザーの家を再生させ、そしてその建物の裏にある東独時代に20年以上も使われずに荒れ果てた野外劇場を修復して使用していた。その理由として「その方がきれいであり、自分たちが生きてきた歴史を大切にしたい」と語られていた。このように全般的に、過去の歴史や文化を容易には捨て去らずに、保存し使用していく強い志向が見られた。それらは、たんに己の文化を誇ろうとする尊大の姿勢とはいえない。そこにも、過去の痕跡を記念碑として、過去と現在と未来とをつなぎ合わせていこうとする強靭な想像力を見ることができる。

芸術は仕事を生み出し労働と生活の質を問う

　ここでドイツ社会文化運動の性格を象徴するような取り組みを紹介して、ひとまずのまとめとしたい。それは芸術と労働と社会の関係の把握についてである。

　"Kunst macht Arbeit"（芸術は労働をつくる）。この言葉に出合ったときは、

衝撃を覚えた。それは、社会文化運動の一環として設立されたハンブルクの労働博物館に隣接する「仕事を探せ、未来を探せ」というプロジェクトを訪ねたときに、パンフレットに記されていた言葉である。この言葉が特に印象深かったのは、それがたんにこのプロジェクトに関わるだけではなく、目にした社会文化運動が全体的にもつ性格の1つを言い当てており、さらに芸術と労働を重ね合わせながら「喜びとしての労働」の思想を基軸に労働と生活そして社会の質の転換を求めたウィリアム・モリスなどの思想がその底流にあるのではないかと気づかせてくれたからである。この言葉については、吉田正岳がはじめに注目し、他のところで詳しく論じている[8]。それと重なるところが多分にあると思われるが、筆者なりに若干のコメントをしておきたい。

　先のプロジェクトは、1995年から準備が始まり、まず大きな取り組みが行われたのは95〜97年にかけてだった。それは、展示会、フォーラム、そして街頭などでの文化的なイベントからなっていた。展示では、労働とりわけ失業の歴史や個々人へのインタビューによる失業の経験を示し、1900年、1930年、1970年といった今世紀の過去の失業の状態を再現する企画もあったという。フォーラムでは、現在と未来の労働の形態などについて論議された。文化的イベントでは、街頭だけでなく、ドイツ内外にネットワークを広げながら、たとえば失業問題や未来の仕事をテーマに、ファクス・アート、E-メール・アート、未来のかばん、カーゴ・ボックスなどを送ってもらい、展示していった（写真8）。

　このプロジェクトは、これらの内容からわかるように、「仕事を探す」といっても、たんに物理的に労働市場を拡大することによって労働の場を確保するだけでよしとするような取り組みではない。過去と現在の労働や失業の状態に批判の目を向け、そして未来の労働と社会や文化のあり方を展望しながら、いま現在の仕事を探したり創り出していこうとするのがねらいだった。つまりただ物理的に失業がなくなればよいのではなく、失業を社会における労働のあり方の問題としてとらえ、社会における労働の位置づけ、その形態や質をも問おうとするのである。このプロジェクトのスタッフは「失業問題を個人的問題とするのではなく、

写真8 アートプロジェクト「未来のかばん」の一例

それについての対話を実現し公共的問題としていくのが文化である」と語った。この発言は、このプロジェクトの目的を端的に示すと同時に、文化という言葉がどのような意味を含んで使われているのかをよく表していた。文化とは社会と隔たった存在なのではなく、社会の諸問題についてのコミュニケーションや対話を生み出し、公論として立ち上げていくものなのであり、そこに文化の存在を見るのである。逆に言えば、そのような問題を公論としえない文化は文化とはいえないということだろう。

　先に記したようにこうした社会文化運動の取り組みは、常に芸術の視点が貫かれ、それ自体が芸術運動という性格をもっている。芸術の観点を貫きながら、労働の現状を問い、そしてそれを公共的な議論の俎上にあげつつ、実際に仕事をつくり出しながら、労働の形態や質の転換を展望していくというこのプロジェクトの総体を、あの「芸術は労働をつくる」という言葉が指していると理解してよいのでないだろうか。芸術は確かに労働という性格を一面でもっている。した

がって芸術の広がりは、実際に労働の場＝職をつくり出す。しかしそれだけでなく、芸術は人々の間でのコミュニケーションや対話を生み出し、他方で労働や生活の質を鋭く問う働きをするからである。

　このような試みは、決してこのプロジェクトに固有の特徴なのでなく、さまざまな社会文化センターで実践されていることでもあった。そこは、仕事の場や職業訓練の場であったり、それを地域にシェアする場でもあった。また手仕事を中心とする工房が営まれるなど、多くの芸術的活動が進められていたが、そのことはたんに伝統的な文化を尊重するだけの性格をもっているのではなく、今日の労働や生活の質を問い直そうとする意味を含んでいたと思われるからである。

② 英国コミュニティ・アートの核心と　　ドイツ社会文化運動との対照

英国コミュニティ・アート運動の全体的動向

　先に見たように、ドイツの社会文化運動は、「万人のための文化（kultur für alle）」と「万人による文化（kultur von allen）」という2つの基本目標を掲げ、①拡張された文化概念、②自主管理と自己組織化、③文化多元主義、④芸術作品志向への批判、⑤協同的なアプローチ、といった諸特徴を持っていた。

　これに類する運動はヨーロッパ各地で見られるが、英国でもコミュニティ・アート運動を挙げることができる。日本において早くからこの英国のコミュニティ・アートに着目し、連携や実践を進めている伊地知裕子によれば、それは1960年代末から「一般大衆から乖離したアートを取り戻すべく、アーティスト達が地域の人々の間に入っていき、共同制作を行い、さまざまな表現活動を行った」ことが始まりだった[9]。このコミュニティ・アートについて、日本での数少ない専門の研究者である小林瑠音は、英国においてはその用語の定義をあえて避けながら、ゆるやかな解釈に委ねて実践を積み重ねられてきたことを確認しつつ、小林が

NO.211 **出版案内**

水曜社 URL : suiyosha.hondana.jp

〒160-0022 東京都新宿区新宿1-14-12 TEL 03-3351-8768 FAX 03-5362-7279
お近くの書店でお買い求めください。　　表示価格はすべて本体価格(税別)です。

はじまりのアートマネジメント

芸術経営の現場力を学び、未来を構想する

政策 (Policy)と経営・運営(Management)は「コインの表裏」である。最新の情報、現場からの声を盛り込み、自ら「文化の現場」の未来を構想し拓こうとするすべての読者に、新たな"はじまり"を告げる。初学者、現場の担当者に贈る入門書決定版。

9784880655000 C0036　　　　　　　　　　　　　　松本茂章 編 A5判並製 2,700円

学芸員がミュージアムを変える！

公共文化施設の地域力

主役は「学芸員」たち。ミュージアムのあり方を考えた場合、学芸員はどのような存在であるべきか。地域が、ひとが、ミュージアムが変わり、成長し、学芸員も学び変わってゆく。利用者の多様なライフコースに寄り添える新しい公共文化施設の可能性を発見する。

9784880654973 C0036　　　　　　　　　今村信隆・佐々木亨 編 A5判並製 2,500円

地域の伝統を再構築する創造の場　教育研究機関のネットワークを媒体とする人材開発と知識移転

京都・金沢広域圏で300時間超、175名以上に取材。地域固有の芸術文化の創造と享受(消費)を担う人材・情報・教育ネットワークの最適化を模索する。
9784880655017 C0036　　　　　　　　　　　　　　前田厚子 著 A5判並製 2,500円

幸福な老いを生きる　長寿と生涯発達を支える奄美の地域力

「新・老年学」の誕生。老いることは、つらいことなのだろうか？　これからの地域コミュニティのあり方、若者世代と現役・長寿世代の生き方を示す。
9784880654959 C0036　　　　　　　　　　　　　　冨澤公子 著 A5判並製 2,300円

イタリアの小さな町 暮らしと風景　地方が元気になるまちづくり

人口1,400人の小さな町に移住した日本人がみた本当の豊かさ。大都市集中と地方の疲弊など先進国共通の問題からどのようにまちを守っているのか。
9784880654942 C0052　　　　　　　　カラー写真多数　　井口勝文 著 A5判並製 2,700円

浜松市の合併と文化政策　地域文化の継承と創造
合併で文化政策の周辺はどう変わるのか。平成の大合併を検証し、まちづくりに活かす
9784880652665　　　　　　　　　　　　　　　　山北一司 著　A5判並製　2,500円

企業メセナの理論と実践　なぜ企業はアートを支援するのか
メセナと地域の新しい結びつきを詳細に考察・報告。文化政策研究者、実務者の必読書
9784880652375　　　　　　　　　菅家正瑞 監修・編 佐藤正治 編著　A5判並製　2,700円

まちづくりと共感、協働としての観光　地域に学ぶ文化政策
「共感」をカギに、8つの事例から新しい観光文化政策をもとに「まちづくり」を提案する
9784880651880　　　　　　　　　　　　　　　　井口貢 編著　A5判上製　2,500円

デジタルアーカイブ　基点・手法・課題
最前線で調査・分析し続けた著者が構築・公開・更新、著作権の処理法まで事例を概説
9784880652450　　　　　　　　　　　　　　　　笠羽晴夫 著　A5判並製　2,500円

文化政策学入門
文化政策の現実態を水平把握し論点を整理、実学視点から体系化を試みた初の入門書
9784880652306　　　　　　　　　　　　　　　　根木昭 著　A5判並製　2,500円

IBAエムシャーパークの地域再生　「成長しない時代」のサスティナブルなデザイン
独・ルール工業地域の再生プロジェクト。その成功理由を現地ルポと豊富な資料で伝える
9784880651798　　　　　　　　　永松栄 編著 澤田誠二 監修　A5判並製　2,000円

団地再生まちづくり〈全5冊〉
欧米の成功例と国内の豊富な実践例を紹介。シリーズ①～⑤刊行。オールカラー
9784880651743,2221,2924,3679, 団地再生研究会他 編著 A5判並製 ①1,800円 ⑤2,500円 他1,900円

ライネフェルデの奇跡　まちと団地はいかによみがえったか
旧東ドイツの団地再生事業の成果を豊富な写真と図版で綴る。待望の邦訳。オールカラー
9784880652276　　　　　W.キール他 著 澤田誠二・河村和久 訳　AB判並製　3,700円

社会・産業

新訳版 芸術経済論　与えられる歓びと、その市場価値
文化経済学ここに誕生！　芸術家にとり創造の歓びとは何か。名著復刊。序・佐々木雅幸
9784880654737　　ジョン・ラスキン 著 宇井丑之助・宇井邦夫・仙道弘生 訳　A5判並製　2,500円

アートプロジェクトのピアレビュー　対話と支え合いの評価手法
実際のプロセス、気づきを中心に多層的な視座から構成。図版・イラストを多用した入門書
9784880654812　　　　　　　熊倉純子 監修・編著 槇原彩 編著　A5判並製　1,600円

アートプロジェクト　芸術と共創する社会
「日本型アートプロジェクト」の概要と歴史、事例を学ぶための必読書。2刷
9784880653334　　　　熊倉純子 監修 菊地拓児・長津結一郎 編　B5変判並製　3,200円

スウェーデン 福祉大国の深層　金持ち支配の影と真実
崩れゆく北欧幻想。現地企業に勤務する著者が見た武器輸出大国で金融帝国の真の姿
9784880654928　　　　　　　　　　　　　　　　近藤浩一 著　四六判並製　1,600円

子どもの貧困　未来へつなぐためにできること
生活保護や非婚率、少子高齢化などと関連づけ、取り組みと問題解決の方策を考察。2刷
9784880654393　　　　　　　　　　　　　　　　渡辺由美子 著　四六判並製　1,400円

現代産業論　ものづくりを活かす企業・社会・地域
ものづくりを、農業を含む広義の産業、自然との共生を図る循環型産業として捉え直す
9784880654362　　　　　　　　　　　　　　　　十名直喜 著　A5判並製　2,700円

経営理念を活かしたグローバル創造経営　現地に根付く日系企業の挑戦
中国現地での経営方策と経営理念の事例を紹介。企業経営の新しいモデルを捉え直す
9784880654270　　　　　　　　　　　　　　　　井手芳美 著　A5判並製　2,800円

定期刊行物

談 Speak,Tail,andTalk　（年3回　3月,7月,11月刊行）
最新号 no.120：無償の贈与…人間主義からの脱却
no.94～（no.111品切）公益財団法人たばこ総合研究センター [TASC] 発行 B5判並製 各800円

音楽芸術マネジメント（年1回　12月刊行予定）
最新12号。【特集】第12回夏の研究会 ほか
バックナンバー在庫僅少 日本音楽芸術マネジメント学会発行　　　　　A4判並製 各3,200円

オペラ・音楽・芸術・アート

指揮者の使命 音楽はいかに解釈されるのか
音楽世界の解釈とは？ スコアの価値とは？ どう聴きたのしむのか？ マエストロが熱く語る
9784880654713　　　　ラルフ・ヴァイケルト 著 井形ちづる 訳　A5変判並製　2,200円

[新装版]フラメンコ、この愛しきこころ フラメンコの精髄
歴史、主体、ジプシー。フラメンコをバイレ（踊り）の実践的視点から問い直す舞踏論
9784880654539　　　　　　　　　　橋本ルシア 著　四六判並製　2,700円

[新装版]シューベルトのオペラ オペラ作曲家としての生涯と作品
舞台作品にかけた情熱と全19作品を解説し歌曲王の知られざる横顔を紹介する
9784880654522　　　　　　　　　　井形ちづる 著　四六判並製　2,500円

オペラの未来
あらすじを提示するだけでなく複合体として光を当て意味を明らかにする。巨匠の演出論
9784880654140　　　　ミヒャエル・ハンペ 著 井形ちづる 訳　A5変判並製　2,700円

オペラの学校
世界的巨匠ハンペ氏が教える、本当のオペラを知りたいと思う者たちへ向けた講義
9784880653631　　　　ミヒャエル・ハンペ 著 井形ちづる 訳　A5変判並製　2,200円

ヴェルディのプリマ・ドンナたち ヒロインから知るオペラ全26作品
女性を軸にヴェルディの「心理劇」の面白さを今までと異なる視点で解説
9784880654010　　　　　　　　　　小畑恒夫 著　四六判並製　3,200円

ヴァーグナー オペラ・楽劇全作品対訳集 《妖精》から《パルジファル》まで
全13作品をひとつに。現代語で読みやすい新訳、実用的な二分冊で刊行。2刷
9784880653372　　　　井形ちづる 訳　A5判並製二分冊 特装函入　6,500円

[新版]オペラと歌舞伎
日本とイタリアでほぼ同時期に発生した2つの総合芸術。その虚構世界の類似性を探る
9784880652801　　　　　　　　　　永竹由幸 著　四六判並製　1,600円

オペラになった高級娼婦 椿姫とは誰か
美貌と教養で資産家や芸術家たちの羨望の的となった彼女らの背景を解き明かす
9784880653044　　　　　　　　　　永竹由幸 著　四六判並製　1,600円

日本オペラ史 1953〜
二期会設立後の日本オペラの歴史を詳細に記した研究者必携の資料
9784880652597 関根礼子 著 昭和音楽大学オペラ研究所 編 A5判函入上製 12,000円

日本オペラ史 〜1952
明治時代のオペラ移入期から1952年の二期会成立までの歩みを網羅
9784880651149 増井敬二 著 昭和音楽大学オペラ研究所 編 A5判函入上製　5,714円

五十嵐喜芳自伝 わが心のベルカント
日本を代表するテノール歌手であり、名プロデューサーの初の自伝にして遺稿
9784880652733　　　　　　　　　　五十嵐喜芳 著　四六判上製　1,900円

イタリアの都市とオペラ
オペラを舞台となった都市や歴史、伝説、楽派から紹介する。新たなオペラの魅力発見
9784880653747　　　　　　　　　　福尾芳昭 著　四六判上製　2,800円

オペラで愉しむ名作イギリス文学 チョーサーからワイルドまで
ワイルド『サロメ』など英文学を題材にした知られざる名曲26作品を解説
9784880651712　　　　　　　　　　福尾芳昭 著　四六判上製　2,800円

ヴォルフ＝フェラーリの生涯と作品 20世紀のモーツァルト
モーツァルトの生まれ変わりと言われる彼の魅力を伊オペラ研究第一人者が紹介
9784880651958　　　　　　　　　　永竹由幸 著　四六判上製　2,800円

三河市民オペラの冒険 カルメンはブラーヴォの嵐
素人集団の市民オペラはなぜ成功したのか。感動のドキュメンタリー
9784880653372 三河市民オペラ制作委員会 編著 A5判並製　2,200円

ラテン・クラシックの情熱 スペイン・中南米・ギター・リュート
知れば知るほど面白い。ピアソラ、ロドリーゴ、ヴィラ＝ロボスらの魅力を紹介する
9784880653204　　　　　　　　　　渡辺和彦 著　四六判並製　2,300円

楽団長は短気ですけど、何か？
ビギナーネタから通ネタまで、クラシック音楽を縦横無尽に語る軽妙洒脱なエッセイ。2刷
9784880652023　　　　　　　　　　金山茂人 著　A5判並製　1,600円

楷書の絶唱 柳兼子伝
夫である柳宗悦を物心両面で支え、自らも演奏活動を続けた兼子の軌跡を描く
9784880650135　　　　　　　　　　松橋桂子 著　A5判上製　3,500円

とらえた英国独自な重要な特徴として、1) 集合的創造性、2) 非専門家の参加、3) カルチュラル・デモクラシーの3点を挙げている[10]。こうした伊地知や小林の指摘からも、ドイツ社会文化運動と共通する精神をはっきりと見て取ることができる。

　ドイツでも同様なことが散見されるが、英国コミュニティ・アート運動は、新自由主義の政治・経済政策の進行やアーツカウンシルを含む芸術文化分野内部の葛藤などによって、1970年代以降今日まで、大きな変化や困難に直面してきた。そして現在は、一方でコミュニティを場にした芸術文化活動は引き続き行われているが、他方で1つの精神をもった「運動」としてのコミュニティ・アート運動はほとんど失われていると言われている。

　先の小林も、コミュニティ・アートの変遷を、①コミュニティ・アクティヴィストが登場し、アーツ・ラボラトリー・ムーブメントが起こった創生期（1960年代）、②1972年にコミュニティ・アーティスト協会が設立され、英国アーツカウンシルや民間からの助成が始まり、活動が活発になった発展期（1970年代）、③コミュニティ・アートに対する政策権限が英国アーツカウンシルから地方組織に移管され、コミュニティ・アートも多様化・分散化し、コミュニティ・アーティスト協会も改編された収束期（1980年代）と、3期に分けている。本論におけるコミュニティ・アート理解の中心に位置づけているA・ジェファーズ、G・モリアティ編『文化・民主主義そしてアートへの権利─英国のコミュニティ・アート運動─』でも、N・クレメンツ（Nick Clements）は、「1970年代の理想主義は、1980年代の起業家精神に、さらに1990年代と2000年代の実用主義に取って代わられた」とまとめている[11]。

　このようにコミュニティ・アート運動が収束していった要因について、小林は次のような5点を指摘している。まず挙げられるのは、1) 先のように英国アーツカウンシルからの直接補助金が撤廃され、コミュニティ・アートへの権限がアーツカウンシル・イングランドなどの地方組織に委譲されたことによって、中央からの強いイニシアチブが失われたことである。他の4点とは、2) アクティヴィズムからプラグマティズム（実用主義）への変容、3) 文化民主主義（Cultural

Democracy）から文化の民主化（Democratisation of Culture）への転調、4）芸術性評価の欠如、5）理論化に対する無関心である。2）の実用主義への変容とは、コミュニティ・アートが財源確保に追われるようになると同時に、助成事業として効果や効率性を求められるようになることによって、批判性を失っていったことを指す。3）は、そもそもハイカルチャーや文化のヒエラルキーを批判する文化民主主義を出発点にしていたにもかかわらず、アーツカウンシルの政策方針の変化もあって、徐々にハイカルチャーを享受する教養や素養を育成しヒエラルキーの強化を許容する内容になっていったことを示している。さらにコミュニティ・アートは、非専門家の参加を重視したが、その作品の「美的クオリティの低さ」や「芸術性の評価の欠如」が指摘され、そして以上の諸問題に対応できるだけのコミュニティ・アートの理論化が進められなかったというのである[12]。

　このようなコミュニティ・アート運動の衰退を促したような、それが経験してきた変化については、先のジェファーズも次の3点を指摘している[13]。1つ目は、コミュニティ・アート実践の分散化である。それは、刑務所での演劇活動、エコロジー・プロジェクト、障害者グループ活動、ブラック・アートプロジェクトなど、高度に専門化したプロジェクトが過剰になったことによって生じたという。2つ目は、経済主義化である。そこでは、補助金中毒、そして集団的労働形態から個人雇用への移行などを挙げている。3つ目は、道具主義化である。それは、コミュニティ・アートが政府の「社会的包摂計画」を満たすための道具として使われていることを指摘している。

　これらのジェファーズが挙げている変化は、主には小林が指摘した5点の中の2）実用主義への変容に含まれる内容である。コミュニティ・アート実践の分散化は単純にはそうした評価はできないが、経済主義化や道具主義化は確かに実用主義を促し、ジェファーズによればそれらが1990年代以降ますます進んできているのである。そしてコミュニティ・アートを進める側から見ると、その変化が大変大きい問題として意識されていることがわかる。

　このような英国コミュニティ・アートの全体的な動向を確認したうえで、改めて

コミュニティ・アートの理論的および実践的な核心となっていると思われる文化民主主義という概念に焦点を当てて検討していきたい。その概念は、当のコミュニティ・アートの成否に関わると同時に、ドイツ社会文化運動との対照のポイントになると予想されるからである。

　実は先の論考において小林は、コミュニティ・アートが収束していった大きな要因として「芸術性の評価の欠如」を重視していた。つまりコミュニティ・アートが「稚拙なアマチュアリズムとして過小評価された」ことに対応できるような「芸術性の評価」を示すことができなかったというのである。当然ながら、そこで求められる評価とは、既存の芸術的価値に基づくものであってはならない。そうであれば、コミュニティ・アートの目的そのものを否定することになるからである。小林も的確にも、「ここでの問題は、その『芸術性』の意味である。つまり、技術的卓越性ではなく、社会改革の布石としてコミュニティ・アートが何を提示したのか、その批判的革新性を含めた『芸術性』でなければならない」と指摘した[14]。確かに、既存の芸術の評価基準に与しない、コミュニティ・アートにふさわしい芸術的価値や基準が求められているのである。しかし、ではそうした価値や基準とはどのような内容や質を持つべきなのかについては、まだ言及されていない。文化民主主義の概念を掘り下げることは、そうした作業を進める糸口になると予想されるのである。

アーツカウンシルによる文化民主主義

　実は文化民主主義という用語は、コミュニティ・アート運動側のみが使っているわけではなく、アーツカウンシルも使用している。たとえば、アーツカウンシル・イングランド（以下、ACEと略す）は、2018年9月に『アーツカウンシル・イングランドと共に進める6,400万人のアーティストによる文化民主主義の実践』[15]と題する31ページからなるガイドブックを作成して公開している。このガイドブックに従って、今日のACEの文化民主主義のとらえ方について確認しておきたい。

　まずこのガイドブックの構成であるが、はじめにACE理事長ダーレン・ヘンレ

イ（Darren Henley）のイントロダクションがあり、次の第1の部分は文化民主主義に対する基本的な理解や実施の必要性の提示である。具体的には、「文化民主主義とは何か」など、理念や文化の民主化との違いについての確認、そして「なぜ今進めるのか」といった想定される疑問への回答が示されている。第2の部分は、実施にあたっての基本的な考え方についてである。すなわち、「リーダーはファシリテーターである」「どの人も尊重する」などの実施上の原則や、「アイデアの促進」「共同作業」などの方法上の原則が示されている。さらに第3の部分として、文化民主主義的な場の設定の仕方、意思決定の仕方、市民生活への生かし方など実践を進める方法論が提示され、最後に第2部や第3部に関わる具体的事例が紹介されている。このようにそれは、実際に地域での芸術文化活動を進めるうえでのマネジメントの担当者や、実践を進めるアーティスト向けのガイドブックと言ってよい。

　ACEの文化民主主義に対するスタンスは、すでにヘンレイのイントロダクションにも感じ取ることができる[16]。ヘンレイは、「文化民主主義の理念は新しいものではない。助成を受けているかいないかにかかわらず、この国中の多くの組織は、その設立の当初からこの精神に従って運営してきている」と指摘する。つまりACEにとって、文化民主主義は国中で昔からすでに実現あるいは少なくとも実施されてきていることであり、それが実現していないまたは不十分な状態にあるという認識には立ってはいないことを示している。他方でACEが地域アート施策として取り組んできた「創造的な人々と場（Creative People and Places）」プログラムについて、それは「特に伝統的に文化的関心が低い地域では、地域社会や参加者そして観衆が意思決定過程に携わることが、芸術や文化へのより深い参加を可能にすることを示している」とその成果を語っている。この文言は芸術文化活動において参加者がその意思決定に関与するならば、より深い形で参加するようになるという適切な発言になっているわけだが、しかしわざわざ「伝統的に文化的関心が低い地域」と言及しているところに、その文化観がにじみ出ていると言わざるをえない。

ではACEの文化民主主義の理念であるが、このハンドブックでは特に、アメリカのシアトルで文化民主主義協会（The Institute for Cultural Democracy）を設立しているドン・アダムス（Don Adams）とアリーナ・ゴールドバード（Arlene Goldbard）の見解を取り上げ、以下の3つの中心的要素があると紹介している[17]。

・人間社会においては多くの文化的伝統が共存し、それら文化的伝統の中のどれかが優位を占めることは許されず、かつ「公式な文化」になることは許されない。
・誰もが自由に参加できる文化的生活がある。
・文化的生活は民主的管理に従うべきである。私たちは、文化の発展が取るべき方向の決定に参加する必要がある。

　これらの文化民主主義の理念は、その出典にも記されているが、①文化的多様性、②参加、③民主的管理、とまとめることができる[18]。これらの理念が文化民主主義に照らして、特段に誤った内容になっているとは言えない。しかし、後にコミュニティ・アート運動側の議論をみるが、それと比較するとよくわかるのだが、ここで指摘されている理念の3要素が形式的に規定され、文化民主主義の内実には踏み込まない性格になっていることに留意しておきたい[19]。したがって、ここで示されているのは、文化の多様性を認め、そうした文化活動に、自己決定も含めて能動的に参加すること、つまり誰でも文化活動に参加することがすなわち文化民主主義なのだと理解する文化民主主義把握だと言うことができる。
　「文化の民主化」と「文化的民主主義」がどのように違うのかが表に整理されているので、参考に示しておきたい。その「文化的民主主義の方へ向かおうとする芸術文化組織は変わらなければならない」という題の表1（次頁）を見ると、ACEの考える文化民主主義の具体像を想像することができる。
　この表からもわかるように、「文化の民主化」は、芸術文化組織やアーティストがリーダーシップや決定権をもって芸術文化プログラムを企画・提案・実施し、

表1　文化的民主主義の方へ向かおうとする芸術文化組織は変わらなければならない

文化の民主化から	文化民主主義へ
あなたの観衆や利害関係者にあなたの考えについて意見を聞く	あなたの利害関係者の考えを促進するか、共同で創造する
プログラムや制作に着手し、それを広く売買する	プログラムを共同で創造するために、はじめから利害関係者とともに作業をする
地域社会のプログラムのアイデアを提案するために専門のアーティストを雇用する	地域の人々といっしょに働く専門のアーティストを雇用し、共同でアイデアを創造する
意見を出すが決定権限をもたない若者会議を招集する	青年たちが管理や意思決定に積極的な役割を果たすように支援する
自分がすべて考え、それらを他の人々に広めるのがリーダーである	他の人々が考えるのを促進していくのがリーダーである
美術、演劇、舞踏、音楽など、文化の範囲は限定されている	たとえ公的資金を得ていなくても、（ガーデニング、料理、編み物、ファッションなどを含む）ずっと多くのもの、そのすべてが文化の一部であると認める
地域社会へのアウトリーチ、関与、参加は組織の「部門」が担当	地域社会とその関与は、芸術文化組織の中核である
より幅広い観衆に文化を奨励するために安いチケットを販売する	人々が望んでいることをよりよく理解するために、より幅広い観衆とつながりをつくる
人々の活動への関与は、学習チームや地域チームが進める	人々が活動に関与することを組織の中心的価値にしている
人々は観衆である	人々は参加者である

　その文化も美術・演劇・舞踏・音楽というように明確に芸術と理解される範囲に限定され、地域の人々は決定権限のない観衆と位置づけられている。

　それに対して「文化民主主義」では、芸術文化組織が、地域社会やその人々に関与することを組織の中心に位置づけ、アーティストや地域の諸団体・人々などの関係者と共同して、限定された芸術分野を超えた幅の広い文化活動を展開すること、そしてそうした組織やアーティストは指導者ではなくファシリテーターであり、活動に関わる人々は意思決定の役割ももつ参加者として位置づけられることが示されている。

　この両者を比較する限りでは、「文化の民主化」は、芸術文化組織やアーティストが権限を持ち、活動に関与する人々は受動的に位置づけられており、確かに権威的で啓蒙的な性格を持っていることがわかる。他方で「文化民主主義」は、組織や人間間の共同を主張し、芸術文化組織やアーティストを支援者また

は促進者として位置づけ、そして活動に関与する人々を意思決定する役割も含む能動的な参加者としてとらえるなど、確かに民主主義的性格を持つように変化している。

　しかし改めて見るならば、この表に「文化民主主義」の内容として示されているのは、参加する地域等の人々がそもそも芸術文化の主体であることを前提にしている、あるいは少なくともそうした主体になることを想定したものではないことがわかる。関係する芸術文化団体向けのガイドブックという性格とはいえ、ここには「文化民主主義」の主体は結局芸術文化団体であるという姿が浮かんでくるだけである。したがって「文化民主主義」とはいえ、ACEの示すそれは、たんに幅の広い文化活動に多くの人々が参加することのみを指し、全体としてその啓蒙的性格を維持したままであることを示している。

　以上のように、具体的に進めようとする活動の姿からACEの「文化民主主義」の性格をとらえてきた。しかし、公式に示された内容はその限りではない。その特徴ももう少し見ておきたい。

　このハンドブックにおいて、文化民主主義に移行するにあたっての「文化民主主義を支えるための原理」として、次の5点が示されている[20]。

①ファシリテーターとしてのリーダー
②仲介と承認
③どの人も尊重する―― 平等な専門性
④能動的な参加
⑤過程と作品を平等に評価する

　このように、地域での芸術文化活動を進める芸術文化団体やアーティストは、①指導者としてではなくファシリテーターとして関わり、②活動に参加する1人ひとりを受け止め、その参加を承認し、③1人ひとりが自らの物語と専門的技能を持っている者として平等に尊重し、④能動的な参加を促し、そして最終的には

⑤作品や結果を重視するのではなく、取り組んだ過程と結果の質を平等に評価する、という5つの原理に従って活動を進めることが求められている。特に、5点目の過程と結果との関係については、単純に両者を平等に評価するという点を超えた記述もされている。たとえば、「文化的民主主義は、何が優れた芸術で、何がそうではないかを明確に示そうとすることに関心をもたない。……（中略）…… 誰にも開かれていて参加できる過程のすばらしさが、文化的民主主義の考え方の核心である」と、卓越性の原理を否定する考え方が示されている。しかしながらその「過程の重視」の成果として語られているのが、たとえば次のような内容である。「上手に支援された過程では、86％の参加者が正規の教育に進んでいった（地方での平均25％と対照的である）。つけ加えれば、過程に着目することは、多くの場合その作業は優れたものになり、そのことによって参加者は満員になり、かつ大いに作業に取り組むことにもなるのである」。このように過程を重視する地域での芸術文化活動の成果は、参加者の増加というプログラムの成功として、さらに学校への進学率や作業の取り組み方の向上といった人材育成としての有効性として評価されることになるのである。

　ここに、何よりも幅の広い文化活動に多くの人々が参加することを求めるACEの「文化民主主義」の性格を垣間見ることができる。

コミュニティ・アート運動の求める文化民主主義

　ここで改めて先に触れたA・ジェファーズ、G・モリアティ編『文化・民主主義そしてアートへの権利―英国のコミュニティ・アート運動―』に注目して、長年コミュニティ・アート運動に携わってきた人々にとっての文化民主主義理解について検討してみたい。それと関わって、『国際文化政策ジャーナル（International Journal of Cultural Policy）』誌に掲載された、K・レワンドウスカ（Kamila Lewandowska）によるその書に対する書評を見ておきたい。そこでレワンドウスカは、その書が特にコミュニティ・アーティストとアーツカウンシルとの間の複雑で論争的な関係に入念な洞察を加えていることが高く評価されると記したうえで、

次のように指摘した。

　一般に強調されていることは、コミュニティ・アーティストにとって、アーツカウ
ンシルによる認知と支援を求める戦いは、たんに金銭の問題だけではないと
いうことである。すなわちそれは、アーツカウンシルの『文化の民主化』（質の
高い芸術に接する機会の提供）に基づくエリート主義的な手法を『文化民主主
義』（市民による作品制作の奨励とそうした活動の正当な芸術としての認知）で補
完（あるいはおそらく完全に転換）しようとする集団的試みなのである[21]。

　ここでレワンドウスカは、アーツカウンシルとコミュニティ・アーティストの対立を
「文化の民主化」と「文化民主主義」のそれとして描いている。確かにアーツカ
ウンシルの文化政策の理念にはその性格の色が濃いが、先のACEのガイドブッ
クに見られるように言葉としては「文化民主主義」を主張している面がある。し
たがって、事柄の本質をより深くとらえるためには、ただ「文化の民主化」と「文
化民主主義」の対立と理解するよりも、文化民主主義の質をめぐる対立と見る
必要があろう。

　そのうえで改めて確認するが、アーツカウンシルに見られる「文化民主主義」
とは、ACEのガイドブックに見られたように、たんに幅の広い文化活動に多くの
人々が参加することのみを指し、結局は活動を進める芸術文化組織が主体とな
り、全体として啓蒙的性格を払拭できていないものだった。その意味では、それ
は「文化の民主化」とへその緒がつながった「文化民主主義」であると特徴づ
けることができる。

　それに対してコミュニティ・アート運動においては、文化民主主義は、たんに
すべての人が文化を共有するという意味にとどまらずに、真の民主主義の実現
の一環として位置づけられていたことが、1つの大きな特徴である。つまり文化
民主主義は、真の民主主義の実現と不可分で不可欠な性質を持っていると理
解されていたことである。ジェファーズは、コミュニティ・アートを文化民主主義

の実験と性格づけ、たとえば1972年にヘルシンキで開催されたユネスコ「ヨーロッパ文化政策政府間会議」で、レイモンド・ウィリアムズ（R. Williams）、オーギュスタン・ジラール（A. Girard）、K.S.クロツコフ（K. S. Kruzhkov）が共同で「文化におけるアクセスと参加の拡大」というプレゼンテーションを行ったことを取り上げている。そこで彼らは、世界人権宣言の「すべての人は、自由に地域社会の文化生活に参加し、アートを楽しみ、科学の進歩とその利益を共有する権利を有する」という条文の重要性を強調したのだが、その中で「公的機関は、『文化政策の策定、実際の仕事の着手、施設の運営』において、文化活動の中心的提供者としてみなされ、それによって『真の文化民主主義』が完全な民主主義を打ち立てるだろう」と発言していたことを紹介しているのである[22]。つまり、文化民主主義は、文化に参加し、その成果を共有する文化への権利にとどまらずに、それが完全な民主主義を実現する一環として位置づけられているのである。すなわち、すべての人が民主主義を形成し実現する担い手になるためには、文化民主主義が不可欠なのである。逆に言えば、すべての人々が文化の主体となる文化民主主義が達成されることによって、初めて完全な民主主義が実現されるということなのだろう。

　文化民主主義の質に関わって、もう1つ注目しなければならないのは、それを構成する内実である。先の書で編者の1人であるモリアティは、1994年から2011年の間にベルファストを基盤にしていたコミュニティ・アート・フォーラムで共有されていたコミュニティ・アート活動を特徴づける4つの要素に言及している。それは、アクセス、参加、authorship、そしてownershipだという。そして、それらの要素は互いに切り離すことができないと指摘したうえで、「21世紀のアート組織には、authorshipの問題にほとんどまたはまったく注意を払わずに、アート活動への『参加』を求めるところがある。このような運営をされたアート実践は、コミュニティ・アート実践に並ぶとみなされえないと言いたい」と批判した[23]。これら4つの要素は、コミュニティ・アートを特徴づけるだけでなく、文化民主主義とも不可分な性格を持っているのである。

この点については、後に改めて触れるが、その前にコミュニティ・アート運動と文化民主主義をよりリアルに理解するうえで大変参考になる取り組みを見ておきたい。それは、当該文献の結論部で取り上げられている、2015年に開催されたコミュニティ・アートをめぐる討論である。そこでは、1970年代から1980年代初期に活動していた5人のコミュニティ・アーティストと、現在コミュニティ・アートや参加型アートあるいは社会関与型アートで活動している5人のアーティストがマンチェスター大学に集まり、初期のコミュニティ・アートと現代の参加型アート等との間の類似性と相違について議論された[24]。

　そこで明らかになった1つのことは、先にコミュニティ・アートの衰退を引き起こした1980年代以降の、とりわけ1990年代以降の経済主義化や道具主義化を含む実用主義の進行の実態である。次のような発言に多くの参加者が同意したという。

・助成機関やスポンサーが、「実験的である、あるいは参加者にリードさせる」ならば大変困難になってしまうような「成果」を求めるので、コミュニティ・アートは今はずっとありふれた活動になってしまっている。
・コミュニティ・アーティストは活動を続けるための助成を求めて焦り、浮かび続けるために共に活動している地域社会よりも助成機関の計画に適応しなければならない。
・今の活動は、いわゆる周縁化された人々を対象にしているなど、大変道具的になっていて、特殊な成果をあげようとしている。過去には元の対象から方向を変える自由がもっとあったと思われる。

　そこには、活動を維持するために必要な助成獲得に追われる事態、その助成の目的や計画に基づく、しばしば数値で示すことが必要とされる「結果」や「成果」を出すことが優先される結果、参加者が主体になるようなあるいは新たな試みを行うような実験的な活動が抑制され、地域社会との共同もおろそかにさ

れるような状況が進行していることが示されている。

　先にジェファーズが論じたコミュニティ・アート運動の衰退を促した3つの変化について取り上げたが、その中で経済主義化と並んで道具主義化を挙げ、コミュニティ・アートが政府の「社会的包摂計画」を満たすための道具として使われていることを指摘していた。この社会包摂という理念や政策自体が否定される必要はない。社会包摂とは一般に、社会的に弱い立場にいるマイノリティの人々が、社会から排除されたり孤立させられることなく、同時にマイノリティがマジョリティに包摂されるのではなく、マジョリティの意識も変えることを通して、多様性と寛容性のある社会関係を築いていくことである[25]。しかしながら、実際の政策の実行段階では、本来の理念と異なり、目に見える「効率性」や「成果」に支配されてしまっているのである。

　このコミュニティ・アートをめぐる討論で明らかになったもう1つのことは、さまざまに広がっている参加型アートと対比して、コミュニティ・アートが最も重視することが明確に示されたことである。この討論を通して、ジェファーズとモリアティは、「現代の参加型アートは文化の民主化パラダイムと矛盾しなくなっているが、コミュニティ・アート運動は文化民主主義モデルを追求していたということが強く意識された」とまとめつつ、次のようなコミュニティ・アートに初期から関与してきたC.マッカラス（Cathy Mackerras）の発言を紹介している。少し長くなるが、重要な論点を提出しているので、そのまま掲載したい。

　私の理解では、参加型アートとコミュニティ・アートとの間には大きな違いがあり、両者を分けることは重要である。明確に言えば、参加型アートは、決して悪いことではなく、広く人々を受け入れてきたし、ある点で主流であり、よい機会であり、創造的でエンパワーメントさせるもので、積極的である。しかし私のコミュニティ・アートの理解は、そして私がコミュニティ・アートに入った理由は、authorship についてであり、authorship が誰の手にあるかということなのである。コミュニティ・アートは、自分の見方や、自分の経験、そして自分の

言いたいことを表現する機会を持てないできた人々に関わるものであり、そ
れは参加型アートとは同じではない。あなた方は、音楽、ダンス、ドラマなど
どのようなものにも参加する時間を持つことができる。しかし問題は実際に参
加者が言いたいことを言っているかどうかなのである。コミュニティ・アートは、
グループの人々と共に活動し、何かについての理解を共有し発展させ、考え
を磨いていく過程を持っている、そうしたすべてが私にとって私が属している
コミュニティ・アート運動とは何かというものなのである。

　この指摘に見られるように、多くの参加型アートの活動とコミュニティ・アート
が求めたものとの決定的な違いが、authorship を徹底して重視するか否かだと
いうのである。その意味するところは、「問題は実際に参加者が言いたいことを
言っているかどうかなのである」という発言に込められている。
　この authorship への着眼は、先に紹介したモラリティの発言にも見られた。す
なわち彼女は、コミュニティ・アート活動を特徴づける4つの要素に言及したうえ
で、現代のアート組織がアート活動への参加を求めるときに、その authorship に
ほとんど注意を払っていないと批判していたのである。彼女はコミュニティ・アー
トの基本姿勢として、「コミュニティ・アーティストたちは、『文化』という語が何を
指すのか、どのような形態のアートが公的助成を受けるべきか、アートの活動は
どこで実施されるべきか、誰が創造の過程に参加する機会を持つべきか、誰の
声や話や、そして考えが表現の機会を得るべきかということに関する既成の観
念を覆そうと取り組んできたのである」と述べている。この「誰が創造の過程に
参加する機会を持つべきか、誰の声や話や、そして考えが表現の機会を得るべ
きか」という問いへの答えが、4つの要素のうちの ownership と authorship なの
である[26]。
　実は日本で活動する伊地知裕子も、authorship とさらに ownership を強調す
る1人である。伊地知は、当初はコミュニティ・アートの本質は「参加」という言
葉に集約されると指摘していたが[27]、近年はこれらの概念を重視している。伊

地知は、地域でのさまざまな芸術文化活動と比較しながら、その2つの概念に
ついて、次のように説明している。

> コミュニティ・アートではコミュニティ・アーティストたちが参加者の人たち自身
> がプログラムや場をマネージしていくよう促している。つまり、住民や参加者に
> ownershipがある、といえる。また、作品自体も参加者自らが制作を行うので、
> authorshipは参加者のものである。が、Artist in Communityは住民、あるい
> いは参加者との共同作業ではあるけれど、どのようにプロジェクトを進めるか、
> どう作品を組み立てていくかなどはアーティスト側の判断となることが多い。な
> ので、基本的にはアーティストにownershipがあり、authorshipもアーティスト
> にあるといえる。言うまでもなく、ファイン・アートの場合はownershipも
> authorshipもアーティストにある。authorshipとownershipを誰が持つのか、
> ということは主体的に誰がイニシアチブを持って活動していくのか、ということ
> になる。コミュニティ・アートはあくまで参加者、あるいは住民が、将来、主体
> 的にプロジェクトや場を創りだしていく力をつけることを意図している。そこか
> ら、自らのグループやコミュニティを自分たちの力でマネジメントしていく、自治
> を担っていく、ということを基本的にめざしている。コミュニティ・アートの原則
> のひとつであるempowerment（権限を持つこと、裁量権を持つこと）とはそのこ
> とを意味している。[28]

　一般に、authorshipは「原作者」、ownershipは「所有権」と訳されるのだろう。
しかしこの2つの概念は、にわかには日本語訳しにくいために、伊地知も英語
表記のままにしていると考えられる。そして伊地知は、authorshipとownership
は誰が芸術文化の主体になるのかに関わる概念であると規定している。そのう
えで、純粋芸術としてのファイン・アートのみならず、地域社会におけるアーティ
ストの活動としてのArtist in Communityにおいても、authorshipとownership
はアーティストにあり、コミュニティ・アートにおいてのみ両者とも住民や参加者

にあると指摘する。すなわち、authorshipとownershipを自らが持っているかどうかが、専門家ではない地域社会等の一般の人々が芸術文化の主体になっているかどうかの試金石になっているのである。したがって、すべての人々が文化の主体となる文化民主主義の実現を求めるコミュニティ・アートにおいては、たんに参加という形態にとどまらずに、人々によるauthorshipとownershipが不可欠な要素になるのである。

　しかしここで、そのことに加えてコミュニティ・アーティストたちが、authorshipとownershipの内実に深く留意していたことに目を向けなければならない。たとえば伊地知は、今見たように、authorshipを「参加者自らが制作を行う」こと、ownershipを「参加者自身がプログラムやマネージしていく」ことと示していた。しかしコミュニティ・アーティストたちにとってのauthorshipとownershipは、その理解にとどまっていなかったと考えられる。

　たとえばモリアティは、先のコミュニティ・アートの4つの要素が実際に見られる現代文化実践の例を挙げているのだが、その1つとして「Common Wealth Theatre」というコミュニティ・アートの精神を持った劇団の取り組みを紹介している。それは、2015年に演劇経験がほとんどない5人のムスリムの女性ボクサーにインタビューを行い、それに基づいて、その女性たち自身が演じた演劇であった。この取り組みの内容について、モリアティは次のように説明している。

　5人のキャストが、自分たちの経験や洞察、率直に感じたこと、自分たちみんなが言いたかったことをもとに、この演劇を形づくった。……（中略）……ムスリムの若い女性がメディアで表現することはめったにない。『No Guts, No Heart, No Glory（中身なし、気力なし、栄光なし）』はムスリムの若い女性たちが、自身を表現し、踊り、殴り合い、ののしり合い、怒り、楽しみ、チャンピオンになる機会なのである。

　このように一般的にほとんどありえないような、ムスリムの女性たちが公開の

場で、自らの経験や内面を率直に表現するという場が生まれたのである。モリアティは、この事例において、authorshipとは「自分たちみんなが言いたかったこと」であり、そしてownershipとは「ムスリムの若い女性たちが自身を表現する機会」を指す、と指摘した[29]。このほか、authorshipについては、モリアティの別の「誰の声や話や、そして考えが表現の機会を得るべきか」という指摘、さらに参加型アートと比較したC.マッカラスの「問題は実際に参加者が言いたいことを言っているかどうかなのである」という発言も参照されるべきであろう。これらを総合するならば、authorshipという用語は、たんに参加者自身による表現や制作という理解では不十分である。たとえば、心身共に表現すること自体が困難な状況に置かれている人々や、多様な自己を演じることが求められる中で自らを失ってしまう人々が存在することを考えれば、形において参加者自身による表現が成り立っていれば、それでauthorshipが成立しているなどとは言えないからである。これまで見てきたコミュニティ・アーティストの発言を引き取れば、少なくとも、自らが本当に表し伝えたいことを表現しているという、いわば「真の原作者性」としてauthorshipは把握されなければならないと考えられる。

　同様にownershipも、たんに所有権ととらえても、その意味するところを理解したことにはならない。その概念を、伊地知は「参加者自身がプログラムやマネージしていく」こと、モリアティ「ムスリムの若い女性たちが自身を表現する機会」を指すと、説明していた。これらを考慮すれば、ownershipとは、表現の保障を含む表現への権利に基づき、作品を制作するか否かも含め、表現や作品制作の方法や過程、ならびに公開の場や方法等にわたる、「芸術文化の作品と行為全般に対する自己決定権」を指すのではないだろうか。

おわりに

　以上ここまで、英国コミュニティ・アート運動については、最終的にはそのコミュニティ・アートおよび文化民主主義の核心をなすauthorshipとownershipという

概念に注目して、その意味を明らかにすることを試みてきた。それを踏まえ、本論の結論として、次の2点を指摘しておきたい。

　第1点は、authorshipとownershipの概念は、コミュニティ・アートおよび文化民主主義の中核になる考え方であるだけでなく、英国コミュニティ・アートの大きな課題であったコミュニティ・アートにふさわしい芸術的価値や基準を探究することの契機になることである。既存の芸術においても、そしてその卓越性という基準も、すでに多元化している。したがって非専門家によるコミュニティ・アートは、既存の芸術の基準に依存しない、固有の価値基準を明らかにしていくことによって、独自性が確保される必要がある。その根拠になるのがauthorshipとownership、とりわけ前者のauthorshipの概念だろう。今後、この概念を理論的および実践的に深く掘り下げ、共有することによって、コミュニティ・アート固有の価値基準として成り立たせていくことが可能だと考えられる[30]。

　第2点は、ドイツ社会文化運動の中で営まれる芸術文化活動の質を、authorshipとownershipという概念が見事に言い当てているのではないかということである。ドイツ社会文化運動は「万人のための文化（Kultur fur alle）」と「万人による文化（Kultur von allen）」を標榜し、教養市民階層を中心とした「市民」文化を批判して、拡張された文化概念のもとに、万人による社会形成につながる自主的・自治的文化の実現と拡大を通して、新たな形での市民社会（civil society）の創造をめざしていた。このような全体的な性格も共通性があった。

　しかしそれだけでなく、その中で見られる芸術文化活動は、①芸術文化を生活世界から安易には離脱させないという質をもち、自らの生活経験や社会的経験に基づく素朴で率直な表現が多いこと、②さまざまな新しい芸術文化の様式や技術を否定的にとらえずに、逆に積極的に受け止め、それらを駆使して表現の新しい広がりや飛躍を生み出しながら、それらを常に生活世界や自己の経験に引き戻しそして組み込みながら自らの糧にしていくことを大きな特質としていた。そうした常に芸術文化を自らの生活経験に引きつけながら率直に自らを表現し、そうした表現を自らの糧にするという芸術文化活動の質は、まさに英国で

いうところのauthorshipを強力に働かせていると性格づけることができるのである。このような点で、英国コミュニティ・アート運動の核心にあるauthorshipとownershipという概念は、ドイツ社会文化運動の芸術文化活動の性質を明確にするうえで示唆的な意味を持っていると考えられる。

注

1 本稿は、拙稿「芸術教育の視点から見たドイツ社会文化運動」（『共同探究通信』15号、2000年）をもとに、英国コミュニティ・アート運動に関する部分を新たに追加し、改めて全体に加筆、修正を施すとともに、構成し直したものである。

2 谷和明「社会文化——ドイツの場合」、『場——トポス』第4号、1994年、p.82。

3 鶴見俊輔「芸術の発展」、『講座現代芸術』第1巻、勁草書房、1960年、などを参照。

4 日本では、一般の高齢者が長い人生を通して蓄積してきた経験や感覚を生かして表現をしていく活動はほとんど見られない。多くは趣味として専門的技術の習得の一環となる取り組み、あるいは老化防止のための手習いになっている。しかし近年、美術や演劇など、高齢者1人ひとりが主体となり、その感覚や経験を尊重し生かすような表現活動を行い、そしてそうした表現を共有するような取り組みも少しずつ進みつつある。たとえば、岡山県で菅原直樹が認知症の高齢者とともに立ち上げた「OiBokkeShi」という劇団がある。

5 中内敏夫「生活教育論争における教育科学の概念」、『生活教育論争史の研究』、日本標準、1985年、参照。

6 城戸幡太郎『文化と個性と教育』、文教書院、1924年、p.111-112。

7 この「理性の自然化」と表現との関係については、拙稿「人間の文化的主体性の形成における芸術・芸術教育の役割と意義—障害児者の芸術文化活動の意義に寄せて—」、『障害者問題研究』第46巻3号（通巻175号）、2018年、p.10-17を参照。

8 吉田正岳「ドイツ社会文化運動の特徴」（『大阪学院大学通信』第29巻12号、1999年）、および本書第2章を参照。

9 伊地知裕子「英国におけるコミュニティ・アートの伝統」、『平成9年度地域・草の根交流派遣事業「芸術と社会を結ぶ」報告書』、国際交流基金、1997年、p.21。

10 小林瑠音「1960年代から1980年代における英国コミュニティ・アートの変遷とアーツカウンシルの政策方針」、『文化政策研究』第9号、2015年、p.9。

11 Jeffers, Alison & Moriaty, Gerri ed., Culture, Democracy and the Right to Make Art : The British Community Arts Movement, Bloomsbury, 2017, p.111. 本書は、1970年代からコミュニティ・アートに携わってきた研究者や実践者たちが編集および執筆したものであり、いわば1960年代から今日までのコミュニティ・アートを、運動を推進してきた立場から総括した書と言ってよい。前半は1960年代から1980年代までの英国各地のコミュニティ・アート実践・運動をまとめ、後半はそれぞれの視点やトピックからコミュニティ・アートの検討を行っている。本書について、S. HadleyとE. Belfioreは『Cultural Trends』誌上に「Cultural democracy and cultural policy」というタイトルのコラムを掲載し、本書の出版を契機に、シンポジウムが開催されるなど、研究者、実践者、および学生を巻き込んで、文化民主主義をテーマとした世代間および学問間の論議が促されていると指摘し

ている（Steven Hadley & Eleonora Belfiore, Cultural democracy and cultural policy, Cultural Trends, Volume 27, 11 Jun 2018, p.218-223）（https://www.tandfonline.com/doi/abs/10.1080/09548963.2018. 1474009?journalCode=ccut20　2020年3月12日確認）。

12　小林前掲論文、p.14-15。

13　Jeffers & Moriaty, op. cit., chap.7.

14　小林前掲論文、p.15。

15　Arts Council England, Cultural Democracy in Practice by 64 Million Artists with Arts Council England, 2018（https://www.artscouncil.org.uk/sites/default/files/download-file/CulturalDemocracy InPractice.pdf#search=%27cultural+democracy%27　2020年3月12日確認）.
　　なお、タイトルになっている6,400万人のアーティストというのは、人口からいってイングランドではなく英国民全体を対象にして、そうした国民全員をアーティストとみなすというメッセージになっているが、そうしたタイトルのつけ方に大変政治的な恣意が感じられる。

16　Arts Council England, p.1.

17　Arts Council England, p.4.

18　Adams, Don and Goldbard, Arlene, Crossroads: Reflections on the Politics of Culture, Talmage, CA: DNA Press, 1990, pp.107-109.

19　なお、ACEの文化民主主義理解が、引き合いに出されているアメリカの文化民主主義協会にそのまま当てはまるものではないことは断っておきたい。むしろ文化民主主義協会は、「文化的民主主義は、深く根本的な理念である。それは、民主主義の理念の究極的な拡大である」と指摘し、その理念は「現在の社会秩序によって締め出された人々と権力を共有するように求める」と記し、文化民主主義を民主主義の実現の一環として明確に位置づけている（The Institute for Cultural Democracy, What Is "Cultural Democracy"?, 1995, 1998.（http://www.wwcd.org/cddef.html　2020年3月12日確認）。

20　Arts Council England, p.9.

21　Kamila Lewandowska, BOOK REVIEW, Culture, democracy and the right to make art: The British Community Arts Movement, INTERNATIONAL JOURNAL OF CULTURAL POLICY, 2018, 24（4）（https://www.researchgate.net/publication/324223632_Culture_democracy_and_the_right_to_make_art_the_British_Community_Arts_Movement　2020年3月12日確認）.

22　Jeffers & Moriaty, op. cit., p.57.

23　Ibid., p.78.

24　Ibid., pp.245-6.

25　藤野一夫「日本の文化政策にみる社会包摂と社会文化」、社会文化学会編『学生と市民のための社会文化研究ハンドブック』、晃洋書房、2020年、p.80参照。

26　Jeffers & Moriaty, op. cit., p.67.

27　伊地知前掲論文、p.24。

28　伊地知裕子「コミュニティとアート、そしてコミュニティ・アート」『ネットTAM　リレーコラム第62回』2010年1月27日（https://www.nettam.jp/column/62/?utm_source=internal&utm_medium=website&utm_campaign=author　2020年5月24日確認）。

29　Jeffers & Moriaty, op. cit., p.79.

30　本論のようにコミュニティ・アートを固有の価値を持つものとして位置づけ確立しようとする方向と関係して、それを否定的にとらえる議論も存在する。たとえば、日本では大変珍しい現代美術を網羅的にかつ的確な視点から論じた山本浩貴『現代美術史』（中公新書、2019年）もその1つである。その中で山本は、コミュニティ・アートを含む昨今の参加型アートは既存の社会秩序を追認するだけの皮相な参加になっており、ラディカルな変化や政治的に意味のある不同意が起こりにくい構造になっているという議論を紹介したうえで、それを越えていく展開を次のような2つの方向にまとめている。そ

れは、一方で現状の参加型アートとしてのコミュニティ・アートに改めてアーティストの独自性や自律性を働かせて、メッセージ性のある芸術的社会的実践を生み出していく方向（たとえば、クレア・ビショップ『人口地獄』、フィルムアート社、2016年）と、他方で従来の関係性の美学の枠を越えて、アーティストと非アーティストとの対話とコラボレーションを力に芸術実践の新たな社会的展開を図る方向という、相違する2つの展開である（山本同上書、p.91-111参照）。このような2つの展開が現代美術の新たな地平を拓く試みの1つであることは確かであろう。しかし市民など非専門家が主体となるコミュニティ・アートの視点から見たときに、それら両者ともやはり専門家としてのアーティスト主導の実践であることは明らかである。したがって山本がそうであるように、結局コミュニティ・アートは、現代美術としてどのような意味があるかという、現代美術という価値基準によって評価されてしまっている。当然ながら、そうした現代美術として高く評価される芸術実践に非専門家の人々が参加して、さまざまな糧を得ることは大いに意義があろう。しかしてのこしし、コミュニティ・アートが現代美術と同じ基準で評価されることを認めることとは別の事柄である。現代にあって芸術文化は1つの分野においてすら多元化している。その1つとして今日において、非専門家が主体となるコミュニティ・アートが、現代美術やその他の既成の芸術の価値基準に従うことなく、それ固有の価値基準を持って独自の意味を持つ芸術文化実践として存在し、その存在が承認されていくことは不可欠に求められることだと考えられる。本論で示唆したauthorshipやownershipという概念はそのための鍵になると考えられる。

第7章

ドイツの文化政策における
社会文化の位置と刷新

藤野一夫

はじめに

　ドイツの社会文化が、1968年を頂点とする学生運動を契機とした、既存の政治や社会のあり方への異議申し立てに由来すること。さらに、エコロジー、移民労働者、難民、フェミニズム、都市問題、人口動態（少子高齢化、過疎化）といった、多元的な共生をめぐる「新しい社会運動」と連動して発展きたことは事実である。しかしながら、これらの運動を、時代や地域ごとに自発的かつ偶発的に生じてきた「社会現象」とみるならば、その多様性ゆえに、社会文化の概念は玉虫色のままである。

　さらにドイツ統一以後、旧西ドイツの政治・社会制度の枠組みで、いわばオルタナティブな活動を行ってきた社会文化は、旧東ドイツの公式イデオロギーのもとで活動してきた「文化の家」などとの交流・変容・統合に直面してきた。ここでの混乱と葛藤は、運営主体上の問題だけでなく、社会文化の理念と制度をめぐる再定義を求めてきたのである。

　第8章「パンデミック時代のドイツの文化政策」の章で明らかにするように、ドイツの文化政策を支えているのは、市民社会セクターにおける文化的民主主義の形成と成熟のプロセスである。そこでは、市民的・文化的公共圏を紡ぎ上げてきた非営利活動組織として、ドイツ文化評議会と文化政策協会に焦点を当て、パンデミックの時代における文化政策の策定と決定の過程を追跡している。こうした市民社会セクターの活動、なかでも市民としての自律性を自覚したプロタゴニストたちは、文化領域における民主主義的参加の強化をめざしてきた。確かにコロナ危機は、市民社会における文化的民主主義の強度を試している。しかし、その基底にはドイツ特有の社会文化運動の経験が蓄積されているのである。

　とりわけ、文化政策協会の声明「コロナ－パンデミック後の文化政策のための10項目」には、文化と社会との新しい関係のための基本理念と政策提言、構造改革と意識改革が語られている。「10項目」の声明は、文化政策協会のアドボカシー活動の1つであり、会長トビアス・J・クノープリヒ博士の名前で出され

写真1 筆者（中央）
とヘルマン・グラー
ザー（右隣）2016年
8月ベルリン・技術
博物館にて

　ている。クノープリヒは、現職はエアフルト市文化局長だが、2001年から2010年
まで、ザクセン州社会文化連盟事務局長を歴任。2016年にヒルデスハイム大学
に提出した論文「社会文化の綱領諸文と実践諸形式：文化的民主主義として
の文化政策」で博士号を授与された。

　もとより、1976年に発足した文化政策協会は「社会文化」を首唱する「新し
い文化政策」を推進してきたが、クノープリヒはその第3世代とみなしてよい。
1970年代前半、西ドイツで同時多発的に生じた学生や若者による政治志向の
文化運動を「社会文化」と名づけたのはヘルマン・グラーザー（1928年～2018
年）だ。1964年から1990年までニュルンベルク市の教育文化局長、1985年以
来ドイツ工作連盟会長を歴任。実務家としての活動と並んで、『ドイツ第三帝国』
や『ドイツ連邦共和国文化史』など旺盛な著述活動を晩年まで行った。

　グラーザーは1974年に出版した『市民権としての文化（Bürgerrecht Kultur）』
の中で、初めて「社会文化」という概念規定を行った。これ以降、文化政策協
会のプログラム（綱領）は、「市民権としての文化」「すべて人々のための文化・
すべての人々による文化」と共に「社会文化」にアクセントを置いてきたのである。

　ところで、ドイツの公的芸術文化制度は世界的にみても極度に発展している。

劇場・劇団、美術館・博物館、楽団・合唱団などは、すでに18世紀までに成立した宮廷文化と教会制度のもとで発達した。さらに19世紀には、教養市民層を中心にドイツ特有の市民文化が興隆する。20世紀に入ると、それらの巨大な芸術文化制度を維持するための公共文化予算は莫大なものとなった。こうした文化政策の対象範囲と財政構造は21世紀の現在も基本的に変わっていない。

　1970年前後に生成した社会文化運動は、既存の芸術文化制度を優先する文化政策に対して「新しい文化政策」を突きつけ、それを推進する原動力となってきた。社会文化は、学生や若者による文化運動（これはいつの時代にも見出すことができる）というだけでなく、グラスルーツの民主主義を最優先する点で、従来の芸術文化制度とも、またその由来となるパトロン的権力構造とも、まったく異なる文化システムをめざすものであった。

　もとより、公的文化予算の配分比率からすると、社会文化の分野は、いまだに数％を占めるに過ぎない。けれども、文化政策協会の議論、研究、提言の中で、社会文化が占める割合は、アンバランスなほどに大きい。長年にわたって同文化政策研究所の所長を務めてきたノルベルト・ジーヴァースが、ヘルマン・グラーザーの衣鉢を継ぐ社会文化の論客だったこと。また、政治的に中立な組織ではあるが、労働組合を支持母体とするSPD（社民党）の影響が少なくないことも理由であろう。文化政策の理念形成のバックボーンに、フランクフルト学派の批判理論があることもよく知られている。

　筆者はドイツ文化政策協会の会員になって以来20年間、その季刊誌や年鑑を吟味するだけでなく、協会が主催する数多くの会議に参加してきた。理事や会員の多数派は、もちろん従来の芸術文化制度の枠組みで活動する実務家と研究者である。しかし、美術館や劇場の実務家、文化行政の職員、文化政策の研究者たちの中で、社会文化に理解のない会員はいないと断言してもよい。それほどまでに「社会文化」というコンセプトは、ドイツの文化政策関係者と芸術機関の実務家に浸透している。

　その意味で、社会文化はもはやニッチでもオルタナティブでもない。とはいえ、

社会文化の、文化政策全般への浸透には、その理念である文化的民主主義の普及という面と同時に、時代の変化と体制への順応によって、社会文化そのものが「現状是認的文化」へと変質してしまうリスクにも晒されている。

　本稿では、ドイツの文化および文化政策の中での社会文化の位置づけを確認する。さらに、社会文化のアクチュアルな課題と自己刷新の試みについて考察してみたい。

① ドイツにおける文化

　ドイツの憲法では、ナチスの全体主義への反省から、文化とメディアと教育に関する権限は、まずは州（と自治体）に置かれている。連邦政府の文化に関する権限は非常に限定されている。しかしながら、EU統合が進捗する中で、ヨーロッパ共通の文化政策との連携は、各州の文化省の管轄下では限界が出てきた。

　さらに財政面での課題が急浮上した。プロイセン王国の文化財や芸術文化機関の大半は、戦後は東ドイツ政府が中央集権的に継承してきた。東西ドイツの統一後、確かに社会主義体制下での文化政策は抜本的な構造改革を余儀なくされた。しかし、統一後に生まれたベルリン都市州が、歴史的に集積されたベルリン・プロイセンの文化遺産や文化機関のすべてを担うことは財政的にも困難であった。そこで旧東独側の新5州が加わった連邦政府は、各州レベルでは対応できない、新たな文化政策的課題に取り組む必要があった。

　長い議論の末に1998年、シュレーダー首相（当時）のSPD（社民党）と緑の党の連立政権の誕生とともに、内閣府の中に文化とメディアを担当する委任官のポストが作られた。この委任官が統括する連邦レベルでの文化メディア委任官庁（BKM）の仕事は、上記の理由から実務が先行しており、その法的根拠と連邦レベルでの文化政策プログラムが欠如していた。

　そこで2003年、ドイツ連邦議会に文化諮問委員会「ドイツにおける文化（Kultur in Deutschland）」が設置され、2005年のメルケル首相のキリスト教民主

同盟／社会同盟とSPDとの大連立を経た2007年12月に『最終報告書』が出された。戦後、「州の文化高権」と「文化連邦主義＝分権主義」を貫いてきたドイツ連邦共和国が、連邦議会内に文化諮問委員会を設置するのは前代未聞のことで、設置をめぐっては紛糾した。しかし本委員会は「勧告」しか行わない点で、連邦議会内の常設の委員会とは性格を異にする。

　文化諮問委員会の目的は、ドイツ国内の文化環境の現状と課題を調査し、芸術文化の創造と享受と参加に関する環境・条件の改善を、連邦議会に答申することである。その『最終報告書』は公文書で509ページ、書籍刊行物で774ページに及ぶ。前文の冒頭には「民主的共同存在（コモン Gemeinwesen）の責務」が掲げられ、「民主主義的社会における文化」が以下のように定義されている。

　　文化は、公的討議（Diskurse）の中からその民主主義的な質を獲得する、現代社会の一部である。文化は、社会的現実、自然と技術、歴史と未来に徹底的に取り組むが、その成果はユートピア的かつ批判的内実を担っている。文化的取組＝論議（Auseinandersetzung）[1]の結論は、現実の単なる模写では決してない。民主主義的社会における文化は、勝手に利用できないもの（das Unverfügbare）のための自由空間を必要とする。文化は、経済的にも政治的にも利用できないもののための余地であり、それは芸術家のために、また文化そのもののためにも必要なのである。国民文化や国民宗教を法的拘束力のあるものとして確定することは、民主主義的立憲国家とは矛盾する。[2]

　文化と社会の関係が、民主主義の構築という中心点から定義されている。確かに文化は現代社会を映し出す鏡である。特に芸術は、社会的諸課題、人間と歴史、自然と人間の関係などをさまざまな表現や媒体を用いて可視化するが、それは現実のたんなる模写ではない。現実を是認するのでも、また特定のイデオロギーへと統制するのでもない。芸術文化は、現実や歴史や世界の諸問題を批評（批判）し、それを公的な議論の場にもたらす。

その際の前提は、批評的な表現と公的な議論が、政治や経済からの干渉を受けて歪曲されることがないように、それらの自律性を徹底して保障することである。芸術表現と議論における多様性と自由空間の確保。それは民主主義社会を創るための文化的インフラである。文化政策の責務は、このような文化環境を整備することである。それはまた民主主義に基づく現代市民社会の構築という意味で、社会構造政策（Gesellschafspolitik）[3]でもある。

　文化政策は社会構造政策である。とはいえ、こうした現代文化政策の合意形成への道のりは平坦なものではなかった。最終報告書『ドイツにおける文化』の中でも、「文化」の概念が歩んだドイツの特殊な道を最初に素描している[4]。文化は人為である。自然は、人間によって生み出されたものではないものの総体であるが、人間とその活動を包含することもある。

　しかし西洋の伝統では、文化は自然と対置されるのが普通である。文化は「人間が生み出したもの（Hervorbringungen）」と「（言葉による）表現（Artikulationen）」の全体を包括している。したがって文化は、人間の歴史的、個人的、共同体的、実践的、美的・感性的、理論的、ならびに神秘的、宗教的表現（Äußerugen）と規定することができる。

　ドイツにおける「文化」概念は、さまざまに定義されてきた。古典的な文化の観念は、芸術と宗教と教養（Bildung）を包括する。遅くとも19世紀初頭以来、ドイツ市民の理解においては、文化は教養全般と、教養形成に特権的な仕方で寄与する「芸術」によって特徴づけられた。いわゆる「ハイカルチャー（Hochkultur）」の意味で文化を理解することが一般化した。このような背景には、「文化」と「文明（Zivilisation）」を区別するドイツ特有の考え方がある。これは他国にはないドイツの「随一の特徴」とされ、まさに芸術振興の根拠となってきたものであるが、その背景は一筋縄ではいかない。しかし、本稿の最後で「文化」と「社会文化」との関係を再考するための前提なので、簡潔に素描しておきたい[5]。

　「文化」と「文明」は、ドイツとフランスの国民的な価値観を示す対抗概念と

みなされてきた。国民国家の形成に遅れを取ったドイツは、「文明」の面で先進国のフランスに対抗して精神的な「文化」の優位を主張するようになる。統一国家を実現するに先立って、ドイツの民族的アイデンティティを、まずは「文化国民（Kulturnation）」の形成に求めたのである。ここから「文明」における物質主義的側面を強調し、「文化」の精神面を自己主張するドイツ的イデオロギーが生まれた。

　しかし、この対抗概念は歴史的・政治的産物である。もとよりラテン語のcivilis（市民の）に由来する「文明」も、colere（耕す）に由来する「文化」も、新たな概念として普及し始めた18世紀後半においては互換可能なほどの親近性を持ち、ともに「開化」「洗練」といった啓蒙主義的な文脈のなかで用いられた。「文化」と「文明」の対抗関係が闡明となるのはフランス革命期である。コンドルセは「文明」を人類の進歩の目標として設定し、ナポレオンは「文明」の立場から、その拡張主義を正当化した。

　こうした人類史的「普遍性」を論拠とするイデオロギーは、侵略に甘んじてきたドイツ、すなわち「文化」の陣営でも彭湃として起こる。とりわけフィヒテの『ドイツ国民に告ぐ』（1807）には、個別と一般の和解をめざすドイツ観念論の普遍主義と、民族崇拝を代理宗教とするナショナリズムとの混淆がみられる。自由なドイツ民族は、一方で他民族の個性を尊重し、他方で自分の個性を保持する「普遍的で世界市民的な精神」をもって統治する。ところが、フランス人は「自分のうちで偏狭に育った」利己心の塊である、とフィヒテは主張した。

　19世紀後半には「文化」と「文明」の区別は、さらに際立てられる。ワーグナーは論文『ドイツの芸術とドイツ政治』（1868年）において、ドイツ人を「創造者、発見者」、ラテン系民族を「建設、開発、搾取者」とみなし、「普遍性へと広がりうる素質を持ったドイツ人の個性の奥底には、彼自身の活動性の源となる豊かな富が保存されている」と論じている。

　このように、「文化」を「文明」から区別して精神化するドイツ特有の道において、哲学と芸術が特別な位置を獲得する。美学（教育）的イデオロギーと財政学

的システムとが融合した文化政策によって、「教養市民層」を有力な支持基盤とする「国民文化」が形成される。端的に、ドイツ芸術の振興を通して「世界に冠たる文化国民」が確立されたのである。

第1次世界大戦後のヴァイマル共和国では、芸術の民主化のために手厚い公的支援が行われ、新旧文化の百花繚乱が欧州全域に衝撃を与えた。文化的絶頂期のあとに続いたのは、しかしナチス時代の想像を絶する凋落である。哲学者のアドルノは「アウシュヴィッツ後に詩を書くことは野蛮である」と表現したが、20世紀後半の文化的発展は、ナチスによる暴力支配時代の人種主義的、反ユダヤ主義的文化政策からの明確な転換を刻印している。

1949年以降、東西に分断したドイツは、それぞれの政治体制に対応して、一方では、ドイツ文化の偉大な伝統に依存する路線を維持した。他方では、若年層による伝統の否定が起こり、文化的多様性が拡大してきた。

1982年のメキシコでのユネスコ文化会議以降、国際的に文化人類学的、民族学的概念に依拠した文化の定義が用いられるようになった。文化は、かけがえのない精神的かつ物質的な、またインターカルチュラルで情緒的な諸特徴とみなされている。再び拡張した文化概念は、社会や社会的集団を特徴づけ、そして芸術と文学の他にも生活様式、共存の形式、価値システム、伝統や信念などを包括するものとされる。

「文化的多様性」の概念は、2005年のユネスコ第33回総会で「文化多様性条約」において定義された。第4条には次のようにある。

　文化的多様性は、集団や社会の文化が表現される多様な仕方に関係する。この表現形態は、集団と社会の内部で、並びにそれらの間で継承される。文化的多様性は、人類の文化遺産が多様な仕方で、多数の文化的表現形態を通して表現され、豊かにされ、継承されるだけでなく、芸術的創造、文化的表現形態の生産、普及、配布および享受の多様な様式においても行われる。その様式は、用いられる手段や技術には左右されない。[6]

② 個人と社会にとっての文化の意義[7]

　一方で、文化は常に変化し形成される。他方、文化は歴史と文化遺産によって特徴づけられている。また、文化は人間の生活に影響を与える。文化は、個人の行動や社会制度の中で、日常を認識できるようにするシンボル化の作用である。人間は誰しもが、その共同体の文化の中で共同体と同一化する多様な可能性を見出す。ある文化への帰属は、とりわけ生活の質と意味の方向づけを可能にする。芸術・文化と文化的生活への参加は、さらに社会的生活への参加によって媒介される。こうして編み上げられる社会的経験は、個人の人生をよきものへと導く観念を育む。

　こうした観念は近年、「生の芸術＝技術（Lebenskunst）」と呼ばれている。人生と自己の持続的な形成を意味するからである。生とは形成プロセスとしての文化である。あるいは、文化とは形成プロセスとしての生である。「芸術は長く、人生は短し（Ars longa, vita brevis）」ということわざがある。芸術作品は作者の死後も後世に残るが、芸術家の生命は短い、という意味だ。けれども「生の芸術」における作品とは人生そのものである。

　もしも人生を形成するというモティーフが、人生の短さに起因するのであれば、人生をより美しく、よりよく形成したいという衝動が生まれるだろう。それは、人生を完全に肯定する可能性への憧れに起因するからである。こうした形成はしかし、不断に批判し、評価し、解釈するという性格をももっている。芸術とは、人間の生活状況と感情（気持ち）が「言葉へ」ともたらされる表現形式なのである。

　重要なのは、各個人に自身の文化的関心を追求し、その能力を発展させ、文化的生活に参加できる機会を与えることだ。その中心課題は「文化的教育（kulturelle Bildung）」である。文化的教育は生活の質を高め、未来への挑戦をよりよく果たす能力を与えるのである。

　それでは、社会にとっての文化の意義とはどのようなものだろうか。農耕社会

から都市社会への移行によって、産業社会さらには情報社会が発展を遂げてきた。19世紀には生産方法と生産の重点の変化が、すべての社会的領域に影響を与えるようになった。今日では暮らしと仕事と経済が、新たな情報コミュニケーション技術の投入によって根本的に変化してきている。

インターネットとデジタル化に至る再生産技術の急速な発展は、人々に予想外の、見通すことのできない可能性を開いている。一方、文化的生活の多様性が明らかとなり、文化遺産を学ぶ機会が拡大した。百科事典によって教養を獲得した博学者の世界は過去のものとなった。ツーリズムや移民といった人の移動もまた、新たな文化的影響力を及ぼしている。

情報社会の中で芸術・文化は、社会的変革に決定的に関与している。芸術・文化は社会的かつ技術的変化から切り離されて発展するものではなく、それらの一部である。芸術・文化は変化のプロセスにを引き起こすが、これによって芸術・文化自体も変化させられる。芸術・文化は、産業社会から情報社会を経て知識社会へ至る変化の諸部分を占めており、大きな規模で、「コンテンツの供給者」としても情報社会を共に形成しているのである。

この場合、旧来のメディアや伝達形式は使い古されてはいるが、新しいメディアによって補完され、その意義が相対化され、刷新されることも少なくない。けれども、新しい情報技術は、使用者に適したものであることが実証されねばらない。デジタル技術の濫用をいかに制御するかが文化政策の課題となっている。

美術家、音楽家、俳優、作家、そして彼らの作品の需要が、以前よりも増えてきている。また、過去となった時代が再発見され、受容され、芸術的に手を加えられている。長寿化が芸術的生産と需要そして多様な文化的生活を助長している。特に芸術家は、グローバルなメディアの供給に対し、それにふさわしい内容を生み出すことができる。個々人もまたこの点で、文化的かつ芸術的に生きがいを見出すことができる。

学術や技術との協働によって新たな制作が生まれている。知識社会への移行にとって重要な意味を持つのは芸術・文化の保護・育成である。芸術・文化

は全住民の創造性を開発する。芸術・文化はたんなる装飾的要素では決して
ない。芸術・文化のための公的支出は、ただの消費ではなく、社会の発展のた
めに不可欠の投資なのである。

　文化の領域では、社会の価値と基準をめぐって、市民社会の側からの自己
反省が不断に行われている。個人とその生活の質はもとより、社会の発展にとっ
て重要なことは、諸芸術を媒体として行われる文化的論議に、可能な限り多く
の人々を引き込むことである。この点に「すべての人々のための文化（Kultur
für alle）」や「市民権としての文化（Bürgerrecht Kultur）」といったプログラムの
理由がある。「すべての人々のための文化」とは、可能な限り広範な住民グルー
プを文化的生活にアクティブに参加させることを意味する。

　社会構造政策は、芸術・文化を振興するための枠組み条件を形成する。社
会構造政策は、インフラ開発、安全システム、課税などの決定を通して、芸術・
文化の発展に影響を与えるがゆえに文化政策でもある。同時に、文化政策は
社会（構造）政策である。それは芸術・文化を通して市民社会を形成し、社会
的生活の基本姿勢に働きかける。現在の文化政策の中心課題は、文化の生産
と活用と仲介のための枠組み条件、ならびにドイツにおける文化的生活のため
の枠組み条件を、それがグローバル化の新たな条件のもとでも有利に発展でき
るように形成することなのである。

③ 個人と社会にとっての文化政策の意義[8]

　個人と社会にとっての文化政策の意義を正当に評価するために、とりわけ文
化政策に必要なことは、文化的参加（kulturelle Partizipation）のプロセスを促進
することである。「文化政策は、個別化の中で意図された個人的自由の可能性を、
自己発展と自己実現の意味において支援すべきである。そのために必要不可欠
なのは、すべての人間が社会的かつ文化的な資本を強化し、その資本に承認
が得られるように尽力する複数形の文化政策である」[9]。

とはいえ、誰もが芸術的経験についての自己確認を獲得できるものではない
し、そうしたいと思っているわけでもない。確かに文化の領域は自分の人生の
意味について熟考し、充実感や純粋な楽しみを追求するのに適切な場や機会
である。しかし、それをすべての人々に強要することはできない。けれども芸術は、
そうした人たちにも間接的に関与し、何らかの影響を与えているのである。芸術・
文化は、メディアやさまざまな公開物を通して、幾重もの仲介を経て個人的か
つ社会的に作用する。

　私たちが個人の自由と尊厳を討議し、要求する場や媒体。社会が矛盾だら
けであることを描き、自由と尊厳が思考され、そのことが感性を通して体験され
る場や媒体。それらは、一体どこにあるのだろうか。こうした知覚可能な象徴形
式が生じるのは、とりわけ芸術という媒体においてではないか。芸術を通して
個人とその社会的結合が可視化され、主題化される。芸術は、芸術家によるコ
ミュニケーションの領域をはるかに超えて社会へと作用する。文化は社会の人
間的な意味を形成し、目標を設定する。文化政策は社会構造政策として了解さ
れる。だからこそ、芸術・文化を可能にし、それを擁護し、共に形成する文化政
策が必要不可欠なのである。

④ 社会文化の概念

　連邦議会文化諮問委員会最終報告書「ドイツにおける文化」の中で「社会文
化センター」についての記述は10ページあまりである。ちなみに、ドイツの公的
文化予算の過半数を占める「演劇（劇場）、オーケストラ、オペラ」についての記
述は19ページ。実際には「社会文化」への助成金は公的文化予算の数％を占
めるに過ぎないことから、最終報告書における社会文化センターの格段の扱い
は注目に値する。

　このうち「社会文化の概念、自己理解、社会文化センターの課題・責務」[10] の
項目から、その骨子を紹介したい。現代ドイツの文化環境と文化政策の中で、

どのように「社会文化」が公式に位置づけられ、また社会的に承認されている
かを確認できるからである。

　社会文化センターとは、音楽、演劇、美術、工芸、映画などの分野の、世代
を横断したインターカルチュラルな文化プログラムと催し物（Angebote）を提供す
る会館や交流の場である。社会文化センターは、プロフェッショナルによる芸術
制作（Kunstproduktion）とアマチュアによる芸術的創作（künstlerisches Schaffen）
とを媒介することによって、各自の創造的活動と文化的能力の育成に尽力して
いる。

　社会文化センターは、1970年代初頭に「新しい社会運動」と関連して生まれ
た社会文化の一部を代表するものである。この運動は当時、伝統的な文化施
設・機関と古典的な芸術形式から意識的に離脱した、オルタナティブな文化運
動の一部であった。運動の主体は、（ブルジョワ）市民的芸術運営（bürgerlicher
Kunstbetrieb）[11] に対抗する公共圏をめざすものとして自己理解していた。

　多くの社会文化センターが、諸政党や自治体の政治的圧力に抵抗して設立さ
れた。「すべての人々のための文化」や「すべての人々による文化」といった理
念が基礎となった。すべての社会階層のための、特に文化に縁遠い環境や移
民としての背景がある児童と青年のための、開かれた文化的実践が成立した。
都市内の各地区に密着した社会性の強い活動が展開され、政治的教育と文
化的教育が活動の中心となった。現在では社会文化センターは、ドイツの文化的
インフラの確固たる構成要素である。年間2,500万人の訪問者と5万6,000件
のイベントによって、連邦各地の社会文化センターが個性的な存在感を示して
いる。

　社会文化センターは、数十年の流れの中で、他の文化施設・機関にはない
変化を経験してきた。特定地域や地方の具体的な要件への適応、また社会的、
文化的、経済的な変化への適応、さらに人口動態によって引き起こされたター
ゲットグループとその需要の変化への適応が、多視点的で多角的な文化領域を
もたらした。社会文化センターは、その多様性において際立っている。瓜二つ

の組織やプログラムの構造を持つセンターは、全国に2つとない。しかしこの多様性は、任意にそうなっているのではなく、原理と方法によるものである。

　社会文化センターの常数は、以下のような重点にまとめることができる。

・参加重視の分野横断的な文化実践で、社会的要素、環境問題、教育に関連した青少年対象の事業に重点がある（参加Partizipation）
・政治的教育と民主主義的実践の重点化
・催し物の非商業主義的方針、文化的な場所への感受性（kulturelle Standortsensibilität）、共同存在（コモンズ）のための主体的参加（Engagement）
・オープンな会合やイベントや創作物によって、不利な境遇にある住民グループにも近づきやすくする敷居の低い催し物（受容Rezeption）
・自らの創造活動の振興と、プロフェッショナルによる芸術制作と自己組織した芸術的-文化的創作の間の媒介（Vermittlung）

　筆者の考察によれば、社会文化を特徴づける常数は、その歴史的変遷の中で大きく変わっているわけではない。けれどもドイツ語で示したキーワードに注目すると、他の文化政策領域との共通性が浮かび上がってくる。社会文化のエコロジー的システムにおいては、「参加」と「媒介」と「受容」は相互に深く絡み合った循環概念であり、それらは「生産」と「供給」と「消費」といった経済システムへのオルタナティブを刻印してきた。社会文化に由来する文化のエコシステムが、すべての文化政策の分野において益々重要性を高めている。

　また「文化的な場所への感受性」も同様である。社会文化が場所や土地の記憶を意識した芸術文化活動を展開してきたこと。もとより社会文化センターの建造物そのものが、その地域の歴史や産業の記憶の保存と活用の拠点になってきたこと。こうした長年の活動経験が、その場所や土地に固有の、新たな芸術文化を生み出してきた。今日の「コミュニティ・アート」や「アートプロジェクト」の決まり文句となった「サイトスペシフィック」なものへの感受性も、社会文化の

中で育まれてきた。社会文化の理念と実践が、従来からの他の文化（政策）領域に浸透し、それらの変革をも導いてきたのではないだろうか。

それと同時に、社会文化の活動自体も、一層多様で包括的なものへと変化してきた。いまや社会文化センターの対象は、社会の周辺グループに限定されるものではない。地域社会に幅広く受け入れられている文化施設である。また、ほとんどの社会文化センターは、社会統合と異文化間対話を具体化する出会いと交流の場として認められている。

社会文化のプログラムにおいて際立っているのは多元的な「横断性」である。多くのセンターは、世代横断的な催し物のみならず、分野横断的なプログラムを意識している。社会階層のみならず、移民・難民の文化的背景やジェンダーなどの横断を意図したプロジェクトに取り組んでいる。また、芸術家とアマチュアとのコラボレーションを促進し、若手の芸術家に実験的で前衛的な芸術形式を試すチャンスを提供している。その場合に特徴的なのは、芸術文化機関（劇場、オペラハウス、音楽学校やその他の文化教育的施設）、教会、芸術家とのネットワーク形成である。こうしたネットワークは、散発的なものからプロジェクト化されたもの、恒常的な連携関係に至るまで多種多彩である。

社会文化という概念は、そのコアとなるコンセプトを損なわない限りにおいて、多様な変化に適応してきた。社会文化の責務が、既成の芸術・文化施設の外部に根を張った活動にあることは確かであるが、今日でもなお、社会文化をいわゆる「ハイカルチャー」と対抗関係にある概念と考えている関係者はほとんどいない。いくつかの州では、社会文化は「幅の広い文化（Breitenkultur）」や「市民文化（Bürgerkultur）」と同一視されている。

社会文化の概念規定は、「すべての人々の文化」や「すべての人々による文化」、「市民参加」や「ボランティア」と深い関連がある。けれども「ハイカルチャー」と「幅の広い文化」といった概念の対置は、現状ではもはやその根拠を失っているのである。

⑤ アップデートされる社会文化

　以下では、社会文化の概念をめぐる論争史、つまりその論議の変遷と刷新について考察してみたい。近年のアクチュアルなテーマは「社会文化のアップデート」である。そこでは、社会文化を高級文化へのオルタナティブと位置づける旧来の価値観と思考パターンは克服されている。そのことが実感されるのは、理論レベルというよりもむしろ、実際に展開されている多彩な催し物やプロジェクトの実践事例を通してである。

　2015年3月、筆者はベルリンのニーダーザクセン州代表部で開催された「アップデート社会文化」というシンポジウムに参加する機会があった。ニーダーザクセン州学術・文化省とニーダーザクセン財団は、文化政策の中でも特に社会文化に力を入れ、多種多彩なプロジェクトを助成してきたが、その総括的討議が実施された。広大はホワイエには各プロジェクトのパネル展示があり、さまざまなプレゼンテーションやパフォーマンスも行われた。

　シンポジウムの会場で頒布された『ハンドブック社会文化』に筆者は仰天した。A4判の冊子9分冊が10センチ厚の電話帳のようなバインダーに収められている。全体で450ページ。ハンドブックとは名ばかりのボリュームにドイツ人の徹底性をみたが、バインダーから取り外せば、なるほど1冊ごとにハンドブックになる。実に合理的だ。

　第1分冊から第3分冊が理論編。第4分冊から第8分冊までがプロジェクトの実践事例の報告と考察。このうち4〜6が都市部（städtischer Raum）でのプロジェクト、7〜8が郡部（ländlicher Raum）でのプロジェクトである。最終の9冊目は「実践」とあるが、内容は「プロジェクトマネジメント、申請、ソーシャルメディア、クオリティ、評価」。しかし実践マニュアルではなく、主に実践のための理論化が行われている。発行はニーダーザクセン財団。文化政策協会・研究所が助言機関となっているが、同州にあるヒルデスハイム大学文化政策研究所（所長ヴォルフガング・シュナイダー教授）の貢献が少なくない。

写真2　2015年3月、ニーダーザクセン州ベルリン代表部で開催されたシンポジウム「アップデート社会文化」ホワイエでのプロジェクト展示（左上）
写真3　「アップデート社会文化」パネルディスカッション（左下）
写真4　『ハンドブック社会文化』ニーダーザクセン財団発行、2015年（右）

　まず、会場でのプロジェクトの実践事例を回覧した第1印象は、日本で百花繚乱の現代芸術祭やアートプロジェクトとの共通性である。もちろん社会文化の枠組みで行われるアートプロジェクトは、「コミュニティ・アート」に類するものが主流であり、観光政策や創造都市政策のための道具主義的利用とは一線を画している。また、数億円規模の芸術祭を競うのではなく、いわばマイクロプロジェクトのネットワークがめざされている。日独でサイトスペシフィックなプロジェクトとしての共通性はあるが、社会問題や政治問題への眼差しの強度において、日本のアートプロジェクトとはいささか異質である。

　いずれにしても、社会文化センターから飛び出して、各地域固有の文化資源に根を張った多種多彩なプロジェクトが展開されている。アップデートされた社会文化の現在を実感した。先に触れた「多元的な横断性」が多くのプロジェクトの特徴であり、それゆえに社会文化とハイカルチャーとの境界線も無意味化し

写真5　2017年3月、ヒルデスハイム大学文化政策研究所でのワークショップ　研究所長（当時）のシュナイダー教授（中央）

　ている。また、「文化的な場所への感受性」がプロジェクトの多様性のインパルスになっている。社会文化のエコロジー的システムである「参加」と「媒介」と「受容」の循環プロセスを通して、都市部、郡部を問わず、地域（資源）に密着した文化的民主主義が醸成されているのである。

　確かに2000年代に入り、日本の各地でアートプロジェクトが開催されるようになった。その多くが「ビエンナーレ」や「トリエンナーレ」といった著名な国際芸術祭の名称を借用していることもあり、日本のアートシーンの主流が、ホワイトボックスから野外やオルタナティブスペースでのプロジェクトに移動してきたようなイメージが強い。アートプロジェクトを現代日本に特有の現象傾向として言説化し、内外に発信する関係者も少なくない。

　しかしながら、日本のアートプロジェクトの第1世代が自らのモデルとしたのは、観光との結びつきが濃厚なベネチア・ビエンナーレというよりも、むしろカッセルのドクメンタやミュンスターの彫刻プロジェクトであった。ドクメンタは5年に1度、

ミュンスターは10年に1度の開催であるから、これらが観光振興や創造都市と結びつく可能性は低い。

　端的に、アートプロジェクトの目的は、現代社会の自己反省と世界に向けた政治的問題提起のための自由な表現のフォーラムにある。異質なものへの寛容性を培う文化的民主主義の価値観を共有する場（コモンズ）がアートプロジェクトである。

　その際に見逃してならないことは、社会文化の枠組みで展開されているマイクロプロジェクトが、たんなる市民の趣味のレベルでの自己満足、つまり個人的な自己実現にとどまるものではないという点だ。社会文化の目的は民間のカルチャーセンターとは異なる。また、公立の生涯学習センターである市民大学（Volkshochschule）とも異なる。もとより社会文化におけるアートプロジェクトに、ドクメンタのような先端性や専門性を求めることは無理があるにしても、そのコンセプトにおいて、両者は文化的民主主義の涵養という価値観を共有している。

　私たちは、社会文化センターを拠点としながら、多種多彩なマイクロプロジェクトが各地で展開され、相互のネットワーク化がめざされている実態に目を向ける必要がある。アップデートされ、より広い市民に開かれ、ローカルに根差しながらもグローバルな政治・社会問題に関心を寄せる社会文化のアクチュアリティが、そこにあるからである。

⑥ 社会文化の自己理解：
　社会文化活動の根本原理

　『ハンドブック社会文化』の理論編において、G.ダールマンは文化概念からみた社会文化について以下のように論じている。すでに述べたように、1970年以降、社会科学や文化科学において一貫して認められてきたことは文化概念の拡張である。文化とは、芸術の領域と教養市民の交際形式だけを意味するものではなくなった。

より一般的に、私たちが共生するために人間の間で形成する、それぞれの関係とその形式も「文化」である。また、私たちの願望、目的、不安を表現する方法も「文化」として理解することができる。「その際に問題となったのは、芸術・文化の社会的責任を想起すること、善（道徳）と真（学問）と美（芸術）の窮屈に感じられる分離を、文化のなかで克服し、こうして再び一緒にすることであった」[12]。

　ダールマンによれば、社会文化センターと社会文化協会の文化労働＝活動（Kulturarbeit）[13] は、こうした社会的な責任に対応している。「その形成意志は、美的な洗練よりも、むしろさまざまな関係を形づくるという目的を追求する。美的実践において大切なのは、よりよき世界の願望と夢を、文章や音楽や絵で表現することである」[14]。

　それでは、社会文化を唱えた活動家たちは、どのような目標を掲げていたのだろうか。1960年代の社会的な抗議運動に続く世代では、次のような欲求が生まれてきたという。「硬直し疎外されていると感じられた社会関係を根本的に批判し、そのラディカルな変革を要求するだけでなく、自らの可能性領域において極めて実践的に何かを変えたい」という欲求である。

　具体的には、「ささやかなことから始めること、ヒエラルキーを解体すること、男女の役割を変えること、私有財産を集合的形態に変換すること、疎外された労働からの自律を優先すること」[15] である。

　ここで、社会文化における労働とは何かに注目する必要がある。「社会彫刻」を唱えたヨーゼフ・ボイスは「人間は誰もが芸術家となるポテンシャルをもっている」と語った。この格律は、社会文化センターで働いている人たちの姿勢をも特徴づけている。社会文化における労働は、プロフェッショナルの芸術とアマチュア芸術との分離の解消をめざしてきた[16]。

　まず「すべての人々のための文化（Kultur für alle）」とは、それまで文化施設と縁のなかった人々を劇場やオペラやミュージアムに連れてゆく試みであり、それは「文化の民主化」に呼応した時期であった。けれども、社会文化のコンセ

プトとは必ずしも合致しなかったようだ。「すべての人々による文化（Kultur von allen）」というフェーズは、社会文化にとってずっと関心の深いものとなった。プロとアマによる、芸術創作プロセスにおける協働が深まったからである。こうして社会文化は、プロとアマとの分離を止揚する「すべての人々とともにある文化（Kultur mit allen）」[17]をめざすようになってきたのである。

⑦ 社会文化の成果と課題

　長らくドイツ文化政策研究所を率いてきたN. ジーヴァースは、社会文化の主唱者の1人として、概ね以下のように過去を振り返りつつ未来を展望している[18]。

　社会文化の概念は、1970年代から80年代には「新しい文化政策」の文脈で同時期に成立した文化教育学と大きな違いはなかった。しかし、社会文化は常に「政治的」に定義されてきた。それは社会政策的内容への視線だけでなく、社会文化のためのインフラを獲得することに関しても「政治的」であった。

　こうした社会文化の活動家たちの政治的要求には、その時代状況から生じた理由があった。1980年代には確かに社会文化センター、文化の店、都市地区施設、青年美術学校などが存在したが、市民運動と社会文化の理念に信頼できる枠組を与えるに足るだけの社会文化のインフラはなかった。多くのセンターが不法占拠に由来することから、所有者との権利問題や行政との軋轢は避けられなかった。それぞれの活動拠点を使用する権利を勝ち取り、さらに運営や事業のための公的助成を獲得するにはタフな政治的交渉が不可欠であった。社会文化へのプロジェクト助成を行う基金（Fonds Soziokultur）が連邦レベルで創設されたのは1989年、ベルリンの壁が崩壊した年である。

　それでは社会文化センターと社会文化運動は、40数年間に何を達成してきたのだろうか。今日、連邦全体では500以上の社会文化センターが存在し、400の青年美術学校と文化教育的施設がある。また文化ワークショップ、都市地区文化の集会場、メディアセンター、青少年ミュージアムなどがある。1970年代以

来、さまざまなタイプとフォーマットによる多彩な社会文化のインフラが誕生したが、それらはドイツの文化環境にとって不可欠の構成要素となっている。これらは疑いなく社会文化が達成した成果である。

また、フリーの演劇、ヒップホップやストリートダンスのような若者たちのオフ-カルチャー（OFF-Kultur）は社会文化に隣接する領域であるが、これらも含めるとすれば、社会文化が達成してきた文化的シーンはさらに注目に値する。

社会文化とオフ-カルチャーは一貫してイノベーティブであった。1980年代には「イノベーション」というキーワードは、まだ（今日のように）重荷を感じさせないよい響きがあった。支配的な文化システムへの「オルタナティブ」こそが新鮮で革新的な時代だった。そこにはよい意味での「ゆるさ」もあった。練習を積んで熟練したものや伝統的な催し物のフォーマットは、高級文化を支えるシステムに組み込まれていたが、社会文化においてはどうだろうか。プロの芸術家にのみ可能な卓越性や規範性は、「すべての人たちの文化」や「すべての人たちによる文化」を実現するために克服されるべきものとなった、という。

社会文化のプロジェクトにとって典型的なニュースタイルは、「動き（Bewegung）」である。社会文化は何かを「発送する（auf den Weg bringen）」。その際に、街道や道やルートや河川を媒体として利用する。また、ほろ馬車、自転車、船、バス、トラムなどを輸送手段として利用する。従来の文化イベントが劇場や美術館といった「1つの場所の原則（Ein-Ort-Prinzip）」に執着するのとは異なり、社会文化のプロジェクトではアクターと観客は動きの中にある。観客はさまざまな地点で文化に参加したり、自らが当の場面に登場できるようになる。サイトスペシフィックなアートプロジェクトと並んで、あるいはその重要な要素として、社会文化は動態とモビリティに注目する。

さらに、現代のアクチュアルなテーマである包摂（Inkulsion）も、社会文化の実践においては早くからアジェンダに掲げられてきた。多くのプロジェクトにおいて、健康を損なった人々が「別の存在にある専門家（Expertlinnen im Anderssein）」として文化労働＝活動に引き入れられてきた。刑務所、精神科診

療所、病院、サナトリウムなどでのプロジェクトが数多く実践されてきた。その際に重要なのは、通常とは異なる状態にある参加者とともに、その都度のテーマごとに、各活動領域での実績をもった芸術家やスタッフとのコラボレーションが行われることだ。こうして参加者と芸術家が、お互いに学び合うことができるのである。

⑧ 強要されたクリエイティビティを克服する 未来の社会文化

　社会文化の名づけ親であるヘルマン・グラーザーは、Soziokultur の接頭辞の sozio は補助的構成（Hilfskonstruktion）に過ぎないという。それは、現にある社会的関係を肯定してしまうような文化概念が支配的な時代に限って有効とされる。文化が現状是認的（affirmativ）である限り、社会文化は、本来あるべき「文化」の代わりとしてのみ妥当する。グラーザーにとって社会文化とは、観念論的（理想主義的）文化概念を克服し、「精神の純粋な世界と現実の下層社会との分離」を打開する目的と結びついている。このようにして「ドイツ-市民的（deutsch-bürgerlisch）メンタリティが国家市民的（staatsbürgerlisch）メンタリティに変化し、これが社会的空間全体における文化の統合を達成する」[19]というのである。

　さらにジーヴァースは、「クリエイティビティ」という概念が持つ両義性に注目する。グローバル資本主義の全面支配のもとで、もはや創造性を手放しで賛美できる時代ではなくなったのである。文化社会学者の A. レックヴィッツは、それを「クリエイティビティディスポジティブ（Kreativitätsdispositiv）という概念によって解明している。後期近代の「美感的資本主義（ästhetischer Kapitalismus）」における創造性は、「クリエイティビティ願望（Kreativitätswünsch）とクリエイティビティ命令（Kreativitätsimperativ）、主観的欲求と社会的期待との二重構造を包括している。私たちはクリエイティブでありたいが、またそうあらねばならないのである」[20]。

　すでに触れた「イノベーション」も、いまや新自由主義のもとでは、それをポ

ジティブに推奨するナイーブさがかえって命取りとなる。もとより、経済的思惑に誘導された社会的期待とクリエイティブ願望との共犯関係を賢く見抜き、それへの異議申し立てを表現することは、とりわけ現代アートの社会批判的機能に求められる。

しかし、ここにも罠がある。創造都市論や創造産業の振興を根拠とした公的助成金制度においては、その手続きの方が内容そのものに勝利する。自由意志に基づく自律的な社会への貢献が意図され、その実現のために公的助成が請求されたはずなのだが、その自由意志が「強制」としてアクターに跳ね返ってくる、という自己疎外が生じる。社会的・経済的問題の解消に「役に立つ」限りにおいて、芸術助成は評価に値するものとなる。アングロサクソン由来のロジックモデルがそれを助長する。善良で美しい魂が食い物にされる悲劇だ。

芸術は何らかの実利的目的に寄与しなければならない。文化は社会的・経済的価値を生み出さなければならい。イノベーションもクリエイティビティも、主体的願望と客体的（社会的）期待との共犯関係を通して、新自由主義の延命のために強制動員されるのである[21]。

社会文化もまた、クリエイティビティやイノベーションが孕む両義性である「ディスポジティブ」の罠にはまっているのだろうか。社会文化においても、「本来それとは真逆の目的が、新自由主義的主体の形成に参画する危険にある」[22]とジーヴァースは警告している。現役世代のアクターたちは、社会文化のプログラムの不安定化に見舞われているのである。

それでは社会文化は、後期近代の美感的資本主義を克服することはできるのであろうか。レックヴィッツによれば、ポストモダン美学は「クリエイティビティディスポジティブ」に感化されている。しかし、美感的資本主義と結託したポストモダン美学の芸術的策略からの解放の契機は、むしろ社会文化のうちに看取できるという。

もちろん社会文化もまた、解放の契機と抑圧の契機の両義性に絡め取られてはいる。たとえば社会文化に特有のプロジェクトワークは、自律的な労働＝活

動をめざしているが、それは、自律への願望と柔軟性への期待という二重構造によって特徴づけられている。そのため、社会文化の構造が自己搾取に流れ込むこともまれではない。しかしながら、アートプロジェクトは社会文化の典型的な労働＝活動の形態であり、そこには芸術概念と労働概念の垣根を越える契機も潜んでいるのである。

レックヴィッツは、社会文化が美感的資本主義の罠にはまらないために以下のような提案をしている。社会文化にとって喫緊の課題は、「クリエイティビティディスポジティブ」の過熱状態を冷却することである。社会文化にはクリエイティビティディスポジティブの絶対化への対抗手段を認めることができる。レックヴィッツはその特効薬を「観客のいないクリエイティビティ（Kreativtät ohne Publikum）」[23]というキーワードで強調している。

ここで重要なのは、「ローカルな日常実践における創造的なものの目的自由（Zweckfreiheit）」である。この「目的自由」は、カントにおける美の規定である「目的なき合目的性（Zweckmäßigkeit ohne Zweck）」を連想させる。社会文化は、「観客の前で常に結果を出さなければないという強制（das ständige sich Bewährensollen vor einem Publikum）を、少なくとも一時的に失効させるのである」[24]。

レックヴィッツによって名づけられた「ありきたりのクリエイティビティ（profane Kreativität）」における相互主体的な実践においては、何が起こっているのだろうか。そこにおいて決定的なことは、「制作者（Produzente）と観客（Publikum）との分離ではなく、参加者（Teilnehmer）と共演者（Mitspieler）だけが存在していることである」[25]。このように「社会文化のストラテジーは、クリエイティビティディスポジティブの時代において新しい、ひょっとすると思いがけないアクチュアリティを獲得できるかもしれない」[26]とレックヴィッツは語っている。

⑨ 社会文化と文化

　社会文化のプログラムは「すべての人々のための文化」と「すべての人々による文化」とが組み合わされ、「すべての人々と共にある文化」として実現されるであろう。けれども「すべての人々と共にある文化」とは、どのような文化状況なのであろうか。それを、レックヴィッツが語るように、芸術家と観客との分離が解消され、参加者と共演者だけが存在している状態であると仮定してみよう。パンデミックの時代、私たちは観客のいない劇場やアートシーンを確かに経験できるようになった。そこでアクターが浴びるのは観客の眼差しや喝采ではない。

　「すべての人々と共にある文化」においては、参加者と共演者はともにアクターである。芸術家と観客との主客の分離が解消されることによって浮かび上がるのは、他者性としての相互の差異である。ここに純粋なコミュニケーション行為が生まれる条件がある。相互の交感が交歓となる。そこには確かに「ありきたりのクリエイティビティ」しかない。しかし、ブリコラージュ的でバナキュラーなクリエイティビティが生まれるだろう。それが社会文化の理想的状況のように思われる。

　とはいえ、立ち止まって考えなければならないことも少なくない。先に触れたように、社会文化の理念において、労働と余暇の分離、プロフェッショナルによる芸術制作とアマチュアによる芸術的創作との分離は、いわば疎外された文化の様態であった。それゆえ、社会文化は文化労働＝活動によって両者の再結合をめざしてきた。ヨーゼフ・ボイスが語ったように、人間は誰もが芸術家になりうる存在だからである。

　ところが、後期近代における美感的資本主義の全面支配によって、すべての人間にとっての潜在能力であるクリエイティビティの開発そのものが、主体（個人）にとっての願望と同時に客体（社会）からの強制として機能し、資本による搾取の対象になってきたのである。とりわけプロジェクト型の社会実践の経験に富む社会文化は、その主体的柔軟性ゆえに美感的資本主義に取り込まれやすい。

　そこで社会文化は、「観客のいないクリエイティビティ」や「ありきたりのクリエイ

ティビティ」を橋頭堡として、主体－客体関係における権力構造を解体し、資本主義によって搾取されることのない多様な文化資源を形成しようとする。それによって、他者と交わりながら自分の内面を豊かに耕すことのできる生活世界を、市場経済と行政管理による植民地化から防衛しようとする。

とはいえ、労働と余暇の分離の止揚、プロによる芸術制作とアマによる芸術的創作との分離の解消は、本当に可能なのだろうか？　また、仮に天才崇拝を回避できたとしても、芸術における卓越性や、そのために不断に腕を磨いている職業芸術家へのリスペクトまでをも、私たちは等閑視できるのだろうか？　そもそも社会文化センターの運営を恒常的に支える専門職としてのアートマネジャーは不要なのだろうか？

もとより、文化の成立には宗教的な起源が指摘されてきた。たとえば神楽は、観客のために演じられるのではなく、神への奉納としての儀式である。とはいえ、寺社の参道や門前町は見世物で賑わった。芝居小屋は市場とともに成立した。

神なき時代ではどうだろうか。確かにロマン主義においては、形骸化したキリスト教に代わって自律した芸術が聖なるものを独占した。目的と手段の関係で組み立てられた実利の世界を超えた「目的なき合目的性」が、芸術作品そのものの至上の価値となった。

ところが、先に触れたドイツの特殊な近代化プロセスから、その価値を共有できたのは一部の教養市民層にとどまった。こうした価値を内面化しえたエリートは、ほどなく世俗的な政治の世界を見下すようになる。ナチスの蛮行に直面したドイツの非政治的知識人たちは、それと闘うことなく芸術の世界へと逃げ込んで保身を図った。こうした現実逃避ゆえに、ヘルベルト・マルクーゼは1937年、亡命先のパリで「文化の現状是認的性格について」[27]暴露することになったのである。

マルクーゼの文化批判を引き継いで社会文化を基礎づけたのはヘルマン・グラーザーである。2008年に発行された文化政策学会の季刊 "kulturpolitische mitteilungen" 121号は、グラーザーの80歳を寿ぐ特集で「社会文化」を取り

上げ、数多くの論客が寄稿している。最後にグラーザー自身が寄稿した「社会文化と文化」[28]の要旨を紹介して本稿を閉じることとしたい。

　グラーザーは社会文化の40年以上の歩みを通して、次のような意見に異論を唱えている。社会文化の理論と実践は、もっぱら一分野的なもの、つまり、ある文化への「オルタナティブ」としてしばしば理解されてきた。今日でも社会文化を、なおも高級文化への単なる補完や対抗とみなすひとは少なくない。確かに、これまで一般に「ノーマルなもの」と思い込まれてきた文化運営において、なおざりにされてきた部門やジャンルがある。そうした周辺に追いやられてきた文化領域の、従来とは別のあり方（オルタナティブ）を強調することで、それらを重要な文化的活動として認めさせることができてきた。たとえば子ども劇場、ガストアルバイター文化、新しい社会運動の文化（エコロジー運動、平和運動、女性運動）などである。これらは社会文化の成果とみなされてきた諸分野である。

　しかしグラーザーは、社会文化を「ノーマルな」文化への補完もしくは対抗の文化と規定することに反対する。社会文化こそが文化の本質を形成しているからである。先に触れたように、Soziokulturの接頭辞のsozioは、文化の本質が疎外された時代にのみ有効な補助的概念であった。現代においては、社会文化を欠いた文化は、それぞれの分野的なものにとどまる。つまり本質的なものを抜き取られた個別文化なのである。

　したがって、社会文化が概念として余計なものとなるのは、文化が社会文化の原理を自らのうちに再び取り戻し、統合される場合である。それにはもちろん、まだある程度の時間がかかるだろう。特に、今日では（たとえば劇場、美術館、博物館といった）「古典的な」文化部門の「脱社会文化化」（個別文化化）に直面しているからだ[29]。

　そのため、現在の社会文化が分野横断的な特徴を持つことには理由がある。また、文化的可能性の広い社会文化の多様性は、年代や社会階層、ジェンダーや国籍をトランスする「市民権としての文化」として誰にでも開かれている。しかしながら、理論の中心に強固にあるのは、文化はその本質からして社会文化

でなければならず、それ以外の一切は社会文化の狭隘化である、というテーゼである。そして何よりも、芸術は社会的なものや政治的なものの外部に存在しなければならない、という致命的な誤りが修正されなければならないのである。

今日の文化政策的理論に不可欠の重要な課題は、現状是認的な意味ではなく、社会文化的意味において、文化と社会を媒介することである。その点で、「文化媒介 (Kulturvermittlung)」の思想と方法が文化政策やアートマネジメントの分野で注目されてきたのも、社会文化の理念と実践の成果とみなしてよい。文化は、精神がへりくだって近づかなければならない厳粛な時間でも、ヴァルハラ[30]でもない。文化は、私たちが社会的問題や政治的問題に遠慮なく取り組むことのできるものであり、またそうすべきものなのである。

こうした「とらわれのない（のびのびとした）」態度で文化的対象に接すること。それは、幼稚園の頃から習い覚えることで育まれる態度なのだが、このようにして文化的価値に関与することで、もはや文化は特定の社会階層と結びついてはならない、という解放的ヴィジョンを実現できるのである。そのときに初めて「社会文化」は、「文化」と呼ばれるようになるだろう。

注

1　アウスアイナンダーゼッツングは、日本語でニュアンスを伝えることの難しいキーワード。「離れ離れに置くこと」が原義で、ここから「分析、討論、対決」などの意味が出てくる。日本語の文脈では「取組」がしっくりするが、そこからは「対峙しての討議」という意味が希薄になり、中性化してしまう。「和の精神」はヨーロッパの文脈における「文化」の前提ではない。「非社交的社交性」（カント）が文化の形成原理である。

2　Deutscher Bundestag (Hrsg.), "Kultur in Deutschland", Regensburg, 2008, S.51.

3　ここでGesellschafspolitikを「社会構造政策」と訳したのは、おおむね「社会福祉政策」を意味するSoziailpolitikと区別するためである。社会文化の原語がGesellschaftskulturではなくSoziokulturであるだけに、概念上の整理は一層厄介なものとなる。

　もとよりラテン語由来のdas Soziale（社会的なもの）とドイツ語のGesellschaftは概念上は競合関係にあったが、産業化と近代国民国家の形成過程においてSozialpolitikは、要求と給付に基づく社会福祉政策の意味で用いられるようになった。

　これに対してGesellschaftspolitikには、現代市民社会（Zivilgesellschaft）の自己形成という草の根民主主義への意志が読み取れる。そこでGesellschaftspolitikの「総合社会政策」としての意味合

いをも考慮しつつ、文化によって社会の仕組みを変えるという観点から「社会構造政策」と訳すこととしたい（拙稿「文化教育の再生」、藤野他編『地域主権の国ドイツの文化政策』、美学出版、2017年、p.255以下参照のこと）。

　なお、社会文化における社会的（sozial）統合の意味は、国家からの給付型社会福祉政策とは位相が異なる。目的合理性の貫徹する市場と国家におけるシステム統合に対して、コミュニケーション的理性による社会的統合を強化することが、社会文化のプログラムである。生活世界を担うコミュニケーション的理性は、社会的活動や文化的創造行為のなかで共感や連帯感を育み、文化的再生産と社会的統合と人格形成を可能にするからである。（拙稿「新しい市民社会への仕掛けづくり――ドイツの社会文化センターを事例に」、後藤・福原編『市民活動論』、有斐閣、2005年、p.190以下参照のこと）。

4　"Kultur in Deutschland", S.57.

5　詳細は以下を参照のこと。拙項目「『文明』と『文化』」、『ワーグナー事典』、東京書籍、2002年、p.325以下。拙稿「フランス的抽象と国家的覚醒」、『近代』第79号、神戸大学「近代」発行会、1996年、特にp.45以下「Ⅳ Bildungと Kultur」。

6　拙稿「『文化多様性』におけるポリティクスとアポリア―マイノリティの文化権と文化多様性条約の背景―」、『文化経済学』第5巻第3号（通算第22号）、2007年参照のこと。

7　"Kultur in Deutschland", S.58 f. を参照した。

8　"Kultur in Deutschland", S.61. を参照した。

9　Programm der Kulturpolitischen Gesellschaft (1998).

10　"Kultur in Deutschland", S.189 f. を参照した。

11　この概念の翻訳は二重に難しい。まず bürgerlich であるが、「市民的」「中産階級的」「ブルジョワ的」などの意味がある。Bürgerinitiative は「市民（住民）運動」であり、そこには「ブルジョワ」といったニュアンスはない。また社会文化を「市民文化（Bürgerkultur）」と同一視する州や地域もある。しかし、社会文化の視点からは、従来の教養市民層と中産階級中心の芸術と社会への対抗意識がなおも残っている。また Kunstbetrieb を「芸術企業」と直訳すると、民間の芸術産業をイメージしてしまうが、実際には公立の劇場、音楽堂、美術館、博物館などの施設・機構運営を意味する。

12　Gerd Dallmann, Selbstverständnis der Soziokultur: Grundprinzipien soziokultureller Arbeit, in (Hrag.) Stiftung Niedersachsen "Handbuch der Soziokultur, Theorie 1", 2015, S.9.

13　Kulturarbeit は社会文化の概念と深く関係する。「文化労働」と訳すか「文化活動」と訳すかによって、日本での受け取り方は異なってくる。前者は、社会的人間の本源的活動としての労働に重点があるが、後者の場合は、趣味や余暇としての活動とみなされかねない。筆者の理解では、社会文化における労働の概念は、既成のマルクス主義にも認められる、労働と余暇の分離そのものの克服を意図していると思われる。

14　Dallmann, ibid. S.9.

15　Ibid. S.10.

16　ただし、第1章で指摘したように、社会文化センターの運営の中心には正規雇用の専門スタッフが不可欠である。Kulturarbeit における労働と余暇の分離の再統合は、資本主義社会における賃労働から逃れることはできないという制約を抱えている。

17　Dallmann, ibid. S.11. ところで、Kultur für alle を「文化の民主化」とみなす一種の誤解は、それを Kultur von allen から切り離したために生じたのではないか。劇場や美術館は、高級文化の民主化に取り組むべきであり、社会文化は幅広い市民の文化活動への参加を促進すべきである、といった分業論である。筆者の理解では、「文化的民主主義」の理念は Kultur mit allen を加えた三位一体によって実現されるもの、もしくは Kultur mit allen をめざすものであろう。

18　Norbert Sievers, Soziokultur: Standortbestimmung und Perspektive, , in (Hrag.) Stiftung Niedersachsen "Handbuch der Soziokultur, Theorie 1", 2015. S.13. を参照した。

19 Norbert Sievers, ibid.S.16.

20 Andreas Reckwitz, Die Erfindung der Kreativität, in "kulturpolotische mitteilungen "141, Ⅱ /2013, Kulturpolitische Gesellschaft, S.23.

21 この問題については以下の拙稿で具体例を挙げて論じた。「創造都市論と『都市への文化権』のディレンマを超える復興の構想力」、社会文化学会編『社会文化研究』第16号、晃洋書房、2014年。

22 Norbert Sievers, ibid.S.17.

23 Andreas Reckwitz, ibid.S.31. いささか文脈は異なるが、新型コロナ危機の時代に「無観客上演」や「無観客試合」がニューノーマルの1つとなってきた。観客の眼差しと批評によってアーティストやアスリートの技術や表現力が磨かれてゆく、という従来の思考モデルそのものが再考を促されている。これに対する社会文化の応答を待ちたいと思う。

24 Ibid.S.33.

25 Ibid.S.31.

26 Ibid.S.33.

27 Herbert Marcuse, Kultur und Gesellschaft I, Suhrkamp1965.

28 Hermann Glaser, Soziokultur und Kultur, in "kulturpolitische mitteilungen 121", Ⅱ/2008, S.50-52, 以下では文意を損なわないように配慮して要約した。

29 深入りは避けるが、ニューパブリックマネジメントの導入や文化産業の振興による「稼ぐ文化」へのシフト、また自由貿易体制の文化分野への圧力など、社会文化の理念をスポイルしようとする創造都市論とグローバル資本主義の結託は、晩年のグラーザーを悩ませた課題だったと推察する。

30 なぜグラーザーは「ヴァルハラ」の名前を挙げているのだろうか。ドイツの現状は認的文化のシンボリックな意味が集約されているからだろう。そもそもヴァルハラは、ニュルンベルクからほど遠からぬバイエルン州のレーゲンスブルク近郊に現存する神殿である。グラーザーは、この現存するヴァルハラを幼少期から知っていたものと思われる。もちろん多くの人は、ワーグナーの『ニーベルングの指環』を通して、その名を記憶しているはずだが、早い話が、戦死したゲルマンの英雄が眠るドイツ神話版の靖国神社である。建立の発案はバイエルン国王ルートヴィヒ1世で、1842年にドナウ河を見下ろす高台に落成した。このギリシャ神殿まがいのキッチュな建物は、ギリシャ古典とゲルマン神話を混淆させたドイツ民族の国民的記念碑である。ヒトラーは同郷人である作曲家のブルックナーをヴァルハラ神殿に祀る儀式を挙行した。(拙稿「ブルックナーと〈モニュメンタル〉表象」、『音楽芸術』1996年6月号、音楽之友社、p.24以下を参照のこと)。

第8章

パンデミック時代の
ドイツの文化政策

藤野一夫

はじめに

　東京オリンピック・パラリンピックが開催され、ベートーヴェン生誕250年が世界中で寿がれるはずであった2020年。それは2019年までとはまったく異なる時代の幕開けとなった。新型コロナウイルスによるパンデミックを誰が予想していただろうか。AIもビックデータも無力だった。一部の感染症学者と環境学者の警告は耳に届いていなかった。

　2019年12月31日、中国の武漢市当局は、原因不明の肺炎患者27人の存在を発表した。2020年2月5日、横浜港に停泊する大型クルーズ船ダイヤモンド・プリンセス号で感染が確認された。4月28日時点で世界の新型コロナウイルスの感染者は300万人、死者は20万人を超え、第1次世界大戦期を襲ったスペイン風邪以来、100年に1度のパンデミック期に突入した。1年あまり経過した2021年5月の段階で、世界全体の感染者は1億6,000万人を超え、死者数は330万人に達した。感染拡大に歯止めのかからない状況が続いている。

　芸術文化の世界でも大混乱が起きている。人類の生存の危機に瀕して、日本では芸術文化は「不要不急」とみなされてきた。文化イベントが中止もしくは延期となる中で、芸術文化関係者の生活は困窮しているが、その保障はおよそ不十分だ。また、アートに触れる機会が劇的に失われる中で、私たちの健康も心身ともに損なわれつつある。

　芸術文化活動の中止は、社会活動や経済活動とも深く関連する。常に文化・社会・経済の相互関係を意識しながら、パンデミックという緊急事態の長期化、つまり非日常の日常化と向かい合う覚悟が求められる。知恵を絞り、限られた資源の中で創意工夫を凝らし、共存する方法を模索しなければならない。しかも、文化・社会・経済のつながりは、決して1つの国家だけに限定されるものではない。国境を越えた連帯の可能性と、それを阻むものは何かに注意する必要がある。

　さらに、人類とその文明が連帯し結束できたとして、ウイルスを「共通の敵」

として撲滅することはできるのだろうか。人間は科学技術によって自然を完全に支配し、自在にコントロールできるのだろうか。科学文明 vs 自然という対立図式そのものを疑ってみる必要があるのではないか。パンデミック期とパンデミックを経験して以後の芸術文化の意味と役割、そして文化政策のあり方は、2019年までとは異なったものとなるはずだし、そうならなければならない。

新型コロナは人類共通の敵として戦う対象なのだろうか。芸術と自然、アートとエコロジーは深くつながっている。芸術によって想像力を育むことで、あらゆる「異物」や「他者」を理解し、共存してゆく道を模索すること、これこそがパンデミック時代の芸術と文化政策の使命となるだろう。それが人間であることの証となるだろう。いま私たちは人間中心主義を克服する「人間の尊厳」を試されている。人間中心主義による自然支配の文明を根本的に反転させるべき最後のチャンスなのだ。ウイルスとの共生の道を、芸術文化を通して切り開くのである。そのために、私たちは改めて歴史に学ぶ必要がある。

ヨーロッパにおけるペストの大流行は14世紀半ばのこと。1347年頃にイタリアを中心に広がり始め、アルプスを越えてドイツにまで拡大した。というのも大開墾時代に入り、森を伐採してしまったからだ。ペストを媒介するのはネズミ。森の中にはネズミの天敵である狼や猛禽類がいた。しかし森の開墾によって農地が広がり、人々は疫病のもととなる家畜と共棲していた。しかもキリスト教は、フクロウや狼を悪魔の手先として大量殺戮した。

14世紀中頃のパンデミックの原因は、森林伐採（生態系の破壊）とキリスト教の迷信だった。後者は「魔女狩り」で有名だが、ヨーロッパの歴史の宿痾がペストとともに現れた。「ユダヤ人がペストをばら撒いた元凶だ、ユダヤ人を虐殺すべし」。ポグロムがキリスト教圏で起こった。その後もペストの流行は繰り返された。

17世紀前半の30年戦争期に流行したペストは、ドイツにダブルパンチを与え、人口が半減したとされる。ペストを制御できず、ユダヤ人原因説や魔女狩りといった迷信を再生産してきたキリスト教の権威は失墜。ここから近代（国家）が始まる。（ただし、キリスト教の自然支配の思想は、科学を生み出すもととなるので

単純化は禁物だが）。

　しかし、ヨーロッパ文明の宿痾は残った。キリスト教とユダヤ教の根源的な対立である。のちの人文主義者は、ペストの流行を契機にユダヤ人を追放し、虐殺した事実を隠蔽しようと、歴史記述をゆがめてきた。だが、それによっては文明の宿痾を根本的に治癒することはできなかった。このような隠蔽によって抑圧されたものが、ナチスによるユダヤ人問題の「最終解決」を帰結したとみることもできる。人文主義とホロコーストとの共犯関係は、ヨーロッパの憂鬱な歴史である。

　私たちは歴史の反省と芸術の想像力とを駆使して、パンデミックの時代に不可欠な人文的知性の意義を取り戻したいと願う。ドイツでは戦後、人々は芸術や文化を受動的に「鑑賞」するだけではなく、芸術・文化を通して自分と違うものの見方に接し、主体的に考える力を養うべきとの考え方が定着した。その背景には、第2次世界大戦中、市民が批判的な判断能力を失ったままナチスの政策に加担していった過去への反省がある。

　そのため国や州は、芸術や文化を統制してはならないが、市民が芸術や文化と自由に関われる環境や条件を整備する責務がある。芸術や文化を通して、人々は未知のものや多様な価値観と向き合い、民主主義と共生社会を築くための基盤をつくってきたのだ。

　今回のパンデミックでは、ドイツに居住する人々が自由な芸術・文化活動を行う権利、そして芸術・文化を担う人々の仕事と暮らしが著しく脅かされている。各国の国境が閉じられ、自国優先の価値観が強まっていけば、人々が互いを理解し合うことはより難しくなっていくだろう。いわば鎖国状況の中でますます必要とされるのが、慣習や言語といった「文化」の壁を乗り越える「芸術」の役割である。異なるものを排除することなく、異文化との間に新しいコミュニケーションのルールをつくり出す芸術。そのような芸術こそが、自分にとっての他者である文化を理解し、受け容れる寛容性への道を開く媒体となるだろう。

　新型コロナ禍のもとで芸術文化を取り巻く状況は、世界中で共通しているが、

その支援の仕組みや、芸術家たちの活動の様子は国によって違いを見せている。では、なぜ国や地域によって、芸術文化活動とその支援のあり方は異なるのだろうか。パンデミックは端的に日本の文化政策の脆弱さを露呈した。アートは公的支援の対象になりにくいのだ。

それでは、芸術文化の「公共性」とは何なのだろうか。芸術文化は私的な趣味・道楽であって「公的なもの」ではない、という認識が日本に根強いのはなぜなのだろうか。私たちは国のレベルだけでなく、基礎自治体（市町村）やNPOなどの民間の活動を多角的に考察し、芸術文化と社会、アートと地域はどのように関わり、支え合っていくべきなのかを熟考しなければならない。

① 本章の構成

本章では、ドイツの文化政策の基本的な考え方と、国による芸術（家）・文化支援施策の背景を解明したい。とりわけ、文化分野の実務家を主体とした登録社団（e.V）・文化政策協会が公表した「コロナ - パンデミック後の文化政策のための10項目」を取り上げ、ドイツの文化政策の構造と、その未来構想を考えたい。

ドイツの文化政策協会（Kulturpolitische Gesellschaft）[1] は、2020年3月31日に「文化政策は持続的に影響を与えなければらない——コロナ - パンデミック後の文化政策のための10項目」[2] を発表した。文化政策協会は非営利の社団法人で、実務家を中心に約3,000人の会員を有し、原則として年会費で運営されている。また、文化政策研究所を併設し、専門研究員による高度な文化政策研究をもとにアドボカシー、コンサルティングを行っている。

文化政策協会の季刊誌『kulurpolitische mitteilungen』と、2000年以降は連邦政府文化メディア委任官庁（以下BKMと略記）から1億円弱の助成を受けて年鑑『Jahrbuch für Kulturpolitik』を刊行。季刊誌は毎号100ページ、年鑑は500ページに及ぶ。いずれもアクチュアルな文化政策上のテーマをめぐる先端的な論考や討議が掲載され、また年ごとの統計やクロニックや文献を網羅している。

「コロナ‐パンデミック後の文化政策のための10項目」は文化政策協会のアドボカシー活動の１つであり、会長トビアス・J・クノープリヒ博士の名前で出されている。クノープリヒは、21年間会長を勤めたオリヴァー・シャイト博士の後任として2018年に会長に選出されたが、現職はエアフルト市文化局長。2001年から2010年まで、ザクセン州社会文化連盟事務局長を歴任し、2016年にヒルデスハイム大学に提出した論文「社会文化の綱領諸文と実践諸形式：文化的民主主義としての文化政策（Programmformeln und Praxisformen von Soziokultur: Kulturpolitik als kulturelle Demokratie）」で博士号を授与された。もとより1976年に発足した文化政策協会は、「社会文化（Soziokultur）」を首唱する「新しい文化政策」を推進してきたが、クノープリヒはその第３世代とみなしてよい。以下、まず仮訳した10項目を紹介し、適宜コメントや背景の説明を加えてみたい。

コロナ‐パンデミック後の文化政策のための10項目

１．文化国家ドイツの文化インフラストラクチャーはシステム上重要である。文化インフラは、経済、社会的なもの、教育、学術と同様の注目を必要とする。加えて文化インフラは、民主主義的議論に著しく貢献し、社会的コンセンサスのさらなる発展と反映のための機会を提供する。

２．連邦、州、市町村は、文化政策の観点から結束しなければならない。最終的に文化政策的に評価されるべきは、いかに連邦主義と補完性を新たに調整して、文化領域において強靭な構造を打ち立てるか、そして市町村が負担過剰にならないことである。連邦主義と補完性（の関係）が、危機から抜け出す道を分断し、特に市町村にとって過重な負担となってはならない。

３．文化施設の法的設置主体である州および市町村は、これらの施設の維持のために配慮しなければならないが、その一方で独立した（フリーの）公益領域は特別な危機に瀕している。この領域は公立と同じ権利において、長期的な救済策が講じられなければならない。

４．一連の危機を保障するための市町村の財政出動は莫大であり、至る所で

荷重負担になっている。その際に、とりわけ自発的な自主管理課題が節約努力の照準とされている。適切な助成制度を一定期間持続させるためには、新たな規則の仕掛けや裁量の余地が必要である。このような仕掛けがなければ、継続支援策は、特に施設・機関と事業の被助成者にとって空転してしまうからだ。

5. 救済のシナリオは持続的に練られなければならない。それは文化施設と文化運営者のレジリエンスを促進しなければならない。ここでは、環境に適合した上演会場の改修と同じく長期的な契約関係が重要であり、助成を受ける運営者側の予備費の蓄えも重要だ。

6. 個人的な参加をもっと深めること！ 1人ひとりの損失経験は個別的なものである。だれもが維持のために尽力できているのは、ボランティアや寄付などの申し出のおかげである。制作者と利用者の間での連帯が至る所で生まれていることが、持ち堪えようとする力を強化している。このことが、危機からの持続的な成果と新たな注目点となりうるだろう。ここで前に進む助けとなっているのは、新しいテクノロジーだけではない。危機の体験が非常に具体的な支援となっている。すなわち、危機の体験が定常性へと変換されうるのである。文化政策的なアピールは、政治に向けられるだけではない。市民社会にも向けられているのだ。私たちは「共通のものである危機」を共に克服しなければならない。

7. 文化政策は社会構造政策である！ この危機は文化の発信者をも変化させる。私たちはそのようなことを難民危機において、また他の大災害経験（たとえばエルベ河大洪水）の際にも学んできた。日常に立ち戻るのではない。そうではなく、さまざまな社会テーマ、働き方、ルーティン、諸関係について考え抜き、新たな社会的反響や共感を生み出すこと。すなわち、この危機が1つの認識にならなければならない。

8. コロナ危機の中で、劇場、ミュージアム、フリーランスの音楽家やその他の文化アクターたちは、その観客へのプレゼンテーションとメッセージのために、

前代未聞の規模でデジタルメディアを発見した。しばしばインターネットに冷ややかな態度をとり、批判的に対峙してきた文化領域は、その可能性を迅速に、想像力豊かに、また双方向的に利用した。現在、困難な条件のもとでマスターされたことは、今後、芸術・文化機関にとって普通のケースとなるに違いない。「デジタル時代の文化」は1つのチャレンジであって、そのためにも、それにふさわしい物質的かつ人的資源が供給されなければならない。

9．文化供給（公演や展示）の長期的な保障は、文化発展計画や重点化施策と結合されなければならない。というのも大切なのは即成栽培ではなく、構造を形成する要素にほかならないからだ。私たちは危機からの再生に寄り添わなければならない。そして危機から学び、拡大する危機に、より適切に備えることができるように、探求しなければならない。その際に、応用志向の研究が重要な貢献をなしうる。

10．ミュージアム、図書館、音楽学校、美術学校、市民大学、社会文化センター、自営の劇場、都市地区文化、公共空間のアートなどの文化と文化施設の役割が、定常性の回復において過小評価されてはならない。人々は不安と隔離の月日のあと、お互いに共同体経験に気を配るようになるだろう。こうした力が私たちを支える動機づけとなり、私たちが喫緊に必要としているエネルギーをも結集するだろう。私たちは新たなコンセンサスの形成に文化政策の観点から参画しなければならい。それはまた（社会の）基本方針を刷新するチャンスをも意味しうるのである。

②「文化国家」論争

1項目の冒頭からドイツを「文化国家（Kulturstaat）」と呼び、その文化インフラを「システム上重要（systemrelevant）」と規定しているが、極めて挑戦的な一文である。その背景の理解のために、簡潔に歴史を振り返っておきたい。というのも、戦後（西）ドイツの文化政策は、市民社会セクターによる文化的民主主

義の形成と成熟のプロセスを経て、初めて公的に合意されてきたからである。コロナ危機の中で連邦政府の文化支援策が脚光を浴びているが、ドイツの文化政策の主体は、あくまでも州および自治体の住民である。市民社会セクターの厚みを構成する主役（プロタゴニスト、アクター）たちが文化的公共圏を担っている。以下では歴史を振り返って、勝ち取られたものと係争中のものの意味を考えてみよう。

19世紀ドイツでは「文化国家」概念は当初、官僚制によって硬直化した法治国家を精神文化によって自由で明朗なものにする、という意味合いで使われた。リベラルなコスモポリタニズムが「文化国家」の精神であり、それは法治国家と矛盾するものではなかった。

しかし法治国家が肥大化し、官僚システムの発展が大学の研究・教育の内容にまで干渉するようになると、大学の精神の空洞化を危惧する知識人たちの間から、学問と大学の自治を堅持しようとする動きが強まる。その際に彼らは「文化国家」概念によって精神文化（教育、教養形成、学問、芸術）を守ろうとした。文化国家の概念は1919年のヴァイマル憲法において条文化され、国家からの自由権の保障だけでなく、国家による文化振興が奨励された。

「官僚的君主制が直接役立つ見返りを要求せず、学問と精神の世界に過度に厳しい監督権を行使しないで、学問におしみない援助を与える」。「芸術、学問及びその教授は自由である。国は、これに保護を与え、その奨励に関与する」[3]。ところが、この文化国家論が1933年以降、皮肉にも中央政府が文化振興を行う責務と仕組みを正当化する基盤となっていった。ヒトラーの中央集権的文化政策の温床となったのである[4]。こうした過去への反省に立って、戦後のボン基本法では「文化国家」概念は採用されなかった。

けれども2000年代に入ってから、グローバル化に伴う文化領域の市場化への対抗措置として、主に市民社会セクターの側から文化国家条項を基本法に盛り込むべきとの動きが強まってきた。その火付け役となったのは、ドイツ文化評議会（Der Deutsche Kulturrat）の声明「生存配慮としての文化」（2004年9月29

日付 *"Kultur als Daseinsvorsorge!"*）[5] である。

　ドイツ文化評議会は、ドイツ文化政策協会と並んで、市民社会セクターにおける文化政策研究とアドボカシーを中心的に担い、以下の8分野のドイツ文化諸連盟（評議会）を包括する上部組織である。ドイツ音楽評議会、演劇・ダンス評議会、ドイツ文学会議、ドイツ美術評議会、建築文化・文化遺産評議会、ドイツ・デザイン評議会、ドイツ・メディア評議会、社会文化・文化教育評議会。

　ドイツ文化評議会[6]は、個々の分野にとって重要な文化政策上の案件全般に関して、連邦、16州、EUの政策および行政への助言機関として信頼を受けている。その目的は、分野を横断する全州的な問題を、あらゆるレベルでの文化政策的な議論に付すことである。年間運営費は1億円強、職員8名、ボランティアスタッフ400名、会員258団体から構成されている。芸術文化団体が会員の点で、個人を会員とする文化政策協会とは性格が異なる。

　ドイツ文化評議会の沿革に触れておこう。1981年に全州的に重要な文化およびメディア組織と機関に関する、政治的に中立な研究グループとして設立され、1995年公益協会に移行。法人格は文化政策協会と同様にエーファオ（e.V）と呼ばれるNPOである。2002年から文化をテーマとした広報誌『Politik&Kultur』の発行を開始し、2012年から「文化レッドリスト（die Rote Liste Kultur）」を発表。閉鎖・解散の危機にある劇場、博物館、市民活動団体、協会、プログラム、映画館などを公表している。

　難民危機後の2016年にはドイツ文化評議会の提唱で、連邦内務省、厚労省、文化・メディア庁、移民・難民と統合庁が連携して「文化的統合のイニシアチブ」を創設。2017年プロジェクト・オフィス「文化＆メディアにおける女性」を創設し、文化・メディア分野における男女同権のための具体的施策の実現をめざしている。2018年にはプロジェクト・オフィス「持続可能性＆文化」を創設。連邦環境・自然保護省と連携して持続可能な発展を支援し、自然・環境の持続可能性の議論と文化政策上の論議との橋渡しを行っている。

　さて、ドイツ文化評議会は声明文「生存配慮としての文化」において「文化

的生存配慮」の概念を論証したあとで、基本法の中に「国家目標としての文化（Staatsziel Kultur）」を取り入れることを要求している。「基本法における文化の国家規定は、芸術の自由の言明を超えて、ドイツ連邦共和国を文化国家として定義することになるだろう。ドイツ文化評議会の見解では、新たに基本法第20条b項において、国家は文化を保護し、振興すると公式化されるべきであろう」[7]。

　このような機運を受けて、2003年に設置されたドイツ連邦議会文化諮問委員会「ドイツにおける文化」は、2007年12月に提出した『最終報告書』の中で、基本法第20条にb項「国家は文化を保護し、振興する」を追加すべきであると勧告した[8]。しかしながら、この勧告は、現時点でも連邦議会において採択されておらず、したがって基本法改正は実現していない。終戦から75年、ドイツ統一から30年を閲した2020年に至ってもなお、ドイツ連邦共和国は「文化国家」として自己規定することに慎重な態度を貫いているのである。

　たとえば、2020年5月9日にメルケル首相が行ったテレビ演説「コロナと文化」[9]は、「文化支援の課題は連邦政府による優先順位リストの最上位にある」という明快な声明だった。多くの文化関係者に勇気と希望を与えたが、演説の冒頭は「ドイツは文化の国であり、私たちは国中に広がる多様な公演や展示に誇りを持っています」で始まっている。「文化の国」は ein Land der Kultur であって、「文化国家（Kulturstaat）」は1度も使われていない。

　これに対し、市民社会セクターに根を張った文化政策協会は、ドイツ文化評議会と同様に「文化国家ドイツ」を標榜している。もとより「文化インフラストラクチャー」は、文化施設だけでなく、芸術家、アートマネジャーなどの人的資源、さらに活動や事業を含む包括概念である。ドイツの文化インフラこそが「民主主義的議論に著しく貢献し、社会的コンセンサスのさらなる発展と反映のための機会を提供」してきた、という実績と自負が、文化政策協会のプロタゴニストたちにはある。

　戦後ドイツの文化関係者は、芸術文化とその議論を通して民主主義を根づかせ、新しい市民社会の形成と発展に大きく寄与してきた。少なくとも連邦政府と

しての国家ではなく、ボトムアップ型民主主義の文化運動が「文化国家」の実質を形づくってきたのである。

③ システム上重要なものをめぐって

　さらに注目すべきは、「文化国家ドイツの文化インフラはシステム上重要である」という自己規定における「システム上重要」の意味である。近年ドイツで耳にすることの多いキーワードであるが、コロナ危機の中でその頻度が高まっている。「システム上重要」はドイツオリジナルの概念で、内容的に「潰すには巨大すぎる（too big to fail）」の類義語とされる。一体どのように関係するのだろうか。

　2007年のリーマンショックの記憶は生々しい。もし、メガバンクや大手の証券会社や保険会社が倒産すれば、金融システム全体の崩壊を招く。中小企業の連鎖倒産が起こり、失業者が激増し、社会経済システム全般が麻痺してしまうだろう。したがって、金融システムを担う民間企業が巨大であればあるほど、公的資金つまり国民の血税によって救済されなければならない。金融システムの安定上「潰すには巨大過ぎる」ゆえに重要なのである。

　しかし、ここには「危機」という言葉で隠蔽してはならない資本主義の根本矛盾がある。「詐欺」であることを見抜くには巨大過ぎるほどの「不正」がある。新自由主義者は市場原理による競争と淘汰こそが合理的選択であり、政府による干渉は不要だと主張する。政府の機能はできる限り小さい方がよい。自由競争に勝ち抜いた企業は、合弁や買収を繰り返して寡占・独占企業へと肥大化する。そこでのモラルは「自己責任論」である。

　けれども歴史（文化多様性）や生態系（生物多様性）が教えるように、一人勝ちほど危険なことはない。ところが新自由主義者は、そのリスクを逆手に取る。国家が税金を投入して救済せざるをえないまで巨大化することこそが最も合理的な選択だ、と。「潰すには巨大過ぎる」民間企業は倒産を免れるからだ。競争と淘汰のプロセスにおいて負け組となった側は、あらゆる危機の中で身ぐるみ

を剥がされるが、その間に巨大企業のCEOやマネジャーや投資家は莫大な持ち逃げを許される。金融資本主義のモラルハザードは猖獗を極める。

　コロナ危機によって露呈したものは、世界金融の中心ニューヨークで爆発した感染拡大と医療崩壊、すなわち圧倒的な貧富の格差と保険制度の欠陥である。金融資本主義というグローバルな感染症の拡大は、コロナウイルスとともにその感染源を直撃した。いま「システム上重要」なのは、生命の維持に不可欠な医療関係者や、生活に必要なスーパーのレジ打ちなどの「エッセンシャルワーカー」であって、テレワークが可能な投資家やバーチャルエコノミーのエリートたちではない。コロナ危機によって「システム上重要」なものの内実が逆転した。しかし、その所得配分は不公正なままだ。こうした根本矛盾の露呈が、資本主義の終焉を10年単位で前倒しにし、新たな社会経済システムの産婆役となることだろう。

　これに対してヨーロッパの価値観に共通するものは「社会的」である。「ヨーロッパ統合」という国民国家を超える世界史的実験は、たんに政治統合や市場統合だけでなく、社会的統合をめざす試みでもあった。「社会的経済」（フランス）や「社会的市場経済」（ドイツ）という国是は政権が変わっても維持されてきた。社会的経済が重視する価値は、①資本よりも人間を優先、②訓練と教育による人間発達の重視、③自由意志による結合、④民主的運営、⑤自律とシチズンシップ、である[10]。

　さて、コロナ危機の渦中にあるドイツでは、「誰が、何がシステム上重要なのか？」という問いが百出している。それはもはや金融システムの安定を意味するものではない。いまやシステム上重要なのは、誰が、何が、適切な危機管理によって社会の安定をもたらしているかである。ドイツ連邦共和国大統領シュタインマイヤーは2020年4月11日、テレビ演説で次のように呼びかけた。

　医療現場で命を救う活動に精力的に取り組んでくださっている皆さんへの感謝の念を深くします。私たちの誰もが今、生活全体の激変に見舞われているわけですが、この危機でとりわけ厳しい打撃を受けている人々のつらさを思

わずにいられません。病を抱える人々、身寄りのない人々、失業や倒産の心配を抱える人々、収入が激減したフリーランスやアーティストの人々などです。また、バルコニーや庭のない狭い家に住む家庭やひとり親家庭の皆さんの大変さを思います。(…)

私たちがこうして努力を積み上げてきたのは、何も厳格な強制があったからではないはずです。責任感ある市民1人ひとりが支える、生きた民主主義が根づいているからのはずです。1人ひとりが真実と正論の理解に努め、理性的な判断を行い、正しい行動を実行すること、互いに信頼を寄せ合うことのできる民主主義社会、いずれの人の命も尊重され、いずれの人もそれぞれ重要な役割を担っている民主主義です。看護師から首相まで、学術専門家会議から、見える形、見えない形でそれぞれ活躍する社会のさまざまな支え手まで、皆が役割を担っています。スーパーマーケットのレジを打ち、バスやトラックのハンドルを握り、製パン工房や農場で働き、ごみ収集に従事する人々、そうした人々皆が社会を支えているのです[11]。

　ここに政治家の上から目線を感じるだろうか。シュタインマイヤー大統領は、すべての市民が健気に、相互に信頼を寄せて社会を支え合っていること。誰もがそれぞれの立場から、社会生活の安全と安定のために責任感を持って行動していること。ここにこそ、国家からの強制ではない、生きた民主主義が根づいており、市民社会が機能していることに敬意を表している。つまり誰もが、そしてどのような職業も「システム上重要」なのであり、そのシステムは国家の強制によってではなく、ボトムアップの民主主義として形成され、機能しているのである。
　してみると、ドイツの文化関係者が、芸術文化とその議論を通して民主主義を根づかせ、新しい市民社会の形成と発展に大きく寄与してきた点にこそ「文化インフラはシステム上重要である」と主張することの意味と根拠がある。文化政策は決して「不要不急」のものではない。短期的にも長期的にも「システム上重要」なのである。

もし仮に、芸術文化が緊急時においてシステム上重要あるという社会的合意を得られないとしても、代案として「生きるうえで重要だ（Lebensrelevant）」という言葉が生まれてきている。システムという概念に、なおも金融システムの響きが残っているのであれば、「芸術文化は生きるうえで重要である」という表現が定着する方が好ましいように思われる。

　R. v. ヴァイツゼッカー元大統領はドイツ統一直後の1991年、その財政危機の中で次のように語っていた。「文化は確かに高くつきます。（しかし）文化は、私たちがそれを楽しむゆとりがあったり、あるいは取り消したりできるような贅沢品ではありません。そうではなく、私たちの内面に本来備わっている生き抜く力を確実なものにしてくれる精神的な基盤なのです」[12]。

④ 協調的文化連邦主義

　ドイツ文化政策協会の声明「コロナ‐パンデミック後の文化政策のための10項目」の2項目目を理解するために、ドイツの文化政策の基本構造とその課題を明らかにしたい。

　2. 連邦、州、市町村は、文化政策の観点から結束しなければならない。最終的に文化政策的に評価されるべきは、いかに連邦主義と補完性を新たに調整して、文化領域において強靭な構造を打ち立てるか、そして市町村が負担過剰にならないことである。連邦主義と補完性（の関係）が、危機から抜け出す道を分断し、特に市町村にとって過重な負担となってはならない。

　ドイツの文化政策の基本3原則は、「文化連邦＝分権主義」「州の文化高権」「補完性の原則」である[13]。ドイツの公的文化歳出の大半は州レベルと基礎自治体レベルで賄われており、2017年（公表は2020年）の連邦レベルでの文化歳出は連邦、州、市町村を合わせた額の17％に過ぎない。一般に、連邦政府と州

政府との関係は、各州の代表からなる連邦参議院を通して各州政府の意向を連邦政府に反映させる「協調的連邦主義」に基づいて構築される。

　しかしながら、文化領域（芸術・文化・メディア・教育）に関しては、「州の文化高権」の原則から州の権限が連邦に優先する。1998年にBKMが創設された際、州の文化高権を侵害しないように、その業務はドイツ全土に関わるもの（首都支援、過去の克服、対外メディアなど）に限定された。しかし、特に旧東独の新5州に関しては財政面での困窮もあり、2001年末までには文化政策の面でも協調的連邦主義の合意が成立した。ドイツ諸州は、ナチス時代や東ドイツ時代における中央集権的文化政策への不断の反省を前提に、連邦の文化政策との協調と調整を進めてきたのである。

　もとより連邦＝分権主義は、各州の多様性が連邦の統一性のなかで保障され展開される、国家制度の原則である。その際に連邦は、各州によっては実行できない広がりをもった中央の課題だけを引き受ける。このメカニズムが「補完性の原則」と呼ばれるものである。この原則は、州と基礎自治体（市町村）の関係にも適用される。

　ドイツの行政の仕組みは、連邦、州、市町村の3つの次元に配分されているが、行政事務はできるだけ市民に近いところで行なわれるべきであるとする原則が貫かれている。行政事務の配分は、市町村を基礎として州、そして連邦へと組み立てられている。その際、もし具体的な必要性があり、その効果が総合的に

図1 ドイツの公的文化歳出とその担い手

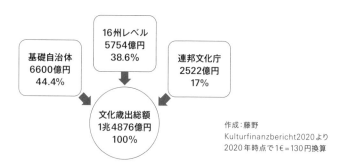

作成：藤野
Kulturfinanzbericht2020より
2020年時点で1€＝130円換算

見て市民に有利な場合に限り、より上の段階で処理されるべきものとされる。

　文化政策の構造でも「補完性の原則」が尊重されてきた。そのため、文化領域における基礎自治体の負担は文化歳出全体の45％に達する。けれども今回のコロナ危機の感染者の割合は、州ごと、自治体ごとに大きな偏差がある。もし補完性の原則に基づいて、基礎自治体の文化インフラを維持し、フリーランスへの支援を行うとすると、財政負担が荷重となる市町村が数多く出てくる。そこで、基礎自治体が負担過剰にならないように、「連邦主義と補完性を新たに調整して、文化領域において強靭な構造を打ち立てる」ことが、文化政策の喫緊の課題となっているのだ。

⑤　分権的構造と市民社会セクター

　整理してみよう。地域主権の国であるドイツの文化政策の基本3原則は、「文化連邦＝分権主義」「州の文化高権」「補完性の原則」である。また、戦後（西）ドイツの文化政策は、基礎自治体→州政府→連邦政府という3層構造からなり、ボトムアップ型の補完性の原則に基づいて形成されてきた。

　そればかりではない。これらの各公共セクターにおける文化政策自体が、その内部において分権的構造をもち、市民社会セクターからの政策提案に基づいて議論され、合意形成されてきたのである。国家主導の文化政策は一貫して避けられているが、それは民営化論を意味するものではない。ドイツの分権的構造が、日本で物議を醸してきた民営化論とは異なる文脈であることに留意したい。

　確かにパンデミックの時代に明らかとなったのは、ドイツの政治家の指導力と信頼感である。しかしもっと重要なことを見落としてはならない。市民社会セクターによる文化的民主主義の形成と成熟のプロセスである。そこで改めて、市民的・文化的公共圏を紡ぎ上げてきた非営利活動組織として、ドイツ文化評議会と文化政策協会に焦点を当てたい。

　ドイツ文化評議会は多様な芸術文化団体の上部組織であり、主に芸術家の

表1 ドイツの文化政策の多元性 レベル・アクター・組織構造

セクター レベル	政府・行政セクター 立法・担い手・助成	市民社会セクター ロビー・アドボカシー
連邦国家レベル	外務省 連邦文化メディア庁	ドイツ文化評議会 文化政策協会
州レベル	学術・芸術省	各分野の各州文化連盟 （評議会）
市町村レベル	市町村議会 文化局（長）	地域の協会・団体連合

（作成：藤野）

ための調査やアドボカシーを行っている。ドイツ文化評議会の活動は通常ロビー
イングとみなされるが、芸術家のための共益団体の性格を超えて、市民社会全
体に開かれた公共性をもつ。それは、先に紹介した難民、ジェンダー、環境な
どをめぐるアクチュアルなプロジェクトを発案し、公共セクターを巻き込んで社会
課題に取り組んでいることからも明らかである。

　日本との類比では、（公財）日本芸能実演団体協議会（芸団協）や（公財）全
国公立文化施設協会（公文協）をイメージするが、その基本姿勢、調査研究能力、
政策提言力には相当の隔たりがある。ドイツ文化評議会は、文化政策協会ととも
もに、連邦、州、自治体の文化政策を牽引する市民社会セクターのエンジンで
ある。公共セクターに対して政策提案し、また文化団体と行政の双方に助言を
行う対等なパートナーなのである。

　ドイツ文化評議会は、政府との合意に基づいた協働には積極的であるが、国
や自治体の下請け機関ではない。市民社会の文化的民主主義に根ざした自律
的組織である。忖度する役人も天下りもいない。また、助成金の審査には関わ
らないため、イギリスのアーツカウンシルのように、アームズ・レングスの原則が
問題となることもない。ドイツ文化評議会は、ナチス時代の帝国文化院を反面教
師とし、市民社会の内部での議論を重ねて形成された上部組織である。

　他方、文化政策協会は、文化行政やアートNPOなどの実務家を主体に、研
究者やアーティストが加わった組織で、住民・市民のための文化政策の調査研
究とアドボカシーを行っている。ドイツ文化評議会と文化政策協会は、いずれも

学術団体ではない。2つの組織とも10名足らずの職員、年間予算1億円程度で運営されていながら、その影響力と存在感には驚かされる。数百人の専門家のボランタリーな協力があってこそ可能な活動である。それぞれのメンバーシップの内実も異なるが、相互の役割分担と連携に基づいて、文化的民主主義の立場から、ドイツの文化政策と文化的公共圏の形成に大きく寄与してきたのである。

　ちなみに、「文化的民主主義（kulturelle Demokratie）」と「文化の民主化（Demokratisierung der Kultur）」との違いにも留意しておきたい。後者の「民主化」は、一般に高尚なものとみなされてきた芸術文化（ハイカルチャー）を、一部のエリートの独占物から、より多くの人たちに広めるという啓蒙主義の系譜にある。1970年代からドイツで唱えられてきた「万人のための文化（Kultur für alle）」を「文化の民主化」と混同する向きもある。

　一方「文化的民主主義」とは、筆者の文化政策理念に置き換えれば「文化的自己決定能力の涵養」[14]を意味する。ここでの「文化的」が意味するものは多義的である。まずは文化に関する事柄を決める主体は、地域・コミュニティの住民・市民である、という意味だ。と同時に、芸術文化とその活動を通して、文化以外の事柄に関しても、住民・市民の自己決定（＝自治）能力が涵養されることを意味する。それゆえに芸術文化を享受し、相互に議論し、文化的活動に参加することは市民社会の公共性を紡ぎ上げる民主主義のインフラなのである。

⑥ 強靭なネゴシエーション

　文化政策協会の声明「コロナ-パンデミック後の文化政策のための10項目」は、実務家の視点を踏まえながらも長期的な視点に立って、公共セクターのみならず市民社会セクターに向けて発信されたものである。そこには、文化と社会との新しい関係のための基本理念と政策提言、構造改革と意識改革が語られている。

　これとは別に、ドイツ文化評議会は、コロナ危機の当初から、文化関係者の

活動と生活の維持のために、すこぶる具体的な声明や提言を矢継ぎ早に発表してきた。ここでの文化関係者（Kulturschaffende）とは「文化活動＝創造者」を意味し、アーティスト、アートマネジャー、プロデューサー、テクニカルスタッフ、デザイナーや出版・メディア関係のクリエーターなどを含む包括概念である。

ドイツ国内の感染者数240人、まだ死者が出ていなかった2020年3月4日、ドイツ文化評議会は「コロナ - ウイルスが文化領域を急襲」というプレスリリースを発表した[15]。ドイツの文化産業にとって重要な位置を占めるライプツィヒ・ブックフェア（Leipziger Buchmesse, 1632年～）が中止され、また10月のフランクフルト・ブックフェア（Frankfurter Buchmesse, 1573年～）の延期が伝えられたことが大きい[16]。2019年にはライプツィヒに29万人が、フランクフルトには30万人が来場した。

そこでドイツ文化評議会は、経済・エネルギー大臣が文化・創造経済のために尽力するように、グリュッタース文化大臣に向けて呼びかけを行った。もとより出版産業は経済・エネルギー省の管轄であるが、そのコンテンツの多くは文化領域と深く関連する。芸術家のみならず文化・創造経済全般への幅広い配慮が、市民社会セクターの側から先に提案されたのである。

3月11日のプレスリリースでドイツ文化評議会は、劇場やコンサートホールの閉館や休業に理解を示すと同時に、公演中止による損失補填や返却チケットの精算を州と基礎自治体に求め、さらに連邦による支援も要請した。「ドイツ文化評議会が最も憂慮するのは、フリーランスの芸術家と文化・メディア分野での自営業者の状況である」。いまこそ連邦と諸州が、その「協調的文化連邦主義」を立証するものとして、共同で緊急支援基金を創設すべきであると提案した[17]。

ドイツ文化評議会の事務局長オラフ・ツィンマーマンは13日、その結果を以下のように報道発表している。「16州の文化大臣は、われわれの提案を取り上げた。コロナ危機によって取り消されたフリーランスの芸術家および文化経済の損失補填のために、国立の緊急基金を創設するという提案である。この緊急支援基金がまもなく開始できるように、連邦と諸州の間での迅速な協定を期待してい

る」[18]。

　さらに同日の別のプレスリリースでは、ツィンマーマンは以下のように述べている。「連邦文化大臣モニカ・グリュッタースが、文化・メディア分野の支援のための第1歩に素早く着手していることを非常に肯定的に受け止めている。しかし即時支援策が、連邦と諸州の間で本日合意された緊急支援基金の代替となりえないのは当然である」[19]。

　このように、2020年3月23日のグリュッタースによる支援策の発表以前に、ドイツ文化評議会、連邦および各州の文化大臣の間での強靭なネゴシエーションが行われていたのである。とりわけフリーランスの芸術家への緊急支援については、ドイツ文化評議会の提案を受け入れる形で、連邦政府の施策が策定されていった様子がわかる。

　ドイツ文化評議会は3月16日に「コロナ vs 文化」[20]というニューズレターを発刊し、12月15日までに29号が発行されている。連邦文化メディア庁への政策提言とその成果報告だけでなく、州ごとのフリーランスへの支援策と支援額の速報が掲載されている。というのも、連邦政府の緊急支援をベースに、各州独自の支援額がどこまで加算されるかが焦点だからである。

⑦　公益領域としてのフリーシーン

　ドイツでは、芸術文化機構を支える公的制度が極度に発達し、安定的な文化施設・機関の運営が保障さている。その反面、公的文化制度の枠組から外れたフリーランスのアーティストは、いわばワーキングプアー状態に置かれてきた。この間、文化政策上の議論の中心は、フリーランスのアーティストに正当報酬が保証される持続可能な支援策の実現にあった。しかし、そうした課題が解決さる前にパンデミックが生じたのである。3項目目は、コロナ危機の渦中にあって極めて重要かつ緊急性の高い提言である。

文化施設の法的設置主体である州および市町村は、これらの施設の維持のために配慮しなければならないが、その一方で独立した（フリーの）公益領域は特別な危機に瀕している。この領域は公立と同じ権利において、長期的な救済策が講じられなければならない。

　問題となっている事柄の背景と構造は、特に2000年代以降、ドイツの文化政策の焦点となってきた。そこでの矛盾が、パンデミックによって一気に表面化したのである。もとよりドイツには州のステータスを有する3つの都市州（ベルリン、ハンブルク、ブレーメン）がある。これらは州と市が合体しているため文化予算も大きい。都市州を除いて住民1人あたりの文化予算が最も多い都市は、旧西ドイツのフランクフルトおよび旧東ドイツのライプツィヒである。いずれもブックフェアの長い伝統をもつ商業・交易都市だ。市の文化予算だけで住民1人あたり年間3万円に及ぶ。日本の基礎自治体とは1桁以上の開きがある。

⑧　ライプツィヒの事例から

　とはいえ、これらの文化都市においてもフリーランス問題は深刻である。たとえば人口58万人のライプツィヒ市は、主にこの問題を解決するために2016年、ライプツィヒ文化評議会（Leipziger Kulturrat）を設置した[21]。その目的は以下の2点である。

1. 市議会（市参事会Stadtrat）、文化専門委員会ならびに行政における文化政策の戦略的問題に対して助言を行う。また、ライプツィヒ市の文化活動＝創造者（Kulturschaffende）などと文化施設の間の協働を支援する。
2. 市の関係集団のさまざまな利害関心を調整する。市議会とその各委員会ならびに行政は、文化政策上の問題にかかるすべての案件において、文化評議会を通じて助言を求めることができる。文化評議会は、文化関係者を政策的な決

定プロセスに巻き込み、これによって民主主義的参加を強化する。

　委員はすべての分野（造形芸術、演劇・ダンス、音楽、文学、社会文化、文化的教育、都市史）を代表するもとして任命され、フリーランスの代表者3名を含み、年に6回程度開催されている。ただし、助成金の審査は行わないのでアーツカウンシルではない。

　ライプツィヒ文化評議会は2018年10月30日、以下のような「提言」を発表した[22]。ライプツィヒを多様で多彩で世界に開かれたまちにしているのは、いったい誰だろうか。そのための条件であるフリーシーンのアートを強化し、「ワーキングプアー」状態にあるフリーランスのアーティストに正当報酬が保証される持続可能な支援策を実現しなければならない、という提言だ。ここには既存の文化施設・機関の既得権益への批判も見え隠れする。

　この提言によってフリーシーンの芸術文化（社会文化センターや個別のアートプロジェクト）への助成金は2018年の7.2億円に対して2019年は10億円に増額された。それでも総額150億円に及ぶ市の文化予算の6.6％に過ぎない。市立の美術館、博物館群のみならず、市立オペラへの60億円、ゲヴァントハウス管弦楽団への25億円と比較するならば、フリーランスへの支援の割合は、まだまだ低い。公立の施設・機関と同じく公益的な活動を行っていることへのリスペクトも十分ではない。

　ただしライプツィヒ市は、公的機関へのインスティテューショナルな助成と、フリーシーンへのプロジェクト助成の割合を変えることで、この問題を解決しようとはしていない。フリーランスへの支援額を純増させ、全体の文化予算も増やしている。ライプツィヒ文化評議会による民主主義的参加の仕組みが世論を反映し、同時に世論を形成する。こうした公共的議論によって、文化予算の増額への市民の合意が形成されているのだ。

　ここ数年、少なからぬアーティストがベルリンからライプツィヒへ移動し、1990年代のベルリンを彷彿させるエキサイティングなまちに変貌している。その仕掛

けづくりの根底には「民主主義的参加」の強化があった。自分たちでまちを変えられるのだ、という当事者意識と手応え感が、若者とアーティストをまちに引き寄せる磁力なのである。

⑨ 連邦文化大臣の声明と支援策

　フリーランスの生活と活動の維持を憂慮したドイツ文化評議会の提案を受けて、ドイツ連邦文化大臣モニカ・グリュッタースは2020年3月23日、文化領域への大規模な支援策を発表した[23]。すでにグリュッタースは3月11日に連邦政府による支援声明を出していたが、具体的な施策を発表したのは今回が初めてである。

　芸術団体や文化・創造産業に対して、零細企業・自営業者向緊急支援枠500億ユーロ（約6.5兆円）を適用し、助成金および貸し付けの形で提供。それに加えて、個人の生活維持のために100億ユーロ（約1兆3,000億円）を供与する。また、プロジェクトが中止になっても助成金の返還は可能な限り求めない、という内容である。グリュッタースは連日メディアに登場し、特にフリーランスの芸術家に希望を与えてきた。以下に、3月23日のドイツ放送（Deutschlandfunk）のインタビューから抄訳してみよう[24]。

　「私たちがコロナ危機において考慮しなければならない非常に重要な集団がある。その集団は自分たちのためだけではなく、社会の中で私たちすべてにとっても大変に価値のある仕事をしているからである。私たちは本日、文化・創造・メディア分野に対しても、実際に3本柱からなる大型の支援策を閣議決定した。これは第1に、零細事業者が安心して経営を続けられること——キーワードは賃貸料——そして第2に、個人の暮らしが守られることである。もっと素早く基礎保障に手が届くこと。たとえば、宿泊や暖房のための支援である。次に第3の領域であるが、多くの個別施策によって困難を緩和すること、たとえば破産法の緩和、あるいは2か月家賃を滞納した場合でも解約されないなどである」。

連邦政府は基礎保障への窓口を—とりわけ個人自営業者に対して—広げたいと、グリュッタースは述べた。6か月の期間、まずは生活の苦しくなった子育て世代のために、手持ち資産の有無を問うことなく、児童手当が月に2万4,000円増額され、住居と暖房のための経費が認められる。現在の住居に住み続けることができ、また芸術家社会保険の掛金が引き下げられるという。文化分野で働いている人たちの大半は、普段からつましい生活を送っているが、その人たちにいち早く援助の手を差し伸べたいと、連邦文化大臣は語った。

　緊急支援は、ギャラリー、書店、小規模映画館、ミュージッククラブの賃貸料のためのものであり、「事業者が誰1人として脱落しないでほしい」とグリュッタースは述べた。それでも不十分な場合は、取引銀行を通して3万ユーロ（390万円）の短期融資が受けられる。これは新法に従って、面倒な手続きなしで与えられることとなる。

　損失リスクの80％は国家すなわち復興のための信用銀行によって肩代わりされる。また、できる限り助成金の返還を求めることはない。「それゆえ、もしもコンサートがパンデミックが原因で実施できないとすれば、私たちは1度支払われた助成金の返還を要求することはない」。以下は、グリュッタースから芸術家への呼びかけである。

　「この分野がいかに大切かという認識は大きく広がっている。目下、文化は大切なのだということを、私たちは仲間内で語り合っているのではない。また政治の中で発言しているだけでもない。社会においても多くの人たちが文化の大切さを理解してきている。文化はよい時代にだけ営まれる贅沢ではない。文化は生活と社会に必要不可欠なものである。中止となった瞬間に文化が失われたことで、私たちはそのことに気づくのである。こうした芸術家が創造するものは人間性の表現である。そして私たちは今日、このことを以前にも増して必要としている。だからこそ、大きな支援プログラムも必要なのである」。

　現代ドイツの文化政策論の中心には「文化的生存配慮（kulturelle Daseinsvorsorge）」[25]というキーワードがある。もともとは、市場原理主義のグロー

バル化の中で、民営化によって淘汰されてはならない公共文化政策の本質をめぐる法哲学的議論だ。ドイツ憲法で保障された「人格の自由な発展」を可能にする条件を、芸術の自律性および現代市民社会の民主主義的基盤の形成という観点から基礎づけたのである。この概念を最初に提起したのは、2004年9月29日付のドイツ文化評議会の声明であった[26]。

公共文化政策の基本枠組みは、①文化施設の設置と維持、②芸術・文化の振興と文化的人格形成の促進、③文化事業の発案と資金調達、④芸術家と文化を生業とする者、市民活動、文化領域で働くフリーランサー、文化産業のための条件整備にある。今回のコロナ危機のように、（国民だけではなく）ドイツに居住する者の「文化権」が損なわれた場合、「文化的生存配慮」を法的根拠として、国家や自治体には公的支援を行う責務が生じる。グリュッタース文化大臣の発言の根底にも「文化的生存配慮」の思想と責務が反映している。

⑩ ファクトに即して

グリュッタースの声明にある500億ユーロ（6.5兆円）という支援額だが、これは次のような意味である。ドイツ連邦政府経済・エネルギー省は3月23日、「零細企業と自営業者のためのコロナ-緊急支援」のパッケージを発表した。その財政出動は総額で500億ユーロ。この中で補助金として給付される対象は、従業員数10名までのすべての経済分野の零細企業、自営業者、そしてフリーランスに属するものとされた。

従業員5名までは3か月分が9,000ユーロまで一括して給付、従業員10名までは1万5,000ユーロが一括給付される。つまり、文化・創造経済の分野でも、上記の条件で補助金が支給されることになる。だから、文化・創造経済の分野に特化した支援策ではない。

さて、ドイツにおける文化・創造経済の年間の価値創出総額は12兆円に上る。下記のグラフ（出典：「ドイツニュースダイジェスト」5月22日号）[27]は、経済・エネル

表3　ドイツ主要産業の価値創出額

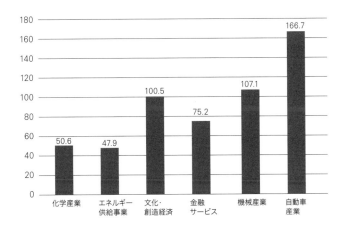

ドイツ・ニュースダイジェスト 2020年5月22日号　1122号より

ギー省の白書をもとに作成したもので、自動車産業の166.7、機械産業107.1に次いで文化・創造産業（経済）が100.5（1005億ユーロ）となっており、3番目の経済規模である。

　文化・創造経済分野の従事者は120万人、企業数は25万6,000なので、一企業（事業者）あたり4〜5名。つまり、ほとんどが零細企業、自営業者もしくはフリーランスに該当する。その大半が、先の支援策の対象者になるものと予想される。

　ただし、これは連邦政府による支援策である。ドイツでは文化振興は地域主権の立場から、州と自治体が主体で行い、連邦文化メディア委任官庁の予算は全体の17％に過ぎない。したがって、各州や市町村も独自に芸術家や文化団体への支援策を打ち出している。たとえばバイエルン州では月額1,000ユーロ、バーデン＝ヴュルテンベルク州では月額1,150ユーロを、個人芸術家の生活費に特化して給付することを決めた。また、ザクセン州ではフリーランスの芸術家に「奨学金」として2か月分で2,000ユーロを支給している。これら連邦政府、州政府、基礎自治体を合算して初めて、ドイツ全体の文化・創造経済分野への支

援総額が明らかとなる。そのデータを集積し、迅速に公表しているのはドイツ文化評議会である[28]。

⑪ アーティストとクリエーターの連帯

　本来グリュッタースは、連邦レベルでの国内の公共文化政策のみを所掌しており、経済・エネルギー省が所掌する創造経済分野にはタッチしない。これは日本でも同じで、文化庁の管轄と、経産省の管轄を横串することは簡単ではない。もっともアベノミクスの流れで「稼ぐ文化」を合言葉に、文化経済戦略が文化芸術政策に食い込んできている[29]。

　今回グリュッタースが、いわば越境して「文化・創造経済」を一括りにして支援策を打ち出している背景には、さまざまな理由が推測される。ドイツの公共文化政策は高度に制度化されており、インスティテューショナル（施設＝機構）な助成が公共文化予算の90％以上を占めている。たとえば、ドイツの公共劇場は、大学や病院のように、ほぼ税金で賄われており、その職員約4万人（芸術職を含む）は準公務員だ。

　このような公的機関の場合、州や自治体からの恒常的な補助金で運営されており、すぐに倒産することはない。組合や職員協議会が力をもち、簡単に失業することもない。ただし、今回のコロナ危機では活動制限が長期化しているため、多くの公立文化施設が短時間労働制（Kurzarbeit）を導入し、正規職員の場合、月給の60〜67％（段階的に引き上げ12月時点では80〜90％）の支払いとなっている。これに対し、フリーランスの芸術家への支援は十分ではなく、通常はプロジェクト助成を資金に活動している。最近の調査では、ドイツのフリーランスの芸術家の平均月収は1,200ユーロほどだという。

　ちなみにドイツ連邦政府は、今回のコロナ危機で生活が困難になったフリーランスに「ハルツIV」という失業保険の活用を呼びかけている。同時にその適用範囲を広げ、審査手続きを緩和している。グリュッタースが発表した芸術・文化

支援3本柱の2本目「基礎保障（Grundsicherung）」の具体例である。けれども、政府からの休業要請によって仕事を失ったアーティストには、自分たちは失業者ではないという意識が強く、これとは別の保障を求める声が根強い[30]。

　他方、創造産業の従事者もその収入、労働形態共にさまざまだ。しかし個人での起業が多いため、スタートアップの支援はあるが、恒常的な支援はない。劇場のような公営企業ではなく民間企業なので、コロナ危機のダメージは極めて大きい。したがって、グリュッタースは、近年「稼ぐ文化」として成長している創造経済のクリエーターの危機と、その支援の根拠を表に出すことで、もともと公的助成に依存してきたアーティストへの支援と一体化し、芸術家とクリエーター（デザイナー）との連帯・団結を促す意図があるものと思われる。そうしなければ、文化全体の危機を乗り越えることはできないからである。

　ある意味でしたたかな高等戦略だが、文化大臣のリーダーシップに、ドイツのすべての文化関係者は勇気を与えられてきた。希望をもって、いまできることから取り組んでいる。メルケル首相もそうだが、ドイツでは女性政治家の存在感、倫理観が強く心に響く。このような緊急事態のときに「詩（芸術）と哲学の国」の本領が発揮されるものだと痛感する[31]。

　ちなみにメルケルの1番の盟友はグリュッタースだという。通称は「文化大臣」だが、ドイツには文化省はない。ドイツの憲法では、全体主義への反省から、文化とメディアと教育に関する権限は、まずは州（と自治体）に置かれている。連邦政府の文化に関する権限は非常に限定されている。長い議論の末に1998年、社民党と緑の党の連立政権の誕生とともに、内閣府の中に文化とメディアを担当する委任官のポストが作られた。内閣府つまり首相直轄であるためにメルケルとの連携は緊密だ。そこでグリュッタースは官房長官並みの存在感を示すことができる。ここが、文科省の外局のために政治権限がほとんどない文化庁長官との決定的な違いである。

⑫ 州・自治体・民間の支援策

　さて次に、連邦ではなく、州単位での支援策を見てみよう。ベルリン市州の欧州・文化担当大臣クラウス・レーデラーは、2020年4月1日のプレスリリースで以下のように述べている[32]。ベルリン市州政府は、コロナ危機で損害を受けた自営業やフリーランスにすでに9億ユーロ（117億円）の補助金の支払いを済ませ、その総数10万人の中には多数の芸術家（ベルリンの場合は過半数）が含まれているとのこと。しかもこの支援策は3月27日に始まり、プレスリリースの時点で（わずか4日間）9億ユーロに達した。

　この迅速な対応は、IBB（ベルリン投資銀行）の卓越した協力によって可能となった。他の州の先例となる快挙としてレーデラーはIBBに感謝を捧げている。もとより、3月23日の連邦政府経済・エネルギー省の緊急支援策パッケージは、各州を通して支給もしくは融資される。緊急支援とはいえ、それが個々の事業者に振り込まれるには、通常は煩瑣な手続きが必要で、「官僚主義的」と批判されることが多い。

　今回、ベルリン州政府が取った方法は、ベルリン投資銀行のノウハウをフルに活用し、州政府が建て替える形で実施された。手続きを可能な限り簡素化し、迅速に自営業者やフリーランスに給付金が振り込まれたのである。実際、ベルリン在住の日本人アーティストは、3月末には9,000ユーロが振り込まれていたという。「国籍」とは無関係に、ベルリンを拠点に活動する芸術家であれば、面倒な審査なしで即刻給付されたのである。

　4月2日のグリュッタースへのインタビュー記事[33]には、確かに「官僚主義的」で遅いという声も（インタビュアーから）語られていたが、全体としてはスムーズに支援が進んでいると、グリュッタースは見ている。つまり州ごとに手続きやスピード感には違いはあるものの、ベルリンのように迅速な対応をした州の事実を踏まえた発言だと思われる。この間に決まって出てくる言葉が「迅速で非官僚主義的救済」である。

また、民間の財団が、連邦や州に先行して、フリーランスのアーティスト支援をスタートしている例が多々ある。たとえば、ハンブルク市州が1988年に設立したハンブルク文化財団がイニシアチブをとって、他の10あまりの民間財団と個人寄付者をとりまとめ、3月27日に40万ユーロを超える救援基金を創設した。これはハンブルクで活動する若手フリーランスのアーティストに特化したものだ。この基金は「芸術はシャットダウンを知らない」をモットーに、今後さらに大きくなるものと期待される[34]。もともとハンブルクの芸術文化振興は、ベルリンとは異なり民間主導の伝統がある。民間の芸術支援財団は100を数え、ハンブルク市民はそれを誇りにしている。人口が倍のベルリンにはその半分の民間財団しかない。

　民間財団による支援とともに重要な役割を果たしているのがデジタルプラットフォームの生成である。たとえば、ライプツィヒ市文化局のサイトに掲載されている「これがライプツィヒだ！」[35]は、芸術文化と創造産業を横串したプラットフォームである。これを見ると、デジタル配信のアートシーンと、公的ならびに民間の支援プログラムが網羅されている。また、「ベルリン・ア・ライブ」も話題となっている[36]。このような官民連携のプラットフォームがドイツ各地で立ち上がり、市民とアーティストをつなぐ連帯・団結の場となっている。

　パンデミック期における社会経済的なデプレッションにもかかわらず、そしてライブでのアートシーンが大きく制限されているにもかかわらず、芸術文化と創造経済の垣根を超えたアーティストとクリエーターの連帯と団結が生まれている。そして市民たちがその動きを力強くサポートしているのである。

⑬ 科学的論拠と美感的構想力

　芸術文化の本質を自分の言葉で語れる政治指導者たちの存在も心強い。新型コロナの猛威は、加速したグローバル化にあおられて全世界を覆ったが、その対策は、あたかも各国の政治指導者に課された共通テストのようだ。独裁国家の多くが強権的に感染を制圧した一方、西ヨーロッパなどの民主主義国は、

市民権の尊重をめぐって苦戦を強いられた。さらに、科学的根拠を否認して大衆迎合する反知性主義が、新自由主義と軌を一にして拡大したことも浮き彫りとなった。自由と放任の履き違えが経済と政治を貫き、急激な感染拡大のみならず、国民の格差と分断を招いたからである。そのなかで、2020年3月18日にドイツのアンゲラ・メルケル首相が行ったテレビ演説が世界中の共感を呼んだ。

　連邦と各州が合意した休業措置が、私たちの生活や民主主義に対する認識にとっていかに重大な介入であるかを承知しています。（…）こうした制約は、渡航や移動の自由が苦難の末に勝ち取られた権利であることを経験してきた私のような人間にとり、絶対的な必要性がなければ正当化しえないものなのです。民主主義においては、決して安易に決めてはなりません。もし決めるのであればあくまでも一時的なものにとどめるべきです。しかし今は、命を救うためには避けられなくなりました。（…）私たちはデモクラシーを体現しています。私たちは強制ではなく、知識の共有と参加を生きる糧としています。現在直面しているのは、まさに歴史的課題であり、一緒になって初めて乗り越えていけるのです。[37]

　科学的論拠を挙げながら理性的に語るメルケル。しかし言葉の隅々にまで温かい血が通う。民主主義、市民社会、連帯と結束など、反知性主義者の嫌う抽象概念が、彼女の口を通すと肉体をもったリアリティとなる。筆者はこの間、世界中の数多くの政治家の演説に触れてきたが、ドイツの指導者たちに際立つ言葉の存在感に深く心を揺さぶられてきた。次第にわかってきたことがある。当地の劇場で経験してきた演劇やオペラと同じ感情や気分が繰り返し呼び覚まされ、喜怒哀楽を通して人間の倫理に向かい合っていたのである。
　日本のマスコミが好む「劇場政治」というレッテル。それは大衆迎合の扇動に貼られるものだが、西洋演劇の起源が市民の議論にあったことを隠蔽する浅慮である。古代ギリシャの公共広場では政治集会や裁判が行われた。アゴラは、

隣接する円形劇場とともに市民的公共性の発生装置であった。18世紀後半、劇作家のシラーは劇場を「道徳的施設」と定義した。戦後の文化政策を通して、ドイツの公共劇場は民主主義を紡ぎ出す社会インフラとなってきた。コロナ禍での政策論議から可視化されてきたものは何か。多様な芸術経験の中で育まれた人格とその美感的構想力が、共生社会をめざす政治の母体を培っていたのだ。

科学的論拠と美感的構想力が結びつくことで利害関心を超えた公正な政治的判断が生まれる。それが市民社会に共通するものとして合意される。具体的にはどのようなことだろうか。コロナ禍でのメルケルの発言をたどってみよう。先のテレビ演説以降、最初のロックダウンが行われた。メルケルは広い層の信頼を取り戻し、感染拡大を押さえ込むことに成功。大型かつ迅速な経済対策、なかでも芸術家を含む個人向け緊急支援が決め手となった。そのEUの優等生だったドイツが2020年秋以降、第2波の制御に難航している。11月2日から始まった第2次ロックダウンが不完全であったためか、12月に入っても感染者、死亡者共に急増し、より徹底したロックダウンが不可避となった。

メルケル首相は12月9日の連邦議会[38]で、感情を露わにしてクリスマスシーズンの市民の自粛を訴えた。「本当に心から残念なことですが、今年が祖父母と過ごす最後のクリスマスとならないように里帰りを避けてほしい」と、両手を合わせて懇願したのだ。3月の沈着冷静なテレビ演説とは異なる母親のような姿。15年間の政権中、未曾有の「劇的な」シーンは世界を駆け巡った。

もう1つの感銘深いシーンがある。国立科学アカデミーの論拠に基づいて死者数の増加を予測した際、メルケルはAfD（ドイツのための選択肢）の議員からヤジを浴びた。AfDは移民・難民を排斥する極右ポピュリズム政党で、マスクの着用も拒否してきた。普段はヤジに応酬することのない首相が、原稿から目を離して真正面を向き、「私は啓蒙の力を信じています」と力強く切り返した。

「私は東ドイツで物理学を専攻したが、もし西ドイツにいたならば別の選択をしたかもしれない。人は多くのことを無力化できるが、重力を無効にすることはできない」。社会主義のもとで自由が制限され、社会科学や人文科学における

真理の探究が困難だった時代、メルケルはいかなる権力によっても歪められない客観的事実を物理学に求めた。ファクトに基づくエビデンスは政治判断の前提でもある。ただし、未来の共生社会のための道筋を示すには、より大きな構想力が必要であることをメルケルは忘れていない。5月9日、首相はビデオ演説「コロナと文化」の中で自らの美的経験を次のように語っていた。

　文化的イベントは、私たちの生活にとってこのうえなく重要なものです。それはコロナ・パンデミックの時代でも同じです。もしかするとこうした時代になってやっと、自分たちから失われたものの大切さに気づくようになるのかもしれません。なぜなら、芸術家と観客との相互作用の中で自分自身の人生に目を向けるというまったく新しい視点が生まれるからです。私たちはさまざまな心の動きと向き合うようになり、自らの感情や新しい考えを育み、また興味深い論争や議論を始める心構えをします。私たちは（芸術文化によって）過去をよりよく理解し、またまったく新しい眼差しで未来へ目を向けることもできるのです。[39]

　芸術文化は多様な視点や異なる価値観を提示し、さまざまな他者への想像力を活性化する。感情移入によって共感や違和感が生まれ、その差異を省察することから議論が生まれる。芸術文化は、自然環境や多文化との共生への、多様なマイノリティや次世代との共生への展望を拓き、その実現に向けた市民社会の討議を促し、媒介する。

　そのためには芸術家の生存が保障されなければならない。幅広い市民が自由に創造し、参加し、享受できる環境が必要不可欠である。文化政策は民主主義の仕組みづくりという意味で社会構造政策なのである。メルケルはこの演説の中で、芸術支援は連邦政府の最優先課題であると言明した。こうした政策決定の内面的プロセスに迫る洞察がある。理論物理学者の北原和夫の深慮だ。

　「広く学問を俯瞰してみると、物理学者のように具体的なものを抽象化することによって、自然現象の中にある基本法則を見出してきた学問がある一方で、

全ての要因が複雑に絡み合って現実に起こっている事柄そのものを認識しよう
とする学問がある。後者においては、論拠をつなぎ合わせて論証することによっ
て、物語を構築していくのであり、物語によって我々はまだ経験したことのない
未来をも物語ることができる」[40]。しかし、そのためには想像力が不可欠である。
だからこそ「藝術が学術の中に位置づけられる必要がある」と北原は強調して
いる。メルケルのリーダーシップが科学的論拠と美感的構想力との統合に由来
することを裏づける明察である。

⑭ ニュースタートカルチャー

　グリュッタースは 2020 年 5 月に入り「文化は食料品（＝生きる糧）だ」[41]「文化
は民主主義にとって不可欠だ」と繰り返し発言してきた。また、シュタインマイヤー
大統領は 5 月 22 日、（延期されていた）詩人ヘルダーリン生誕 250 年展のオープ
ニングに際して演説し、「このような時代にあって、どれほど芸術文化が文字通
り生きる糧であるかを、私たちは実感してきました」と述べた[42]。食料品
（Lebensmittel）の文字どおりの意味は「生きる手段」である。2020 年 12 月のイ
ンタビューでグリュッタース連邦文化大臣はこう語っている。

　コロナ禍がまさに明らかにしたのは、文化が社会的結束にとっていかに重要
　かということです。芸術家が発する示唆や思考への刺激、また精神的インパ
　ルスや批判を私たちは必要としています。こうして現在の民主主義は生きた
　ものとなる。言葉の真の意味で、芸術家は社会システムにとって重要なのです。
　(…) 文化はグルメのための特選食品ではありません。万人にとってのパンな
　のです。[43]

　それでは具体的に、秋以降の文化支援はどのように行われてきたのだろうか。
緊急支援策が出された 3 月末時点では、数か月のロックダウンの後に再開、再

稼働が予想されていた。メルケル連立政権は6月3日、「一連のコロナ禍と闘い、豊かな社会を確かなものとし、未来への力を強化する」というスローガンのもと、新たに16兆円規模の景気刺激策のパッケージに合意。このうち10億ユーロ（1,300億円）超が芸術文化支援に充当された。グリュッタースは6月4日、この文化支援プログラムを「ニュースタート・カルチャー（NEUSTART KULTUR）」と名づけ、「1,300億円の追加によって、私たちはドイツの文化的生活の新しいスタートを支援し、未来へ向けてポイントを切り替える」と語った[44]。

⑮ 文化的民主主義に内在するレジリエンス

　12月初旬までに、「ニュースタート・カルチャー」への4万件の申請に対して800億円が運用された。グリュッタースは「まさにパートナーとしての市民社会との協働はスムーズに進展しており、この新たに組成した分権的構造は卓越したものである」と述べた[45]。この発言は意味深長である。日本で羨望の的となったドイツの文化支援の構造は、決してトップダウンではない。「地域主権の国」ドイツにおける分権的構造とは、基礎自治体→州→連邦各レベルの補完性原則だけでなく、政府・自治体と市民社会との分権をも意味するからだ。

　現代ドイツにおける文化政策のポリシーメーカーは連邦政府の政治家たちなのだろうか。本稿で明らかにしてきたように、文化政策を生成させてきたのは市民社会セクターの非営利組織である。なかでも市民としての自律性を自覚したプロタゴニストたちは、文化領域における民主主義的参加の強化をめざしてきた。コロナ危機は、市民社会における文化的民主主義の強度を試しているのである。

　ところで6月の発表後、「ニュースタート・カルチャー」の助成メニューを具体化したのは文化評議会と、これに加盟する各分野の評議会であった。各地域で活動する芸術文化関係者と市民の多様な声を汲み上げ、連邦レベルの施策に的確に反映させた。しかも、これまで公共文化政策と縁遠かった民間の文化施設やフリーの芸術家に特化した支援策が主眼となった。こうして、かゆいところ

に手の届く50あまりの助成メニューが用意された。映画館や映画製作に240億円、民間劇場に40億円、ライブハウスに33億円など。公的に運営されている劇場、ミュージアム、オーケストラだけでなく、ライブエンターテイメントの分野でも文化的多様性が損なわれないように、芸術家と文化関係者の基本的な生存を保障する施策だ。また、若手や子育て世代へのスカラーシップの充実ぶりにも目を見張る。

　現在、各分野の評議会は、多種多彩な助成制度の窓口と審査を担っている。もちろん経験豊富なスタッフが相談に応じてくれる。信頼に基づく中間支援組織は市民社会の心臓である。日本の文化庁のように代行会社に業務委託する必要はない。また、自己資金の要らない100％助成が大きなインセンティブとなっている。国家と個人を媒介する公共圏を、民営化（資本主義化）から防衛しなければならない。ドイツの文化政策の倫理だ。市民社会との協働が、新たに組成した分権的構造に基づいて円滑に進展している、というグリュッタースの評価は、具体的には文化評議会等との連携プレイを意味していたのである。

　ただし、12月末時点で申請総額が助成総額を大幅に上回っており、当初の1,300億円があと数か月で底をつくことがわかった。早速文化評議会は、来年度に向けて同額の追加の必要性をアピール。グリュッタースも1,300億円規模の増額に強い意欲を見せている。

　一方、文化政策協会は3月末の声明「コロナ - パンデミック後の文化政策のための10項目」において、中長期的な視点から文化政策内部の構造改革と、文化政策による社会システムの改革を鋭く提言した。この中で、文化評議会との違いが際立つフレーズに注目したい。「各自の参加をもっと深めること！　文化政策のアピールは政治に向けられるだけではない。市民社会にも向けられているのだ。私たちは〈共通のものである危機〉を共に克服しなければならない」。「私たちは文化政策の観点から新たな合意形成に参画しなければならない。それはまた社会の方向性を刷新するチャンスをも意味している」。

　文化政策協会は、パンデミックのもとでの連邦文化庁と州政府・自治体、そし

て市民社会との分権的スキームによる連携を高く評価する一方、寛大な財政出動による支援策については、持続可能性の観点から厳しい見方をも示している。従来から制度疲労の改善を指摘されてきた一部の公共文化施設等への延命措置は、公営企業の構造改革を遅らせ、フリーのアートシーンにみなぎる活力をも損ない、市民社会の合意形成を難しくするのではないかという懸念である。深読みするなら、連邦政府の財政と権力によって危機を克服することは、市民社会の主体性を弱体化させ、国家主導型の文化政策の再来を招く恐れがあるという危惧だ。

　私見では、もちろんメルケルやグリュッタース個人には、そのような権力志向は見られない。しかし、過去への反省を怠らないドイツの文化政策関係者は、たとえわずかな兆候であっても、その問題を鋭く批判し、幅広い議論の場に引き出そうとする。文化政策協会内部での論争だけではない。文化評議会との論戦も、市民社会セクターのカルチュラル・デモクラシーの活性化にとって不可欠なのである。

　もとより、社会構造政策としての文化政策とは、文化政策による社会構造の変革を意図している。しかし、そこには文化政策の主体をめぐって常にリスクが伴う。その主体が国家の手に握られた場合、ナチスや東ドイツの過ちを繰り返すことになるからだ。文化政策は社会構造政策である、という合意が成り立つのは、文化政策の主体が市民の場合である。市民社会セクターの熟議と提案が、政府や自治体の政策決定に主体的に関与する場合である。

　いずれにせよ、文化政策における分権的構造の柔軟な組成が、コロナ危機の支援策において円滑に機能したことは、文化的民主主義に内在するレジリエンスを裏づけるものとなった。

おわりに

　以上、見てきたように、ドイツの文化政策を支えているのは、市民社会セクター

における文化的民主主義の形成と成熟のプロセスである。本章では、市民的・文化的公共圏を紡ぎ上げてきた非営利活動組織として、ドイツ文化評議会と文化政策協会に焦点を当て、パンデミックの時代における文化政策の策定と決定の過程を追跡した。とりわけ、連邦文化大臣の施策声明の背後で、ドイツ文化評議会、連邦および各州の文化大臣の間での強靭なネゴシエーションが行われていたのである。

　また、文化政策協会の声明「コロナ‐パンデミック後の文化政策のための10項目」には、文化と社会との新しい関係のための基本理念と政策提言、構造改革と意識改革が語られていた。このような未来構想に向けて、活発な議論と強靭な交渉が繰り返され、その成果として、「ドイツの文化的生活の新しいスタートを支援し、未来へ向けてポイントを切り替える」ための基金とプログラムが獲得されたのである。

　こうした市民社会セクターの活動、なかでも市民としての自律性を自覚したプロタゴニストたちは、文化領域における民主主義的参加の強化をめざしてきた。確かにコロナ危機は、市民社会における文化的民主主義の強度を試している。しかし、本書で解明してきたように、その基底にはドイツ特有の社会文化運動の理念と経験が蓄積されていたのである。

　今日の文化政策に不可欠の課題は、現状是認的な意味ではなく、社会文化的意味において文化と社会を媒介することである。確かに現代のドイツの文化は、私たちが社会的問題や政治的問題に遠慮なく取り組むことのできるものとなっている。しかし、このようにして文化的価値に関与することが、もはや文化は特定の社会階層と結びついてはならないという解放的ヴィジョンを実現できるまでになっているだろうか。晩年のヘルマン・グラーザーが「社会文化と文化」の関係について理念的かつ批判的に考察したように、「社会文化」が「文化」と呼ばれるようになる時代と世界をめざして、私たちは日本においても、さらに研鑽と実践を積み重ねていかなければならない。

注

1　https://kupoge.de/#　なおコロナ-パンデミックと文化政策に関する会員のエッセイを公募したところ、2020年6月6日時点で39名からの寄稿がHPに掲載されている。協会の公式見解と異なる意見も歓迎されている。https://kupoge.de/essays-zur-corona-krise/

2　https://kupoge.de/pressearchiv/pressedok/2020/Kulturpolitik_nach_der_Corona-Pandemie.pdf

3　中村美帆「文化国家」、小林真理編『文化政策の現在1 文化政策の思想』、東京大学出版会、p.36以下。拙編著『基礎自治体の文化政策』、水曜社、p.44。

4　拙稿「地域主権の国・ドイツ 文化の分権的形成と文化政策の基礎」、藤野・秋野・フォークト編『地域主権の国ドイツの文化政策』、美学出版、2017年、p.18以下。

5　"Kultur als Daseinsvorsorge!"　https://www.kulturrat.de/positionen/kultur-als-daseinsvorsorge/

6　以下の記述はhttps://www.kulturrat.de/ueber-uns/を参照した。

7　"Kultur als Daseinsvorsorge!", S.8.

8　Deutscher Bundestag (Hrsg.), "Kultur in Deutschland", Regensburg, 2008, S.89.

9　https://www.bundeskanzlerin.de/bkin-de

10　拙稿「新しい市民社会への仕掛けづくり」、後藤・福原編『市民活動論』、有斐閣、2005年、p.183。

11　https://japan.diplo.de/ja-ja/themen/politik/-/2333154

12　https://www.welt.de/print-welt/article509229/Kultur-sichert-Ueberleben.html

13　藤野他編著『地域主権の国ドイツの文化政策』、p.19以下参照。

14　前掲書、p.3以下。

15　https://www.kulturrat.de/presse/pressemitteilung/corona-virus-trifft-kulturbereich-hart/

16　5月22日時点ではフランクフルト市は予定どおり10月13日に開幕したい考えだが未決定であった。https://www.hessenschau.de/kultur/frankfurt-will-buchmesse-im-corona-jahr-durchziehen, corona-frankfurter-buchmesse-100.html

17　https://www.kulturrat.de/presse/pressemitteilung/corona-pandemie-kulturrat-fordert-notfallfonds-fuer-kuenstlerinnen-und-kuenstler/

18　https://www.kulturrat.de/presse/pressemitteilung/corona-kriese-kulturminister-der-laender-unterstuetzen-vorschlag-des-kulturrates-nach-nothilfefonds/

19　https://www.kulturrat.de/presse/pressemitteilung/nothilfe-fuer-den-kulturbereich-bundesregierung-startet-erste-hilfsmassnahmen-wegen-coronavirus/

20　https://www.kulturrat.de/corona/newsletter/

21　https://www.leipzig.de/freizeit-kultur-und-tourismus/kunst-und-kultur/kulturpolitische-strategien/kulturrat/

22　https://static.leipzig.de/fileadmin/mediendatenbank/leipzig-de/Stadt/02.4_Dez4_Kultur/Dezernat/Stellungnahme-Kulturrat-final.pdf

23　https://www.bundesregierung.de/breg-de/bundesregierung/staatsministerin-fuer-kultur-und-medien/aktuelles/bundesregierung-beschliesst-soforthilfe-gruetters-rettungsschirm-fuer-den-kulturbereich--1733612

24　https://www.deutschlandfunk.de/kulturstaatsministerin-monika-gruetters-kultur-ist-kein.691.de.html?dram:article_id=473130

25　秋野有紀『文化国家と「文化的生存配慮」』(美学出版、2019年)は、現代ドイツ文化政策の公共性を「文化的生存配慮」の理論的基盤から徹底的に解明した労作で、ドイツにも類書はない。特にp.118を参照のこと。

26　https://www.kulturrat.de/positionen/kultur-als-daseinsvorsorge/

27 http://www.newsdigest.de/newsde/features/10946-coronakrise-kunst-und-kultur/

28 https://www.kulturrat.de/corona/massnahmen-der-laender/

29 その功罪については、拙編著『基礎自治体の文化政策』(水曜社、2020年)のp.250以下を参照のこと。

30 「ハルツIV」は2005年、それまでの社会扶助（生活保護）と失業扶助を一本化して導入された「求職者基礎保障制度」の通称。これはさらに第1種失業手当と第2種失業手当に分かれる。第1種の適用は、過去2年間に12か月以上雇用契約を結んでいたことが条件で、第2種よりも給付額が高い。フリーランスのアーティストは、個人自営業的活動と短期契約による非正規雇用とを組み合わせて生計を立てていることが多い。そのため純然たる個人自営業者としての要件を満たすことも、また第1種失業手当の要件を満たすこともできず、現行の救済策の枠組みから漏れてしまう。そのため低額の第2種失業保険の適用となる。しかもこれには生活保護の名残りがあり、アーティストの抵抗感は強い。

31 余談だが、筆者はグリュッタースとは個人的に面識があり、数年前に京都と広島を訪れた時にはお相手をさせてもらった。彼女は国内の文化政策に責任をもっているが、対外文化政策は管轄外なので、公務での海外渡航は原則できない。そこで「お忍び」で日本に初めて来られたのだが、その理由は、どうしても広島を訪れて（負の歴史の）「記憶文化」について学びたかったとのこと。そして、連邦レベルの文化政策の第1目標は「記憶文化を通して過去の過ちを反省し、平和と民主主義の礎を築くこと」ときっぱりおっしゃられた。今回のコロナ危機でも、彼女のモラルに基づく決然とした態度に感銘を受けた。

32 https://www.berlin.de/sen/kulteu/aktuelles/pressemitteilungen/2020/pressemitteilung.914566.php

33 https://www.zeit.de/kultur/2020-04/monika-gruetters-kulturschaffende-kultureinrichtungen-auswirkungen-coronavirus

34 https://www.kulturstiftung-hh.de/hilfsfonds.html　4月末の寄付総額は65万ユーロ。

35 https://dasistleipzig.de

36 https://www.berlinalive.de

37 https://www.bundesregierung.de/breg-de/aktuelles/fernsehansprache-von-bundeskanzlerin-angela-merkel-1732134

38 https://www.bundesregierung.de/resource/blob/975954/1826588/bc52485f39a19dbbe4a59e0736e44002/139-1-bkin-haushalt-bt-data.pdf?download=1

39 https://bijutsutecho.com/magazine/news/headline/21933

40 北原和夫「教育と学術のあり方の再考を」、村上陽一郎編『コロナ後の世界を生きる』岩波新書、2020年、p.31以下。

41 ちなみにオラフ・ツィンマーマンは3月26日のドイツ文化評議会声明の中で「文化は危機における生きる手段だ」として、国立文化インフラ基金の創設を提言している。「文化は生きる手段」というスローガンは、2004年にドイツ文化評議会が発表した「生存配慮としての文化」をめぐる議論にまで遡ることができる。https://www.kulturrat.de/presse/pressemitteilung/kultur-ist-in-der-krise-lebensmittel-nationaler-kulturinfrastrukturfoerderfonds-notwendig/

42 https://www.bundespraesident.de/SharedDocs/Reden/DE/Frank-Walter-Steinmeier/Reden/2020/05/200522-Videobotschaft-Hoelderlin-Celan.html?nn=9042584

43 https://www.bundesregierung.de/breg-de/bundesregierung/staatsministerin-fuer-kultur-und-medien/aktuelles/-kultur-ist-keine-delikatesse-sondern-brot-fuer-alle--1826284

44 https://www.bundesregierung.de/breg-de/suche/eine-milliarde-euro-fuer-neustart-kultur-1757174

45 https://www.sueddeutsche.de/politik/kulturpolitik-berlin-gruetters-fuer-neue-kultur-hilfe-brauchen-weitere-milliarde-dpa.urn-newsml-dpa-com-20090101-201208-99-613422

あとがき

「あとがき」として、本書の成り立ちと、論文、コラム成立の来歴を記しておく。

本書の表題は『市民がつくる社会文化』、副題として「ドイツの理念・運動・政策」を掲げている。1968年の世界的な学生運動の余波を受け、ドイツには「ドイツ社会文化運動」という「運動」が起こった。この運動の主唱者たちや、同調者たちは、ドイツの各地に「社会文化センター（Sozio-Kultur Zentrum）」という運動の拠点となる施設をつぎつぎとつくり上げ、ドイツ各地で「社会文化運動」の展開を図った。ドイツで運動を担った人々は、1968年に欧州で起こった大学闘争に積極的に関わった人たちであった。大学の改革から地域の改革へと運動の場が広がったのである。運動の拠点を移しながらも、よりよい社会をめざすという理念は継続して保持されてきた。ドイツ社会文化運動はこのような歴史的な経過を経てきている。ドイツ内の文化運動、文化施設、社会教育施設は他にもたくさんあるが、これらの施設や運動とともに、ドイツの「社会文化センター」は今では確固とした文化的位置を占めるに至っている。

本書は、このドイツ社会文化運動および社会文化センターの情報を伝える、日本でも数少ないまとまった形での単行本となるであろう。ドイツ社会文化についてはこれまでも、本書の何名かの執筆者も関与した『共同探求通信』という季刊の小冊子で「社会文化運動」の紹介をした（入手困難）。また関連書として、藤野一夫・秋野有紀・M.フォークト編『地域主権の国 ドイツの文化政策』（美学出版、2017年）、および社会文化学会編『学生と市民のための社会文化研究ハンドブック』（晃洋書房、2020年）があることを伝えておきたい。

現在の日本における文化施設に関しては、最近の公的文化施設における展示拒否の問題、公的資金投入に反対の意見や脅迫の問題、新型コロナ・パンデミック下における芸術支援の問題などが起こっている。このような諸問題も日本に限らず世界中で起こっている事柄でもある。本書では、「文化」に関するこれらの最新の諸問題についても、ドイツの社会文化との関連において取り扱っ

ている。この点で、過去の事例紹介、施設紹介だけではない意味があると考えている。

　以下において、各人の分担している論文、エッセイの簡潔な紹介は大関執筆の「まえがき」に述べられている。ここでは各論文、コラムの来歴を紹介しておこう。

・第1章　藤野一夫「社会文化の成立と理念―ハンブルクのモッテを事例に」。『市民活動論』（後藤和子・福原義春編、有斐閣、2005年、所収の藤野論文をもとにして大幅に改稿。
・第2章　吉田正岳「ドイツ社会文化運動の特徴―ハンブルク市の事例から」。『大阪学院大学通信』（第9巻第12号、1999年）に掲載論文に加筆修正。
・コラム　吉田正岳「工房の思想」。『ロルロージュ』No.121、大阪学院大学、2003年4月掲載エッセイに加筆修正。
・第3章　山嵜雅子「社会文化センター見聞記」。書き下ろし。
・第4章　畔柳千尋「ドイツ各州における社会文化活動協会の役割」。『社会文化研究』（社会文化学会年報）第11号、2009年の掲載論文をもとに加筆。
・第5章　大関雅弘「『社会文化』概念の現在」。『社会文化研究』（第13号、2011年）をもとにして加筆。
・第6章　山田康彦「芸術文化の視点から見たドイツ社会文化運動―英国コミュニティ・アート運動とも対比して」。書き下ろし。
・第7章　藤野一夫「ドイツの文化政策における社会文化の位置と刷新」。書き下ろし。
・第8章　藤野一夫「パンデミック時代のドイツの文化政策」。ウェブ版『美術手帖』に掲載された「パンデミック時代のドイツの文化政策（1）・（2）」に新たな情報を加筆し改稿。

　本書は、以上のような内容をもち、ドイツ社会文化運動の初発から、新型コロ

ナ汚染のパンデミック状況下の文化に至るまで、文化運動、社会文化センター、社会文化概念、文化政策などについての論稿を集めている。かつて日本で社会文化学会を設立するにあたり、ドイツの社会文化運動の有様を見学したメンバーは、そこから多大なインパクトを受けた。「文化」「芸術」に関心を抱く人々、文化・芸術を仕事にしている人々、文化施設の職員にとって、多様な側面をもつこの文化運動から示唆を受けるところは今も数多くあるのではないかと考えられる。本書が多くの人々にとって新たに関心を持っていただけるきっかけになることを願っている。

　今回の出版に至るまでは、座礁、沈没の危機が何度もあった。執筆者、編集者の皆さんに助けられて、ようやく目的港にひとまず到達できそうだ、というのが正直な思いである。最後のところで手際よく港へ道案内をしていただいたのが水曜社の仙道弘生氏である。この種の本の出版が大変困難ななか仙道氏の手引きのお陰で入港できたものと深く感謝しています。

2021年5月吉日

吉田　正岳

編著者・著者（執筆順）

◎大関雅弘（おおぜき・まさひろ）編者

1954年生まれ。四天王寺大学人文社会学部教授。東北大学助手、四天王寺大学講師、助教授を経て現職。専門は、社会学理論、現代社会論。マックス・ヴェーバーの社会学理論、および後発資本主義国の市民社会の研究を行っている。論文に「日本の『社会文化』のいま―『学生と市民のための社会文化研究ハンドブック』の刊行に寄せて」（『社会文化研究』第22号、2020年）、共著に『人間再生の社会理論』（創風社）『新版 現代社会への多様な眼差し―社会学の第一歩』（晃洋書房）など。

◎藤野一夫（ふじの・かずお）編者

1958年東京生まれ。芸術文化観光専門職大学副学長。神戸大学名誉教授。日本文化政策学会副会長、（公財）びわ湖芸術文化財団理事、（公財）神戸市民文化振興財団理事ほか、文化審議会等の委員を多数兼任。編著に『公共文化施設の公共性―運営・連携・哲学』、『基礎自治体の文化政策―まちにアートが必要なわけ』（以上水曜社）『地域主権の国ドイツの文化政策―人格の自由な発展と地方創生のために』（美学出版）『ワーグナー事典』（東京書籍）、ワーグナー『友人たちへの伝言』（共訳、法政大学出版会）など。

◎吉田正岳（よしだ・しょうがく）編者

地域産業総合研究所所員。東京都立商科短大、都留文科大学非常勤講師、大阪学院大学教授（倫理学、社会学など担当）を経て現職。専門分野は社会哲学。著作に『美学理論の展望』（共著、梓出版社）、論文に「戦後思想の人間論―疎外論の展開と衰退」（『戦後思想の再検討―人間と文化篇』白石書店、1986年）「近過去の近未来デザイン―千里丘陵の空間から考える」（『社会文化研究』晃洋書房、第12号、2010年3月）「柳宗悦の民衆像―建築論の視点から」（大阪学院大学国際学論集、第26巻第1・2号、2015年12月）など。

◎山嵜雅子（やまざき・まさこ）

立教大学兼任講師。博士（教育学）。専門は、社会教育・社会教育史。近現代史にみられる人びとの自発的な教育・学習運動の解明を通して、自立した社会的主体（市民）の形成という問題を追究する一方、地域の市民グループに所属し、地域問題や女性問題に関する学習活動や提言活動などを行っている。著書に『京都人文学園成立をめぐる戦中・戦後の文化運動』（風間書房）、論文に「市民運動を記録する営み―記憶（運動経験）を継承する」（『社会文化研究』第18号、2016年）など。

◎畔柳千尋（くろやなぎ・ちひろ）

養寿寺文化・広報部、愛知県西尾市文化会館指定管理者（一社）西尾市文化協会勤務。ロータリー財団国際親善奨学生として、ハンブルク音楽・演劇大学文化・メディアマネジメントコース留学を経て、西尾市文化振興プラン策定を担当。神戸大学大学院総合人間科学研究科博士後期課程修了。博士（学術）。専門は文化政策学。共著に『地域主権の国ドイツの文化政策―人格の自由な発展と地方創生のために』（美学出版）ほか。

◎山田康彦（やまだ・やすひこ）

1954年生まれ。三重大学教育学部特任教授。宮崎女子短期大学（現宮崎学園短期大学）助教授、三重大学教育学部教授を経て現職。専門は芸術教育論。論文に「学校教育におけるアートの可能性」（『季刊 人間と教育』No.76、2012年12月）「人間の文化的主体性の形成における芸術・芸術教育の役割と意義」（『障害者問題研究』第46巻3号、2018年11月）「平和と美術教育」前編・後編（『子どもと美術』No.85・86、2019年8月・2020年1月）など。

市民がつくる社会文化

ドイツの理念・運動・政策

発行日　2021 年 6 月 28 日　初版第一刷発行

編著者　大関 雅弘・藤野 一夫・吉田 正岳
発行人　仙道 弘生
発行所　株式会社 水曜社
　　　　160 - 0022
　　　　東京都新宿区新宿 1 - 14 - 12
　　　　TEL 03-3351-8768　FAX 03-5362-7279
　　　　URL suiyosha.hondana.jp
装幀　　井川祥子（iga3 office）
印刷　　日本ハイコム株式会社